2023年四川省哲学社会科学基金项目（SCJJ23ND350）

成渝地区双城经济圈体育竞赛表演业核心竞争力提升研究

文晶晶 著 ●

CHENGYUDIQU SHUANGCHENG JINGJIQUAN

TIYU JINGSAI BIAOYANYE

HEXIN JINGZHENGLI TISHENG YANJIU

经济管理出版社

ECONOMY & MANAGEMENT PUBLISHING HOUSE

图书在版编目（CIP）数据

成渝地区双城经济圈体育竞赛表演业核心竞争力提升
研究 ／ 文晶晶著. -- 北京 ：经济管理出版社，2025.
ISBN 978-7-5243-0146-2

Ⅰ．G812.771

中国国家版本馆 CIP 数据核字第 2025EX8150 号

组稿编辑：杨国强
责任编辑：赵天宇
责任印制：许　艳
责任校对：王淑卿

出版发行：经济管理出版社
　　　　　（北京市海淀区北蜂窝 8 号中雅大厦 A 座 11 层　100038）
网　　　址：www. E-mp. com. cn
电　　　话：(010) 51915602
印　　　刷：唐山昊达印刷有限公司
经　　　销：新华书店
开　　　本：720mm×1000mm/16
印　　　张：15. 25
字　　　数：299 千字
版　　　次：2025 年 5 月第 1 版　　2025 年 5 月第 1 次印刷
书　　　号：ISBN 978-7-5243-0146-2
定　　　价：98. 00 元

前　言

　　2021年10月，中共中央、国务院正式颁布了《成渝地区双城经济圈建设规划纲要》，成渝地区双城经济圈建设正式上升为国家战略。体育竞赛表演业作为体育产业发展的本体和核心产业，历来是体育产业研究领域中的重点研究课题。在体育竞赛表演市场竞争日益激烈的背景下，深入分析成渝地区双城经济圈体育竞赛表演业的核心竞争力及其发展水平，探寻体育竞赛表演业区域核心竞争力的提升路径，对推动体育强国建设和成渝地区的区域经济发展具有重要意义。

　　本书以区域体育经济一体化为研究视角，结合区域经济理论、核心竞争力等理论，通过文献法、实地调研法、问卷调查法、访谈法，以及数理统计法等研究方法，围绕五个方面，对成渝地区双城经济圈体育竞赛表演业核心竞争力的提升展开全面研究。全书共分为八个章节。

　　第一章是绪论，对本书的研究内容进行整体概述。

　　第二章对成渝地区双城经济圈体育竞赛表演业核心竞争力的基本理论进行阐述，明确研究中的相关概念，厘清区域核心竞争力的理论关联和发展体系。结合核心竞争力形成和发展的若干要素指标，分析核心竞争力的评价内容和特征，了解体育竞赛表演业核心竞争力是区域内外部环境中各层次、结构、类型资源要素的合理配置和有机组合，明确体育竞赛表演业核心竞争力分析指标的选择依据，为后续分析框架的内容建设提供理论支撑。

　　第三章是成渝地区双城经济圈体育竞赛表演业的发展概况，了解成渝地区双城经济圈机遇的时代性、制度的创新性、资源的同源性、布局的战略性、赛事的协同性、市场的驱动性、政府的支持性、产业的融合性、基建的开放性，两省市体育产业一体化的顶层设计和统筹协调，双圈内体育公共基础设施的建设完善，协同培养体育竞赛、赛事策划、市场运作、经营开发、体育管理等方面的体育人才，推动成渝体育竞赛表演市场从竞争、合作，到各自为战，再到一体融合的发展，呈现出市场参与主体多元化趋势明显、赛事产业协同发展纵深推进、核心产业差异化发展成效显著、观赛消费内需力持续释放的发展特征。

第四章提出成渝地区双城经济圈体育竞赛表演业四个基础，同时指出，成渝地区双城经济圈的四个基础优势是体育竞赛表演业核心竞争力的根本所在。

第五章是对成渝地区双城经济圈五大项群竞赛表演业的核心竞争力的分析，选取大球类、小球类（乒、羽、网）、武术类、操舞类和健身健美类竞赛业为主要调查对象，围绕运行（赛事规模、竞赛组别、经费来源、运作机构、组织管理、推广途径）、消费（消费人群、消费频度、消费金额、消费内容、门票购买、赛事赞助）、人文（宣传特色、社会认知、人才体系、品牌建设）三个核心竞争力要素对五大项群展开研究，进一步全面了解成渝地区双城经济圈体育竞赛表演业核心竞争力。

第六章提出成渝地区双城经济圈体育竞赛表演业核心竞争力的六条提升路径：①整合产业资源要素，走（专精特新）分类、（多措并举）升级、（市场驱动）革新优势之路；②强化政府引领效应，走（软硬兼施）快速、（管办分离）健康、（因地制宜）持续发展之路；③加强区域产业协作，走（双核辐射）梯次、（同源一体）协同、（提质增效）融合共通之路；④开拓新型赛事场景，走（返璞归真）守正、（赋能转型）智能、（共生共融）绿色活力之路；⑤构建综合产业链条，走（一应俱全）多样、（共推"双赢"）差异、（相得益彰）互补特色之路；⑥打造品牌赛事体系，走（引育并举）知名、（深入人心）美誉、（内容为王）跨界市场之路。

第七章对本书的研究进行了总结与展望。

本书依托 2023 年四川省哲学社会科学基金项目的研究成果，经著者系统梳理和完善后最终成稿。此外，参与本书调查和撰写工作的还有项目研究团队成员严森浩、陈俊吉、李梦宇、熊文俊、王培塘，在此一并表示感谢。

目　录

第一章 绪论

第一节 研究背景、研究意义与研究目标

一、研究背景

(一) 成渝地区双城经济圈建设上升为国家战略

成渝地区双城经济圈在国家区域协调的发展战略大局中扮演着重要角色。2020年1月3日,中央财经委员会第六次会议作出"推动成渝地区双城经济圈建设、在西部形成高质量发展重要增长极"的重大决策部署。[①]《成渝地区双城经济圈建设规划纲要》明确了成渝地区双城经济圈全国高质量发展的重要增长极和新动力源的战略地位,成渝全国经济发展"第四极"的战略定位锚定,2021年10月,中共中央、国务院印发了《成渝地区双城经济圈建设规划纲要》,进一步明确了成渝地区双城经济圈建设的规划背景、总体要求、战略定位、发展目标等,提出要将成渝地区双城经济圈建设成为具有广泛影响力的核心经济区域。成渝地区双城经济圈作为国家重要的战略腹地,其建设体现着党中央对新形势下我国区域协调发展的深远谋划和战略考量。四川、重庆高质量发展的双城记,对推动区域经济协调发展,加快中国式现代化建设具有重要意义。成渝地区双城经济圈建设上升为国家战略,标志着成渝地区踏上了新时代加快推动高质量发展的新征程。

[①] 习近平主持召开中央财经委员会第六次会议强调抓好黄河流域生态保护和高质量发展 大力推动成渝地区双城经济圈建设 [N]. 人民日报, 2020-01-04 (1).

（二）成渝地区双城经济圈区域体育产业经济内需力持续释放

《成渝地区双城经济圈体育产业一体化高质量发展的实施意见》明确指出，体育产业是促进体育消费、推动区域经济和社会全面进步的关键产业。在2021年突破7万亿元后，成渝地区双城经济圈的区域位势能级稳步提升，2023年实现地区生产总值（GDP）81986.7亿元，占全国、西部地区的比重分别为6.5%、30.4%。2024年是成渝地区双城经济圈建设推进的第五年，相比2023年，成渝地区双城经济圈GDP达到81986.67亿元，迈上8万亿元新台阶。[①] 潜力大、需求多、消耗低、覆盖广、链条长等特点是体育产业成为朝阳产业的重要因素，既是人民美好生活需要的重要组成部分，也是国民经济的重要增长点。截至2022年，两省市有国家级体育产业机构18个，其中，示范基地5个、示范单位3家、示范项目6个、体育旅游示范基地4个，为两省市体育产业一体化发展奠定了坚实基础。[②] 近年来，成都体育市场主体引培成效显著，2022年全市拥有体育产业法人单位8752家，数量较上年增加了1471家，培育出沸彻科技、咕咚科技、劲浪体育等全国知名体育品牌，打造200多个体育消费新场景，位居全国城市前列。2022年，成都体育产业总产值、体育产业增加值分别为1005亿元、385亿元，相比2018年，分别增长了59.02%、79.07%。2018~2022年，成都体育产业增加值占当年全市地区生产总值（GDP）比重从1.41%提升为1.85%。2023年，成都体育消费规模达685.8亿元，较2022年同期增长18.5%，成功入选首批国家体育消费试点城市。在一定程度上加大了优质体育产品和服务供给、丰富了体育消费场景、拓展了体育消费空间、优化了体育消费环境、释放了体育消费潜力、扩大了体育消费规模，发挥了体育促增长、扩内需、稳就业、惠民生的综合作用，为成渝地区双城经济圈建设培育了新的经济发展动能。

（三）体育竞赛表演业成为成渝地区双城经济圈体育产业发展的重要内容

通过大力发展职业联赛、引进国际重大赛事、引导扶持业余精品赛事、积极培育冰雪体育赛事等措施，成渝地区旨在建立丰富多样的体育竞赛表演产业体系，培育稳定的观众群体和项目文化。此外，推动体育竞赛与文化表演互动融合，打造具有民族特色的体育竞赛表演品牌项目，也是成渝地区双城经济圈体育产业发展规划中的重要内容。川渝两地通过成立旨在共同促进两地产业联动发展

---

① 2023年成渝"双圈"数据出炉：GDP突破8万亿元，再上一个万亿台阶［EB/OL］. https://www.yibin.gov.cn, 2024-03-07.

② 四川省体育局　重庆市体育局关于印发《成渝地区双城经济圈体育产业一体化发展规划（2023—2025年）》的通知［EB/OL］. https://tyj.sc.gov.cn, 2023-07-24.

的产业协同发展机构等方式，充分利用两地的自然资源优势，做强做大示范区，发挥经济辐射效应，以赛事为支点，以地域文化为依托，以自然资源为基础，打造特色赛事产业项目，积极出台一系列体育产业发展规划、实施意见和具体措施，为成渝地区体育产业体育化发展保驾护航，助推竞赛表演产业链的完善和发展。从近年来成渝地区体育赛事的布局看，四川主要是以成都为核心区域，以引进世界级大型赛事为主线，以创建世界赛事名城为主要发展方向，旨在刷新国际上对成都的城市印象。重庆的体育竞赛表演业则依据其自然地形和产业资源，以打造全国户外运动首选目的地、推进青少年和群众体育赛事为其深度发展方向。两地体育竞赛表演产业在发展方向上的差异，为避免同质化竞争，整合双方的优势资源提供了便利条件。在建设世界赛事名城的过程中，成都从消费端、产业服务端等方面入手，强化政策引导、资金扶持、智力支撑和优惠落地，持续为激活体育产业各要素释放发展活力。成渝地区双城经济圈围绕"以赛兴业"的理念，在吸引一批优质企业和体育 IP 的同时，也带动了政策规划进一步落实到产业发展过程中。

二、研究意义

（一）理论意义

1. 丰富区域经济理论的特色发展研究

研究成渝地区双城经济圈体育竞赛表演业的核心竞争力，有助于从体育产业这一特定视角丰富中国区域经济研究的内容。体育竞赛表演业作为体育产业的重要组成部分，其发展水平直接反映了区域经济的活力和潜力。对于区域体育竞赛表演业的研究，多集中于长三角、珠三角、京津冀等经济发展水平较为成熟的地区，成渝地区双城经济圈作为西部大开发的重要区域和新型城镇化的示范区，其体育竞赛表演业的发展具有独特的区域特色。通过深入研究该区域体育竞赛表演业的核心竞争力，不仅能关注到区域科学理论与新经济增长理论的区域经济理论分析，在此基础上还可以进一步揭示区域经济发展的内在规律和特色。

2. 推动体育产业发展理论的研究

研究成渝地区双城经济圈体育竞赛表演业的核心竞争力，有助于完善和提升体育产业竞争力的理论体系。通过对该区域体育竞赛表演业竞争力的深入分析，可以总结出提升体育产业竞争力的关键因素和路径，为其他地区的体育产业发展提供理论参考。此外，成渝地区双城经济圈体育竞赛表演业的发展，需要成渝两地间的紧密合作和协同发展。研究其核心竞争力，有助于推动体育产业协同发展理论的研究，为区域体育产业的一体化发展提供理论支持。因此，要结合体育产业核心竞争力的内涵、特征和关键因素，建立科学有效的评价体系和理论机制。

3. 促进体育产业与区域经济融合发展

研究成渝地区双城经济圈体育竞赛表演业的核心竞争力，有助于揭示体育产业与区域经济间的内在联系和互动关系。体育产业作为现代服务业的重要组成部分，对区域经济的增长和转型具有重要作用。通过研究，可以进一步促进体育产业与区域经济的融合发展。在研究中还可以关注体育竞赛表演业在技术创新、模式创新等方面的实践探索，这些创新实践有助于推动体育产业的转型升级和高质量发展。同时，这些创新实践可以为区域经济的创新发展提供新的思路和动力。

（二）实践意义

1. 扩大体育消费市场，推动成渝地区体育产业经济的协同发展

体育竞赛表演作为主要的体育消费产品，是体育产业形成规模效应、走高质量发展的核心支撑，研究成渝地区双城经济圈体育竞赛表演业的核心竞争力，是对圈内的体育资源的关联性和差异性，体育竞赛表演活动和体育产业之间的逻辑的再认知，不仅有助于进一步客观呈现出两地的比较优势，客观认识成渝地区在区域一体化合作中的政府、市场、社会、文化的核心概念及作用，国家和地方政府对推动成渝地区双城经济圈体育产业建设发展的整体政策框架和战略安排，以及成渝地区体育产业一体化合作的社会和文化基础。更有助于了解成渝地区城市圈内各城市间的体育往来，明确两地体育产业在有区别、有选择的基础上推动一体化进程。对进一步加大联合申办、开发赛事合作力度，共培新的体育赛事品牌，持续推进群众体育生活化和产业化，充分发挥体育赛事的规模效应，形成一批体育产业集群有一定的推进作用。

2. 优化产业结构升级，推动成渝地区体育竞赛表演业的高质量发展

2023 年上半年，成都体育产业总规模达 552.3 亿元，同比增长约 13.6%；居民体育消费总规模达 322.2 亿元，同比增长 13.8%。体育竞赛表演业作为体育产业的核心内容，应该成为体育产业的重要增长值，通过优化产业结构，以带动市民观赛观展的主动意识以及参与体育消费的习惯。对成渝地区双城经济圈的体育竞赛表演业核心竞争力的研究，能进一步发现体育竞赛表演业与其他体育产业间的关联性和互补性，推动产业结构的优化升级，形成更加完善的体育产业体系。帮助地方政府更加客观地认识成渝地区双城经济圈内体育赛事经济的内生潜力，促进区域内的体育产业升级和体育经济发展，吸引更多更优秀的体育人才、技术、资本等生产要素的聚集，形成区域体育产业高质量发展的支撑和动力，提升成都、重庆双核城市对周边城市体育经济的规模与质量引领。同时，推动赛事经济的发展，为成渝地区体育产业注入活力，促进圈内基础设施建设，为体育竞赛表演消费市场提供更好的硬件条件，增强城市的吸引力和竞争力。为相关体育管理部门及社会资本主体提供战略思考支持，进一步提升成渝地区双城经济圈体育

竞赛表演业在赛事经济市场中的竞争力。

三、研究目标

（一）理论目标

本书以管理学、产业经济学等母学科为依托，进一步明确体育竞赛表演业竞争力的内涵、特征及其形成机理，结合成渝地区双城经济圈发展实际，科学选择适合成渝地区地域发展的体育竞赛表演业核心竞争力的评价要素，构建成渝地区双城经济圈体育竞赛表演业高质量发展的理论框架，为后续研究奠定进一步细化的理论基础。

（二）应用目标

本书相关研究成果既可以为重庆、四川两省市及周边城市体育竞赛表演业高质量协同发展提供决策参考、培育体育竞赛表演市场主体、营造品质体育消费空间，还可以丰富本科生、硕士生和博士生相关课程内容，以促进研教融合。

第二节　研究评述

成渝地区双城经济圈建设作为新建设经济圈，近年来得到学者们的关注，但研究多集中于某一运动项目的微观研究，在整体研究视角和竞争力的要素评价指标等方面仍需进一步完善。随着我国体育赛事（运营）行业总体保持上升态势，体育竞赛表演业逐渐成为研究热点。在前期研究中，国内学者主要是从体育产业的整体框架中研究体育竞赛表演业，在研究区域上，围绕一体化高质量发展、协同路径，集中于长三角、京津冀、粤港澳大湾区等经济发达和基础设施环境建设较为成熟区域；在研究视角上，侧重于区域经济环境层面；研究内容和对象主要是对区域协调机制的宏观叙述，或对区域协调发展某一项运动的微观研究。在研究类型上，主要集中在以下三种：

（1）以波特的竞争力分析的理论模型为基础框架，对研究内容中的各因素进行分析。但此类研究过于机械使用模型分析，在一定程度上忽略了体育产业所具有的"高度关联性"这一产业属性，缺乏对核心本体产业的分析，从而造成研究成果的实用性和操作性不强。

（2）通过建立评价体系与评价模型对体育产业竞争力进行实证研究。从理论层面上来讲，实证研究更具有科学性，学者们通过科学选择评价指标，构建了多种评价体系，但这类研究中的部分研究过于偏重理论化的分析，在指标选择的方法和过程上浓墨重彩，但在选取的指标与现实对接上，进行理论的实践化部分稍显不足，且有的指标选择完全依据西方经济理论中的架构，脱离了我国体育竞赛表演业或是体育产业的发展实际，没有深层次理解和挖掘某一指标的内涵体系，以及这些指标在我国经济社会运行的深层复杂性。

（3）从组织学和社会学的视角如政策网络、城市建设等，对体育竞赛表演业进行的分析研究。这类研究对我国与国外产业发展中的体育产业分类、内涵、产业核心竞争力中的关键因素和发展内容如政策运作及偏向等未做出明显区分，单纯以西方经济学中相关市场经济理论建立模型来分析我国体育产业的竞争力，在实践上仍需进一步思考。

综上所述，体育产业、体育竞赛表演业的研究积累了丰富的经验，提供了众多直接作用生产力，对实现社会经济效益的发展策略具有重要的研究价值。但与国外情况不同，我国体育竞赛表演市场化起步较晚，不同经济时期，对不同地域、不同产业发展建设的规划着重点都有所不同，对成渝地区双城经济圈的体育竞赛表演业的研究成果相对较少。在借鉴区域协调发展的理论逻辑和内在机理的同时，从理论与实践两个层面明确探求区域体育经济核心竞争力的研究明显缺乏。在倡导新质生产力建设，推进经济社会高质量发展的整体环境下，以国家新型布局的战略区域，成渝地区双城经济圈为研究对象，结合我国和地域体育竞赛表演市场的发展实际，探索体育竞赛表演业核心竞争力的提升对充实区域体育产业的发展研究十分必要。

第三节　研究思路与主要研究内容

一、研究思路

第一，对成渝地区双城经济圈体育竞赛表演业核心竞争力的基本理论进行阐述，为研究提供学理支撑。

第二，从发展历程和发展特征两个方面了解成渝地区体育竞赛表演业的整体发展状况。

第三，结合区域经济、核心竞争力等相关理论，借鉴区域体育竞赛表演业核心竞争力已有研究中所构建的评价指标体系，根据成渝地区双城经济圈自身发展的实际和特色，选择从"行政、环境、人才和产业"四大基础竞争力要素分析成渝地区双城经济圈体育竞赛表演业的核心竞争力。

第四，从"运行、消费、人文"三个核心竞争力要素对区域内"五大项群"竞赛表演业进行分析。

第五，提出成渝地区双城经济圈体育竞赛表演业核心竞争力的"六条"培育路径。

二、主要研究内容

1. 成渝地区双城经济圈体育竞赛表演业核心竞争力的基本理论

对成渝地区双城圈、体育竞赛表演业、区域核心竞争力和成渝地区双城经济圈体育竞赛表演业等核心概念和内涵进行界定及详细阐述，进一步明确研究内容，厘清研究概念；在此基础上，通过阐述竞争优势、区域经济发展等基础理论的应用，以及成渝地区双城经济圈体育竞赛表演业核心竞争力分析指标的选择依据，强化研究的学理性，夯实后续研究的理论支撑。

2. 成渝地区双城经济圈体育竞赛表演业的发展历程及特征分析

通过文献资料、深度访谈和问卷调查等方式获取文本资料，使用逻辑分析法从历史沿革、发展环境和发展特征三个方面系统梳理了重庆、四川两省市体育竞赛表演业的发展历程，掌握两省市体育竞赛表演业发展的整体背景和各自原有的发展特征。

3. 成渝地区双城经济圈体育竞赛表演业四个基础核心竞争力分析

采用文献法和跨学科研究法，深入了解成渝地区双城经济圈体育竞赛表演业核心竞争力的基础条件和优势。依照区域经济相关理论，选择行政、环境、人才和产业"四大基础"核心要素，从战略布局、政策法规、发展目标；地理位置、交通条件、场馆设施；教练员、运动员、裁判员、高水平专业人才；四川、重庆各自的产业基础、产业协同等方面，对成渝地区双城经济圈体育竞赛表演业核心竞争力的生成要素进行分析。

4. 成渝地区双城经济圈五大项群竞赛表演业的核心竞争力分析

在系统论视角下，选择大球类、小球类（乒、羽、网）、武术类、操舞类、健身健美类五大运动项群，从赛事规模、竞赛组别、经费来源、运作机构、组织管理、推广途径；消费人群、消费频度、消费金额、消费内容、门票购买、赛事赞助；宣传特色、社会认知、人才体系、品牌建设方面对其"五大项群"竞赛表演业的运行竞争力、消费竞争力、人文竞争力进行具体分析。

5. 成渝地区双城经济圈体育竞赛表演业核心竞争力的六条提升路径

明确圈内体育竞赛表演业四个基础竞争力和五大项群竞赛表演业的核心竞争力发展评价，了解制约成渝地区双城经济圈体育竞赛表演业一体化发展、提升核心竞争力的主要因素，提出成渝地区双城经济圈体育竞赛表演业核心竞争力的六条培育路径。

本书研究框架如图 1-1 所示。

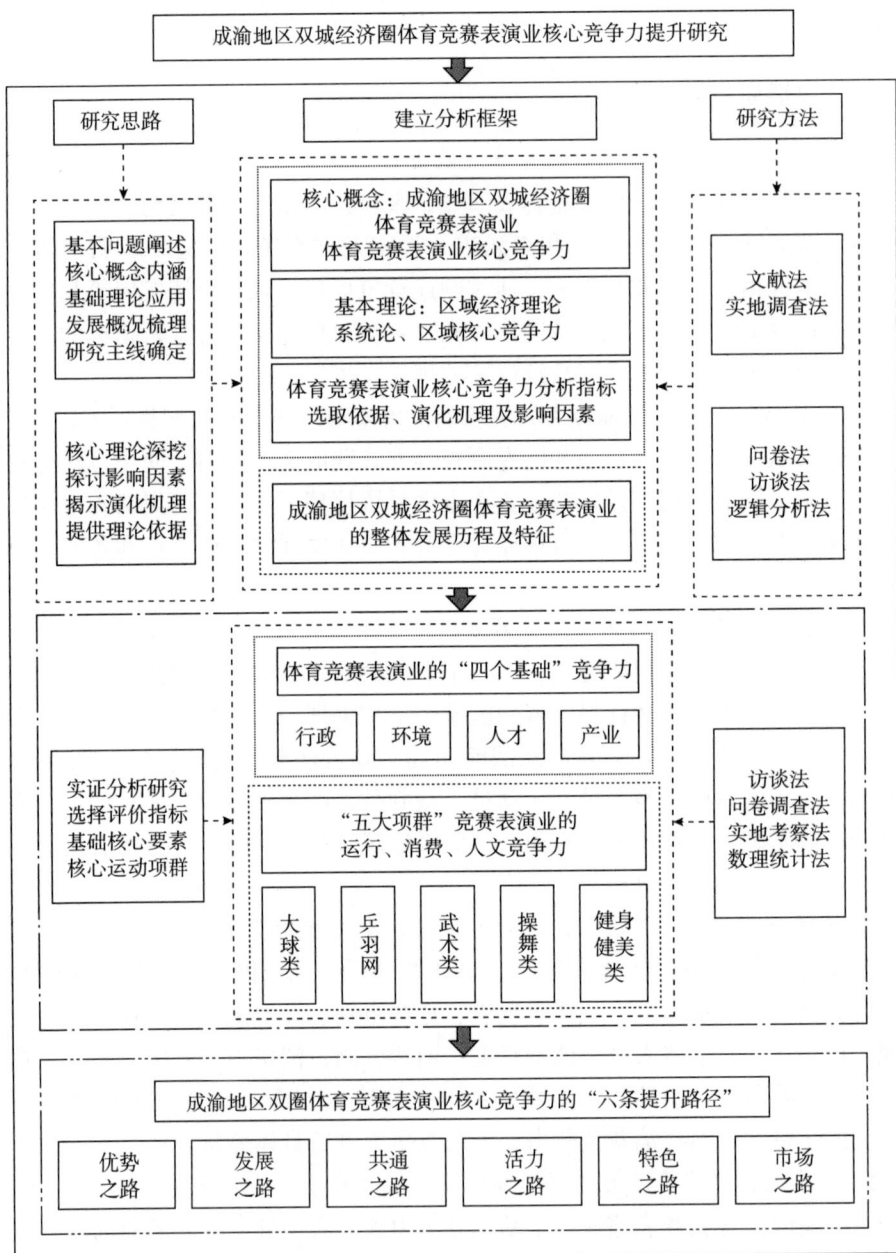

图 1-1　成渝地区双城经济圈体育竞赛表演业核心竞争力提升研究思路框架

第四节 研究对象与研究方法

一、研究对象

本书以成渝地区双城经济圈体育竞赛表演业的核心竞争力作为研究对象。本书认为，体育竞赛表演业是依托体育赛事这一核心业态产品与其他产业相关联而衍生出来的综合产业集合体。因此，本书以"体育赛事"为切入点，通过分析其在推动产业关联效应时所产生的消费行为和内容来审视体育竞赛表演这一整体体系。本书以 2021 年至 2024 年上半年以来，成渝地区双城经济圈内以成都、重庆两市为主要区域或以"成渝""川渝"命名所开展的体育竞赛表演活动等为调查对象。

二、研究方法

（一）文献法

利用中国知网、其他网络、报刊、图书等检索系统，输入关键词"区域协同发展""体育产业""成渝地区双城经济""核心竞争力""体育竞赛表演业""体育赛事"等进行全面检索，梳理了国内外相关研究文献。在中国知网和万方数据库中检索国内外相关期刊论文、会议论文和学位论文，收集整理体育竞赛表演业和体育产业的文献资料，为后续论文奠定理论分析基础。通过网络和省图书馆查阅了与体育竞赛表演业相关的政策文件，以了解政策发展动态。综合文献资料及政策文件的内容，查阅国家统计局、重庆市统计局、四川省统计局、四川省体育局、成都市体育局、重庆市体育局发布的统计年鉴以及各大新闻媒体官方平台，收集近年来举办的有关成渝体育赛事信息，梳理与"体育产业""体育赛事""体育竞赛表演业"和"成渝双城经济圈体育产业"相关文字和数据资料，为本书的开展提供理论依据。

（二）调查法

在制定问卷前，通过对成都、重庆及下属各区县的体育竞赛表演活动做了广泛的实地调研，了解四川、重庆两地的体育场馆、设施资源，深入不同赛事现场，涉及赛事种类、规模、级别、管理、运行、门票、消费及运动员、教练员和裁判员等内容的调查，收集区域体育竞赛表演业发展的相关数据和信息，选取有代表性的区域和赛事进行实地走访调研，与当地体育局管理人员、体育公司从业者、体育协会的负责人、消费者、市民进行交流，收集体育表演活动开展情况的影响因素，以及成渝双城经济圈体育竞赛表演业发展整体概况，为体育竞赛表演业核心竞争力提升研究提供数据支持和验证，更准确地把握区域发展的规律和趋势。同时，针对五大项群竞赛表演活动的消费者、教练员、运动员、裁判员制定相关的调查问卷。

（三）访谈法

课题组成员走访了成渝地区体育协会负责人、政府行政部门管理人员和体育产业研究专家学者，围绕成渝地区双城经济圈体育竞赛表演业核心竞争力为主要议题，从双城经济圈体育竞赛表演业的政策体系、发展现状、发展条件、发展潜力、影响因素、发展趋势、提升路径以及核心竞争力评价指标的选择等方面进行深入访谈。

（四）数理统计法

使用 Excel 和 SPSS 软件对原始调查数据进行了分析整理，通过图、表的形式对数据进行展示，使研究结果更具直观性和科学性。这些数据为成渝地区双城经济圈体育竞赛表演核心竞争力的提升路径提供了发展依据。

第二章 成渝地区双城经济圈体育竞赛表演业核心竞争力的基本理论

第一节 相关核心概念的内涵阐释

一、成渝地区双城经济圈的内涵

（一）成渝地区双城经济圈的概念

成渝地区双城经济圈，位于四川盆地，长江上游，处于共建"一带一路"和长江经济带战略交汇的关键节点，并且是西部陆海新通道的起始点。这一区域不仅承担着连接西南、西北两大经济板块的重任，还是沟通东亚与东南亚、南亚等国际市场的重要枢纽。在我国经济快速发展的背景下，成渝地区双城经济圈被明确赋予了推动西部地区高质量发展的重要战略地位，致力于打造成为中国西部地区发展水平最高、发展潜力最大的城镇化区域。[①]

成渝地区双城经济圈主要包括重庆的核心城区和其下辖的多个关键区县，如万州、涪陵等，以及四川省内的多个重要城市，如成都、自贡、泸州等，共同构成了这一庞大的经济圈。该区域总面积有 18.5 万平方千米，有约 9700 万的常住人口。其中，重庆和成都作为该经济圈的核心城市，在经济、科技、文化等多个领域发挥着示范引领作用。此外，宜宾、达州、绵阳等城市作为区域中心城市，也对推动经济圈内部协调发展起着重要作用。

---

① 中共中央 国务院印发《成渝地区双城经济圈建设规划纲要》[EB/OL]. 中央人民政府网, http://www.gov.cn/gate/big5/www.gov.cn/zhengce/2021-10-21/content_5643875.htm.

（二）成渝地区双城经济圈的建设意义

1. 推动经济高质量发展

作为西部地区经济发展的重要引擎，成渝地区双城经济圈的建设对于推动经济高质量发展具有不可替代的作用。这一区域通过优化资源配置、促进产业升级、增强创新能力等举措，不断提升经济发展的质量和效益。具体而言，成渝地区双城经济圈致力于打造具有国际影响力的先进制造业集群、现代服务业高地和科技创新中心，以科技创新为引领，推动经济转型升级，实现高质量发展。[①]

2. 促进区域协调发展

成渝地区双城经济圈的建设注重促进区域协调发展，通过加强区域合作、推动要素自由流动和优化生产力布局等措施，缩小区域发展差距，实现共同繁荣。通过实施基础设施互联互通、加强产业协作和资源共享、推动公共服务共建共享等举措，增强成渝地区双城经济圈区域发展的协同性和整体性。同时，该区域注重发挥中心城市的辐射带动作用，以点带面推动区域均衡发展，形成优势互补、合作共赢的区域发展格局。

3. 加快科技创新

成渝地区被定位为具有全国影响力的科技创新中心，通过深化国际科技合作，加快布局重大科技基础设施和高能级创新平台，构建创新体系，有助于提升区域的科技创新能力，为高质量发展提供强大动力。

4. 提升国际竞争力

成渝地区双城经济圈地理位置具有重要的战略意义。由于该地处长江经济带和共建"一带一路"交汇处，是内陆地区对外开放格局最重要的区域。这一地理位置使其成为内陆开放战略高地和参与国际竞争的新基地，有助于提升中国的国际竞争力[②]。成渝地区双城经济圈的发展不仅对推动中国式现代化具有重要意义，而且对促进区域协调发展、加快科技创新、提升国际竞争力等方面都也具有深远的影响。

二、体育竞赛表演业的内涵

（一）体育竞赛表演业的概念

《国务院办公厅关于加快发展体育竞赛表演产业的指导意见》指出，体育竞赛表演产业是体育竞赛表演组织者为满足消费者运动竞技观赏需要，向市场提供

---

① 成渝地区双城经济圈建设对中国式现代化发展有何战略意义？［EB/OL］. https：//www.sc.gov.cn，2024-02-19.

② 深刻把握成渝地区双城经济圈建设重大战略意义［EB/OL］. http：//www.leshan.cn，2021-10-26.

各类运动竞技表演产品而开展的一系列经济活动[①]。赛事是体育竞赛表演业的核心产品，结合赛事级别的不同，体育竞赛表演业分为国际级赛事（如奥运会、世界杯）、国家级赛事（如全运会）、地区级赛事（如省运会）及商业赛事（如NBA、欧洲冠军联赛）等。按照赛事性质的不同，又可分为竞技性赛事、表演性赛事及综合性运动会等。随着国内体育赛事市场的快速繁荣，尤其是结合《体育产业统计分类（2019）》的相关表述，不同学者因研究侧重点的不同对体育竞赛表演业概念和内涵描述也尽显不同，体育竞赛表演业的内涵被不断丰富。

　　根据上述对体育竞赛表演业概念的界定和产业归属，结合本书的具体研究内容，为进一步厘清研究概念，需要明确体育竞赛表演业并不等同于体育竞赛表演活动。体育竞赛表演的主要目的是展示运动员的竞技水平和表演能力，为观众提供观赏和娱乐；而体育竞赛表演业注重通过市场化运作，实现经济效益和社会效益的最大化，具有明确的产业属性和经济价值，是典型的产业活动。二者是两个概念，既相互联系又有所区别。

　　（1）体育竞赛表演指运动员通过自身的身体活动和运动技艺，在赛场上进行竞技和表演的活动。这种活动以竞技为目的，同时强调观赏性和娱乐性，是体育竞技与表演艺术的结合体。体育竞赛表演主要包括各类体育赛事中的对抗性项目，如足球、篮球、排球、乒乓球、羽毛球、网球、田径等，以及非对抗性的体育表演项目，指不直接涉及身体对抗或竞争冲突的运动项目。这些项目更侧重于技能展示、艺术表现、策略规划或是对环境的适应与利用，如健身操舞表演（体操、健美操、啦啦操、艺术体操、体育舞蹈）、武术表演（健身气功、太极拳）等。

　　（2）体育竞赛表演业是更为宽泛和复杂的产业概念。体育竞赛表演业是一种业态或产业活动，它以体育竞技、表演的方式向市场提供观赏性体育服务产品。这个业态包含了组织、管理和运营观赏性体育赛事的组织机构与活动，涵盖职业性体育赛事、商业性体育赛事、大型综合运动会、社会体育竞赛等方面。它不仅是简单的比赛活动，还涉及赛事的策划、组织、宣传、运营、转播、票务销售、赞助招商、衍生品的开发以及赛后服务等环节，是一个完整的产业链。

　　基于此，结合本书的研究实际，体育竞赛表演业是集体育竞技、文化娱乐、商业运营于一体的综合性产业。它的主要内容是向市场提供集体育竞赛和表演艺术于一体的观赏性体育服务产品，涵盖体育赛事的组织与管理、运动员的培养与

　　[①]　国务院办公厅关于加快发展体育竞赛表演产业的指导意见 [EB/OL]. http://www.gov.cn/zhengce/content/2018-12/21/content_5350734.htm, 2018-12-01.

竞技展示、体育场馆的运营与服务、体育媒体转播与版权销售、票务、广告赞助、表演内容创作与呈现等环节，形成了一个闭环完整的产业链，旨在通过市场化的运作，组织高水平并具有精彩表演艺术元素（高、精、尖、难、美）的体育赛事，为观众提供独特的观赏体验，以此实现经济效益和社会效益的"双赢"。

（二）体育竞赛表演业的服务产品分类

健身和娱乐是体育的两大基本功能。因此，依照体育所具有的基本功能，体育消费可分为参与性体育消费和观赏性体育消费。其中，观赏性体育消费属于精神消费产品，主要指通过产品或服务购买，观看体育竞赛表演活动。按照产品功能的不同，可分为服务性产品市场和实物性产品市场。服务性产品市场指为消费者所提供相关的观赛产品；实物性消费产品市场是与观赛相关的以实物形态存在的商品市场。在调查过程中发现，体育竞赛表演业作为一个专业的学术术语，不同的人对这一专业概念理解有所不同，不乏群体认为"体育竞赛"和"体育表演"是两个完全不同的概念，应割裂开来，不能放置在一个研究体系下进行研究。基于此，本书认为"体育竞赛表演业是依托体育赛事这一核心产品而衍生出来的综合产业集合体"。其宏观视角太过宏大，从"体育赛事"这一核心产品切入。为更好地理解体育竞赛表演业所具有的"竞赛与表演"的双重属性，为后续研究中五大项群的选择厘清逻辑来源，这里将体育服务产品分为以下两类：

（1）对抗性体育服务产品。对抗性体育服务产品指通过双方或多方运动选手以同台竞争的方式决定胜负。如直接身体对抗性项目产品：大球类（足、篮、排）、小球类（乒、羽、网），非直接身体对抗但具有间接身体对抗性的项目服务产品，如田径等。由于对抗性体育服务产品能满足人们内心争强好胜的心理和情绪需求，赛事产品的运动水平越高，竞争越激烈，其产品的质量与价值就越高，消费者所获得的消费效用也就越大。

（2）非对抗性体育服务产品。非对抗性体育服务产品主要强调以追求视听觉等综合艺术效果为目的，通过由体育运动员生产出来的服务产品，如武术类、艺术体操、体育舞蹈、啦啦操、健美操运动项目等。它突出表演和艺术效果，更多地体现体育与艺术等因素的融合。

（三）体育竞赛表演业的产品特征

1. 市场化特征

体育竞赛表演产品具有明显的市场化特征，其生产和消费过程受到市场需求的影响。随着科技、资本、互联网等现代化市场运作资源和手段与体育的结合，充分扩大了体育发展的经济价值，体育竞赛表演活动产品的性质逐渐演变为市场化的商品形态①。

2. 产业关联性强，文化娱乐价值高

体育竞赛表演产品，尤其是品牌体育赛事关联性高、辐射面广、带动性强，是最具活力、最有影响的产业形态。它不仅具有竞技价值，还蕴含着丰富的文化和娱乐价值。通过体育展示，可以营造浓厚的文化氛围，加强观众与赛场的互动，提升观众的观赏体验。

3. 全球化和地域性

体育竞赛表演产品具有全球化的特点，如国际性的体育赛事吸引了全球观众的关注。同时，不同地区的体育竞赛表演也具有地域特色，如各地的传统体育项目和特色赛事。

体育竞赛表演产品不仅包括各种正式的体育比赛和相关的文化展示活动，还具有市场化、文化与娱乐价值以及全球化和地域性等特征。此外，目前我国除了足球、篮球等少数项目走上职业化发展道路外，其他项目尚未形成一定的职业市场。依据产业市场化、专业化、商业化、精细化程度，职业体育竞赛表演业以营利为主要目的，最大化地挖掘赛事、项目及运动员的商业价值，全面面向市场，通过满足人们对高水平竞赛表演活动的消费需求，向市场提供相关核心产品而展开的一系列经济活动，是体育竞赛表演业的重要组成部分。

（四）体育竞赛表演业的参与主体界定

体育竞赛表演业项目的参与主体广泛，主要包括赛事组织机构（承办方、主办方和社会体育组织），体育场馆与设施、运动员、教练员及裁判员团队、传播媒体（电视、广播、新媒体），赞助商和广告商及观众等。各主体在项目中扮演着不同的角色，共同推动赛事的举办与发展。其中，赛事主办方负责赛事的整体规划与监督；承办方负责赛事的具体实施与现场管理；运动员、教练团队是赛事的核心，他们的表现直接影响赛事的观赏性和影响力；赞助商为赛事提供资金支持，促进赛事商业化运作；媒体负责赛事的宣传报道，扩大赛事的影响力；观众是赛事的最终受众，他们的参与和支持是赛事成功的关键。

1. 赛事组织机构（承办方、主办方和社会体育组织）

由于体育赛事在一定程度上具有强大的影响力、能给社会带来一定的经济效益，对产业有一定的关联性和辐射性，尤其是国际级的大型赛事，它能够在短时间内聚焦社会的目光和注意力，提升赛事举办城市的知名度和美誉度，带来显著的赛事经济效益。因此，政府部门在一定时期会通过直接购买或间接购

---

① 王茜，王家宏，崔李明. 我国职业体育竞赛表演业消费市场高质量发展的内涵特征、问题及解决路径研究［J］. 体育学研究，2021，35（6）：53-62.

买的方式，成为赛事的承办方和主办方。此外，社会体育组织通常是负责策划、组织和管理各种体育赛事的机构，包括营利性的组织（公司），如国际管理集团（IMG）、世界摔角娱乐（WWE）；非营利性的协会或联合会，如国际奥委会（IOC）、国际足联（FIFA）和各国及地区的体育协会。它们主要负责赛事的日程安排、规则制定、场地选择、参赛队伍和运动员的邀请与资格审核等。

2. 体育场馆与设施

体育赛事往往需要特定的场馆和设施进行，这些场馆和设施可以是专门为体育赛事建造的，如足球场、篮球场、赛车场等，也可以是多功能场馆，能够举办多种类型的活动。这些场馆的拥有者和管理者也是体育赛事产业的重要组成部分，他们负责提供和维护比赛所需的基础设施，确保比赛的顺利进行。

3. 运动员、教练员及裁判员团队

体育竞赛表演业项目产品的主要生产者与提供者是高水平的职业或专业运动员，运动员直接参与服务产品的生产过程。除此之外，教练员、裁判员、科研人员、管理者与工作人员等对运动员的竞赛支持是必不可少的辅助参与者。

4. 电视、广播、新媒体等传播媒体

社会的发展使人们对体育的需求越来越明显，由于时间、地点、精力等一些客观或主观因素的制约，现场观赛已不能完全满足人们对观赏类体育服务产品的需求。因此，体育赛事的观赏性在很大程度上依赖于媒体的传播和转播。通过电视、广播等媒体间接欣赏体育赛事、表演成为人们一种更为便捷的选择。电视台、网络平台，社交媒体等媒体机构通过购买赛事转播权，将比赛实时呈现给观众，赚取广告费用。体育赛事产品的间接消费群体应运而生。不仅提高了赛事的曝光度和影响力，也为各大媒体机构带来了可观的广告收入和订阅收入。

5. 赞助商与广告商

赞助商与广告商出于自身的需要，即寻找高曝光度和众多目标受众的平台来宣传自己的产品或服务。他们通过出资赞助比赛、参赛选手等形式，表达对赛事活动和运动员的支持，借此机会宣传自己的品牌，树立良好的商业形象。

6. 观众

随着体育赛事的全球化发展，体育旅游成为一个体育竞赛表演业的新兴的市场。赛事举办地通过吸引观众前来观赛，带动了当地的旅游、住宿、餐饮等产业的发展。同时，为观众提供优质的服务和体验也是赛事组织者关注的重点之一。

（五）成渝地区双城经济圈体育竞赛表演业

成渝地区双城经济圈体育竞赛表演业指为满足成渝地区消费者对体育运动竞技的观赏需求，由体育竞赛表演的组织者通过对体育赛事市场和产品的开发，为消费者提供的一系列体育竞赛表演产品的总和。它是一种典型的现代经济活动，其范畴广泛，包括体育赛事的策划、组织、运营、转播、票务销售、赞助招商、衍生品开发等环节，是体育产业中极具活力和增长潜力的重要组成部分。

成渝地区双城经济圈体育竞赛表演业经济活动特征显著，主要表现为：一是产业链长，涉及多个行业和领域，如体育、传媒、旅游、娱乐等；二是辐射范围广，能够带动区域经济发展，促进相关产业联动；三是融合功能强，能够促进文化、旅游、科技等产业与体育产业的深度融合；四是消费拉动大，体育赛事表演往往能吸引大量观众，直接带动门票、餐饮、住宿、交通等消费。

在成渝地区双城经济圈建设的国家战略指引下，体育竞赛表演业呈现出良好的发展态势，川渝两地通过共建体育产业协同创新中心、联合举办赛事、打造自主品牌赛事等方式，不断推动体育产业协同发展。这种协同发展不仅有助于优化资源配置，提升区域体育产业整体竞争力，还能够实现两地体育文化的交流与融合，共同打造具有国际影响力的体育品牌。

三、区域核心竞争力的内涵

（一）区域核心竞争力的概念

经济学家大卫·李嘉图最先提出了"竞争力"的概念，随着社会的不断发展，在后来的不同时期，学者们对竞争力理论进行了系统和深入的研究，形成了不同流派。古典经济学家、制度经济学家和发展经济学家基于各自研究领域的侧重点提出了影响区域竞争力的核心关键要素。但总体来说，区域竞争竞争力发展离不开该区域的经济核心内生性要素和外生性生产要素，这些要素相互作用，共同提升了该区域的发展竞争力。这些理论从不同的角度对区域产业竞争力进行了解释，我们可以从中提炼出区域产业竞争力的概念，即指一个地区在全球化经济体系中，通过整合区域内外资源，形成并持续保持的相对其他区域而言的独特竞争优势和能力。这种能力不仅体现在经济领域，还涵盖了科技、文化、教育、环境等方面，也是区域综合实力和发展潜力的集中体现。区域核心竞争力是区域发展的内在驱动力，对于促进区域经济增长、提升区域地位、增强区域吸引力具有重要意义。

（二）区域产业核心竞争力的特征

1. 系统性

区域产业核心竞争力不是单一因素的简单叠加，而是区域内各种资源、能力、技术、管理等要素相互作用、相互协调、相互融合所形成的综合体系。

2. 价值性

区域产业核心竞争力能够为客户创造独特的价值，这是其存在的根本。这种价值不仅体现在产品或服务的质量、性能、价格等直接因素上，还包括品牌影响力、客户满意度、忠诚度等间接因素上。

3. 依赖性

区域产业核心竞争力依赖于区域内特定的资源禀赋、技术基础、人才储备、政策环境等条件。这些条件构成了区域产业的核心竞争力源泉，一旦这些条件发生变化或丧失，则区域产业的核心竞争力可能会受到严重影响。

4. 动态性

区域产业核心竞争力不是静态的，而会随着市场环境、技术进步、消费需求等因素的变化而不断演进的。在竞争激烈的市场环境中，区域产业需要不断创新和变革，以适应外部环境的变化，保持和提升自身的核心竞争力。

5. 独特性

区域产业核心竞争力是区域产业独有的，难以被其他区域轻易模仿或替代的。这种独特性来源于区域内独特的资源禀赋、技术积累、文化底蕴、政策环境等方面因素的综合作用。

（三）区域产业核心竞争力的构成要素

影响区域核心竞争力的因素众多，主要包括环境资源、区位条件、经济条件、科技水平、教育程度、政策制度等。这些因素相互作用，共同影响区域核心竞争力的形成和发展。

1. 区位条件要素

区位条件不只局限于简单的地理位置优越性，还包括区域内自然资源的丰富度与独特性，这些资源往往是产业发展不可或缺的原料基础或独特卖点。同时，交通便利性，如高速公路、铁路、港口及航空枢纽的完善布局，极大地促进了物资流通与人员往来，降低了物流时间与成本，为产业拓展市场边界提供了强有力支撑。此外，完善的基础设施，如水电供应、信息网络、教育科研机构的集聚等，进一步保障了产业的稳定运行与创新能力的提升，最终促进区域经济繁荣与竞争力的全面提升。

2. 人力资本要素

构建一支高素质、多元化的人才队伍，不仅能够激发技术前沿的突破，引领管理模式的革新，还能敏锐洞察市场需求，驱动市场策略的创新，为区域产业注入源源不断的活力与竞争力。为此，区域需强化人才引进与培育机制，通过高质量的教育培训体系，提升人才的专业素养与创新能力。同时，设计科学合理的激励机制，包括薪酬、福利、职业发展路径等，以增强区域对人才的吸引力与留任力，确保人力资本的数量与质量持续提升，为区域产业的蓬勃发展奠定坚实的人才基石。

3. 产业基础、资金和市场要素

产业基础是区域产业发展的基石，包括现有的产业结构、产业链条的完整性以及产业配套能力等方面。良好的产业基础能够为新兴产业的发展提供有力支撑，降低进入门槛和风险。同时，资金是产业发展的血液，充足的资金来源能够保障产业的顺利发展。而市场是产业发展的最终归宿，广阔的市场需求和潜力能够吸引更多的投资和企业进入，推动产业规模的扩大和竞争力的提升。

4. 技术创新要素

技术创新的关键要素在于不断研发与引入前沿科技，推动产业内企业迭代升级。这一过程不仅促使企业持续推陈出新，包括开发高附加值的新产品、优化生产工艺流程、掌握并应用领先技术，以精准对接市场多元化、个性化的需求变化，还深刻影响着产品的市场竞争力与品牌塑造力。此外，技术创新通过提升生产自动化、智能化水平，显著降低了人力与资源消耗，有效压缩了成本结构，提升了生产效率和产品质量，为区域产业开辟出更为广阔的利润空间，加速产业转型升级与可持续发展进程。

5. 政策制度要素

政府通过制定和实施一系列的政策措施，如税收优惠、财政补贴、融资支持、市场准入等，为产业发展提供了有力的支持和保障。这些政策措施能够有效地激发产业发展的活力，促进产业升级和转型，提高产业的竞争力和市场占有率。同时，政策制度能够规范市场秩序，保护公平竞争，促进产业的健康发展。

四、成渝地区双城经济圈体育竞赛表演业的界定

成渝地区双城经济圈体育竞赛表演业作为区域体育产业的重要组成部分，在地域特色、产业协同性和市场潜力等方面具有明显的优势。通过科学和合理规划，而对成渝地区双城经济圈体育竞赛表演业进行科学合理的界定，对促进区域消费升级、增强民众健康意识、提升区域文化软实力具有重要意义，可为成渝地区双城经济圈的经济社会发展注入新的活力。

（一）成渝地区双城经济圈体育竞赛表演业的概念

在成渝地区双城经济圈范围内，依托成渝地区丰富的自然资源和文化底蕴，通过商业化运作和跨城市合作举办各类体育赛事表演活动，促进体育与文化、科技、旅游等产业的融合发展，旨在通过体育赛事和表演活动的举办，提升成渝地

区的国际影响力和全球竞争力，同时促进圈内体育产业的转型升级和高质量发展。

（二）成渝地区双城经济圈体育竞赛表演业的特殊性

1. 地域特色显著

成渝地区双城经济圈地处中国西南地区，拥有丰富的自然资源和独特的文化底蕴。这为体育竞赛表演业的发展提供了得天独厚的条件。通过挖掘和利用地域特色，成渝地区可以打造具有地方特色的体育赛事和表演活动，吸引更多的观众和投资者。

2. 区域协同发展

成渝地区双城经济圈体育竞赛表演业注重区域协同发展，通过构建成渝体育产业联盟，整合优化两地体育产业要素资源配置，实现体育优势互补、资源共享，促进两地整体发展和地区各自发展，增强区域体育产业发展的协同性、联动性、整体性。

3. 市场潜力巨大

成渝地区双城经济圈的常住人口数量在 2019～2022 年由 9600 万增加到 9874.50 万。截至 2023 年末，仅成都常住人口就达 2140.3 万，比上年末增加 13.5 万。随着人们生活水平的提高和健康意识的增强，对体育竞赛和表演活动的需求日益增长，这不仅为体育赛事奠定了充足的观众基础，还直接关联到体育用品、门票销售、赛事周边商品及广告赞助等多个环节的消费需求，为体育竞赛表演业带来持续的市场驱动力。

第二节 相关研究的学理基础

一、区域经济理论

区域经济理论是研究特定区域内经济活动空间分布、产业结构演变、区域经济增长及其相互关系的科学体系。区域经济理论的核心在于揭示区域经济发展的内在规律，探讨如何通过合理的资源配置和经济发展策略，实现区域内经济的持续增长和均衡发展。区域经济理论为区域政策制定、战略规划及区域协调发展提供了理论依据。随着全球经济一体化的深入发展和区域合作的加强，区域经济理论在指导地方经济发展，促进区域协调与平衡等方面发挥着日益重要的作用。区域经济理论的主要流派有：

（1）古典区位理论：以杜能（Johann Heinrich von Thunen）的农业区位论和韦伯（Alfred Weber）的工业区位论为代表，主要关注单一企业的区位选择及其成本最小化问题，奠定了区域经济理论研究的基础。

（2）新古典区域经济理论：包括胡佛（Edgar M. Hoover）的运输成本理论、克里斯塔勒（Walter Christaller）的中心地理论等，强调市场、运输成本和集聚经济对区域经济活动的影响，进一步深化了对区域经济空间结构的理解。

（3）增长极理论：由法国经济学家佩鲁（Francois Perroux）提出，经济增长并非同时出现在所有地方，而首先集中在某些具有创新能力的行业或部门，形成增长极，然后通过乘数效应和"核心—边缘"的效应带动周边地区的发展。

（4）新经济地理学：以克鲁格曼（Paul Krugman）和藤田昌久（Masahisa Fujita）等为代表，将空间因素纳入主流经济学分析框架，运用数学模型研究经济活动的空间分布，集聚与扩散机制，为区域经济研究提供了新的视角和方法。

（5）区域创新系统理论：强调创新在区域经济发展中的核心作用，认为区域创新系统是区域内企业大学、研究机构、政府机构等创新主体相互作用、共同促进新技术、新知识产生和扩散的网络系统。

（6）未来区域经济理论。①数字经济与区域经济：数字经济的快速发展正在深刻改变区域经济格局，数字经济成为推动区域经济转型升级的新引擎。如何利用数字技术促进区域经济创新发展、优化资源配置成为新的研究课题。②区域政策与治理体系的创新：随着区域经济理论研究的深入和区域经济发展的实践需要，区域政策与治理体系不断创新完善。政府、市场、社会等多方主体共同参与的区域治理模式逐渐成为主流。

以上区域经济学的主要流派理论从不同视角和层面触及了区域产业竞争力的核心议题，为成渝地区体育竞赛表演业核心竞争力的提升及研究奠定了坚实的理论基础。近年来，我国经济空间结构的演变遇到了新的挑战与外部环境的变化，国家据此提出了深化实施区域协调发展战略、区域重大战略、主体功能区战略以及新型城镇化战略，其核心是希望能够实现生产力布局的优化，建造一个同时集互补性和高质量发展为一体的区域经济布局与国土空间体系。在此背景下，学者们对经济区域化发展的现象展开了广泛而深入的研究，不断丰富着区域经济发展理论在中国的实践内涵。区域经济理论作为本书的核心理论支撑，为研究的视角与逻辑框架提供了稳固的理论依据。成渝地区双城经济圈体育竞赛表演业致力于成为国家体育经济发展的示范区域，依托区域优势，强化增长极与周边地区的协同分工，有效利用成都、重庆两大核心城市所具有的"领航"属性，进一步促进区域经济的全面发展。由于成都、重庆区域的地形特征，要想进一步促进其地区的经济发展，应有针对性地强化二者之间的交通基础设施，建立起以核心增长节点与经济发展轴线为核心的空间布局，从而实现整体的经济进步。网络开发理论的作用则进一步强化了点轴开发理论的应用，该理论强调构建地区核心节点和交通网络间的多方位联动，以点线成面为基础，创建科学的网络开发体系。"核心—边缘"理论进一步揭示了在经济增长的过程中，生产要素需先向核心区域进行集合，当核心区域的发展达到一定程度后，再向边缘区域进行扩散，从而带动周边的经济发展，最终建立起和谐的空间结构体系。基于上述分析，得知上述相关理论的存在对于本书分析成渝地区双城经济圈体育竞赛表演产业对经济增长的效应具有十分重要的参考意义。

总而言之，构建成渝地区网络体系，有助于发挥成都、重庆等中心城市的辐射作用，通过点、线、面的综合布局，带动其他滞后地区的经济增长，促进区域内部各地在分工协作中实现经济利益共享，进而增强区域整体的竞争力。区域经济理论博大精深，其核心价值在于动态剖析区域经济发展的不同阶段，为区域生产要素配置与区域分工提供理论指引。作为我国区域经济发展的新兴战略区域，成渝地区双城经济圈在体育产业的战略布局、发展根基、产品创新、市场潜力及开放水平等方面已展现出其他区域难以比拟的发展优势。基于区域经济发展理论，对成渝地区双城经济圈体育竞赛表演产业的核心竞争力进行深入的理论与实践剖析，显得尤为关键。

二、系统论

系统论是一个涉及多维度的学科领域，其核心思想强调"整体不是若干部分的简单排列组合，而是各部分间相互作用而形成的新的发展形态"。系统论专注于探讨整体形成的结构特征、运作方式、演变过程、基本原则、内在规律及其内部结构的相互关系。学者们主张在分析一个研究对象时，首先把其看作一个统一体，在此基础上进一步分析明确整体与部分、部分与部分、部分与环境及整体与环境之间的关系。且根据要素对系统功能产生的影响大小，还可以对要素进一步地细分，如内部要素与外部要素，以此更为全面地了解整体。

系统论有关整体性、交互性、动态平衡性等特性的阐述，为成渝地区双城经济圈体育竞赛表演业核心竞争力提升的研究框架设定提供了理论支撑。成渝地区双城经济圈的体育竞赛表演业既是一个整体发展概念，又是依据各自优势和特点进行差异化发展的独立区域经济体。从一体化的发展视角看，随着重庆、成都两个核心城市动态协作的不断深化，加速区域体育产业资源、体育人口及各类体育生产要素的合理流动和高效集聚，不断推进成渝地区体育产业的演进与升级。应将成渝地区视为一个复杂且相互关联的整体，其中各发展组成要素如经济、文化、科技、环境、教育之间的相互作用和彼此依存关系共同推动着区域核心竞争力的形成。

　　此外，把体育竞赛表演业作为一个整体系统，根据不同分类体系在运动训练理论研究和训练实践中的适用范围及应用价值，把体育竞赛表演业的运动项目分成"大球类""小球类""武术类""操舞类""健身健美类"五大项群，从整体出发来研究组成系统各要素，了解其运行体系、消费行为、结构及群体意识，以把握系统整体，探索其发展的目标与方向。

三、比较竞争优势理论

　　1776 年，亚当·斯密在研究国际贸易时提出了绝对优势发展理论。随着社会的发展，这一理论不断成熟升级，获得更广泛和深入的发展，成为比较优势、要素禀赋的理论先基，为人们理解国家及地区间的竞争力奠定了框架基础，推动了竞争力理论体系的建立和完善。优势竞争理论中最著名的代表人物是美国学者迈克·波特。波特基于比较优势理论，为区域竞争优势理论提供了能被量化的研究模型，同时指出自然资源禀赋在区域竞争力的培育初期是重要的要素指标，它能有效地吸引资本的迅速聚集，使地区产业经济发展规模不断发展壮大。但随着市场资本投入的不断加大，区域拥有了相对稳定的市场竞争优势，在这一阶段，自然资源禀赋的要素优势表现得逐渐不明显，创新能力的人才、科技等因素就成为其保持稳定核心竞争力的关键要素。此外，随着后来理论认知深度的扩展，竞争力理论在研究中也得到了不断丰富和发展。波特在理论中进一步提出成本、生产要素、企业战略、市场需求、相关产业与支持性产业以及政府角色等是影响区域竞争力形成的多种因素，也就是著名的钻石模型，如图 2-1 所示。

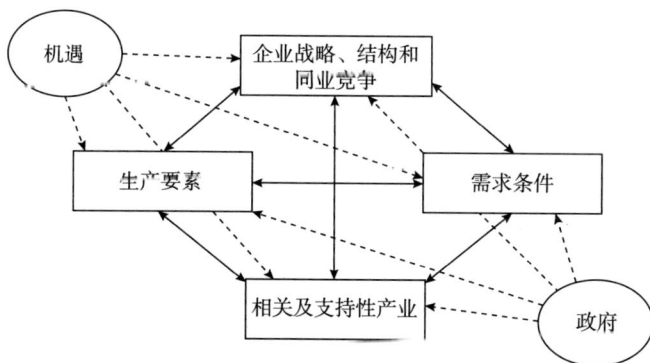

图 2-1　波特的钻石模型示意图

随着现代经济社会的不断发展，在提升竞争力方面动态性的因素比静态性要素具有更高级内涵和意义。值得肯定的是，波特指出了比较优势理论中对政府行政力量在竞争力发展中作用的认知不足，认为国家政策是企业竞争力形成的核心要素，提出了国家竞争力构建的四个阶段：要素驱动阶段、投资驱动阶段、创新驱动阶段和财富驱动阶段。这为成渝地区双城经济圈体育竞赛表演业核心竞争力的研究提供了有益启示。

20世纪90年代，随着世界经济一体化的发展，众多学者对竞争力理论的研究不断深入。部分学者结合现代经济发展的实际环境，把比较优势理论和竞争优势理论观点相融合，对比较竞争优势理论进行了批判性的审视，并提出核心竞争力概念，认为比较竞争优势并不能等同于核心竞争力。比较竞争优势中强调的优势来源于其所处的经济时代中对外在性要素的发展依赖，体现的是单一的发展维度，随着社会的发展，显现出它的相对性和短期性。而核心竞争力强调区域竞争力保持持续优势的核心在于内部发展，并非取决于外部环境，是一种在区域内不断创新，最终在区域竞争中脱颖而出，拥有其他区域所无法模仿的能力。核心竞争力是基于区域内部自身无法复制和取代的一种能力发展体现，因此这一理论被称为"能力"竞争理论，即内生性条件的差异在自然资源禀赋等外生性发展因素的加持下，通过自身的不断创新和发展，具有较长生命周期和较高稳定性，使区域能保持长期稳定的竞争优势。

以上基于比较竞争优势而演化进阶的竞争力理论对本书的内容分析具有关键的学理支撑作用。成渝地区双城经济圈体育竞赛表演业核心竞争力的评价和考量建立在经济学理性思维基础上，同时是以社会学和心理学中的非理性行为为条件而进行的。因此，单纯地从定性或定量的角度分析区域体育竞赛表演业的核心竞争力是片面的，在竞争优势相关理论基础上，科学地对研究指标的选择，并在方法上和思维上进行创新，以实现对成渝地区双城经济圈体育竞赛表演业核心竞争力的科学评估、构建和应用。

四、区域核心竞争力理论

20世纪90年代，美国企业战略管理专家普拉哈拉德（C. K. Prahalad）与哈默（G. Hamel）在《哈佛商业评论》发表的《企业的核心竞争力》中，首次提出"核心竞争能力"的概念。随着这一概念的提出，区域核心竞争力理论逐步应用到区域经济的发展研究中。区域核心竞争力指在长期发展中，某一区域通过实现可支配核心资源的有效优化配置，形成自我发展机制和自组织能力，创建并保持长期、持久独特、稳定的竞争优势，支撑和保持区域可持续性竞争优势的一种独特能力。它是区域经济综合竞争力中最基本、最重要的竞争力，具有独特性、战略价值性、延展性或辐射性等。区域产业核心竞争力的形成与维持是多种因素相互作用、综合影响的结果，而非单一因素所致。区域竞争的成功更多地归因于各国在经济结构、价值观念、文化特征、政治体制及历史沿革上的差异性。尽管不同经济发展阶段对区域产业核心竞争力的基础要素有不同的要求，但在经济发展的过程中，区位条件与政策因素始终是关键的影响因素。

此外，不同区域因其产业核心竞争力基础要素的综合作用不同，导致产业结构的差异及其优化方向、产业组织模式的多样性。然而，无论情况如何变化，在任何时间与空间下，区域产业核心竞争力的生成均需依托坚实的支撑体系，即一系列相关的自然条件、经济基础、社会环境。这些条件作为产业核心竞争力的基础均不可或缺，且这些条件的系统性、全面性、数量及质量越高，区域产业核心竞争力的基础就越稳固。区域产业核心竞争力的主要支撑体系包括资源禀赋、地理位置优势、社会环境以及政府扶持等方面。

第三节　体育竞赛表演业核心竞争力分析指标选择的依据

在构建成渝地区双城经济圈体育竞赛表演业核心竞争力的分析框架时，选择合适的分析指标是至关重要的一步。体育竞赛表演业核心竞争力分析指标的选取是基于对核心竞争力内涵与概念的深刻认知，结合竞争优势理论、区位经济理论、价值链理论等一系列子理论的应用，以及市场表现与认同、业绩与利益获取、行业特征与需求、发展趋势与策略等多维度的考量。通过综合理解前文中所阐述的宏观理论，在此基础上把子理论发展成为具象化的理论工具，更加全面、深入地剖析体育竞赛表演业的竞争力指标选择依据。

一、分析指标选择的理论依据

（一）五力模型与钻石模型

迈克尔·波特的五力模型和钻石模型，为分析体育竞赛表演业的核心竞争力提供了有力工具。供应商议价能力、购买者议价能力、潜在进入者威胁、替代品威胁、行业内竞争共同构成了"五力模型"的五个组成要素。这五个组成要素能够帮助区域或企业识别自身在市场中的竞争状态。波特的钻石理论模型包括生产要素条件、需求条件、相关支持产业以及企业战略、结构与竞争，政府和机遇五大部分，强调了国家层面的竞争优势构建要素，该理论认为，以上模型中所涉及的要素是企业竞争优势的来源，其独特的、难以被模仿的、能够为客户带来价值的核心能力。

在体育竞赛表演业中，核心竞争力包括赛事品牌的影响力、专业团队的运营能力、独特的赛事体验设计、持续的创新能力，以及政策环境对行业发展的促进作用。此外，市场需求是驱动体育竞赛表演业发展的根本动力，而竞争态势决定了企业在市场中的位置和策略选择。指标体系需密切关注市场动态，包括观众偏好变化、消费趋势、竞争对手策略等，以便及时地调整和优化产品和服务，满足市场需求，增强市场竞争力。因此，核心竞争力的指标体系需涵盖这些关键要素，以全面评估和提升行业的核心竞争力。

（二）区位理论

区位理论关注地理位置对经济活动的影响，21 世纪初，德国经济地理学家韦伯提出了区位因素、区位优势和最优区位的概念。区位因素包括地理、自然、人文、社会、经济等客观环境要素。区位优势指一个地区在地理上拥有的某些对该区域的经济发展起积极作用的、相对其他地区具有比较优势的因素。一个区域的区位因素对其产业竞争力的形成和作用有着不可忽视的影响。区位因素对产业竞争力的影响主要是通过位置、交通、通信等综合作用而发挥出来的，通过影响生产要素的流动而作用于产业竞争力。位置优越、交通便利、信息灵通既为产业的发展提供了良好的基础条件，也影响了其他生产要素的流动，从而为产业发展的要素优化提供了便利。

对于体育竞赛表演业而言，城市的基础设施、交通便捷性、文化底蕴以及观众基础等因素直接影响了赛事的举办效果和经济效益。在构建指标体系时，应考虑区位因素如何促进赛事的吸引力、观众参与度以及后续的经济带动效应，从而优化赛事布局，提升区域体育产业的综合竞争力。

（三）资源基础理论

资源基础理论深刻揭示了企业内部资源在构建和维持竞争优势中的核心地位。该理论主张，企业所拥有和控制的资源包括有形资源和无形资源，是其在市场竞争中脱颖而出的关键所在。与此相对应，资源禀赋作为区域产业发展的物质基础，对于区域经济的持续发展和产业升级具有决定性影响。

从资源分类的角度看，区域产业发展所需的资源大致可以分为自然资源和经济社会资源两大类。自然资源涵盖气候、地貌、水文、生物资源以及风景等自然条件；经济社会资源包括劳动力与人口、资本、技术以及社会环境等要素，它们各自在塑造区域产业核心竞争力方面发挥着不同的作用。

劳动力资源被视为影响区域产业竞争力的核心要素。作为生产力的核心组成部分，其质量、数量和流动性对于区域产业竞争力的构建与发挥具有深远影响。

人口质量具体体现在身体素质、认知水平、文化素养和专业技能等方面，是决定劳动力资源价值的关键因素。随着知识经济时代的到来，劳动力素质的提升已成为推动区域产业升级和经济发展的重要动力。同时，庞大的人口基数不仅为区域产业提供了丰富的劳动力资源，还为其创造了巨大的市场需求。然而，人口规模对产业竞争力的影响并非绝对，关键在于其与区域产业的结合程度。只有当人口规模与区域产业结构、市场需求相匹配时，才能充分发挥其对产业竞争力的提升作用。

资本作为经济社会资源的重要组成部分，同样是推动区域产业竞争力提升的重要驱动力。资本在资源配置过程中发挥着关键作用，不仅能够促进技术创新、企业创新和产业创新，还能够通过优化资源配置、提高生产效率等方式推动区域产业实现高质量发展。因此，一个区域所掌握的资本总量，直接决定了其所能配置资源的数量与质量，进而对区域产业成长速度构成制约。在区域经济发展进程中，积累资本、吸引外资是推动区域经济快速增长的关键举措。

（四）产业融合理论

随着技术进步和市场需求的变化，不同产业间的边界逐渐模糊，产生了新的业态和增长点。体育竞赛表演业与传媒、旅游、科技等多个产业的深度融合，已成为行业发展的新趋势。因此，其指标体系应体现产业融合的程度、效果及潜力，应鼓励和支持跨界合作，促进体育产业生态圈的构建和升级。

（五）可持续发展理论

可持续发展理论要求经济发展与环境保护、社会进步相协调。在体育竞赛表演业中，体现为赛事活动的环保性、社会责任的履行以及长期的经济效益和社会效益。指标体系应包含环境保护措施、社会责任项目、赛事品牌的长远规划等内容，以引导行业向更加绿色、健康、可持续的方向发展。

二、分析指标选择的原则依据

（一）科学性

科学性是指标选取的首要依据，要求所选取的指标必须建立在坚实的科学理论基础之上，能够客观、准确地反映体育竞赛表演业的内在本质和外在表现。需要经过严格的科学论证，确保评价结果的可靠性和有效性。科学性的保障有助于减少主观臆断和偏见对评价结果的影响，提高评价的客观性和公正性。

（二）动态性

产业发展是一个不断变化的过程，受到多种因素的影响，如技术进步、市场需求、政策环境等。体育竞赛表演业核心竞争力也随着时间、政策、市场等因素的变化而变化。因此，所选取的指标应具备动态监测的能力，能够及时反映产业竞争力的变化趋势。这要求指标体系能够灵活调整，以适应不同发展阶段的评价需求，确保评价结果的时效性和前瞻性。

（三）前瞻性

前瞻性强调指标对未来发展的预测和引导作用。在选取指标时，不仅要关注产业竞争力的现状，更要关注其未来发展的潜力和趋势。具有前瞻性的指标能够揭示产业未来发展的关键要素和驱动力量，不仅反映当前体育竞赛表演业的竞争力状况，还能够预测和引领未来的发展趋势，反映产业在未来市场中的竞争力。

（四）可操作性

分析指标的选择还需要考虑其可操作性，即指标数据的获取、处理和分析是否简便易行。可操作性强的分析指标能够降低数据收集和处理成本，提高评价工作的效率和准确性。同时，能够确保评价结果被广泛应用和参考。

（五）针对性

针对性指评价指标的选取需要紧密结合成渝地区双城经济圈体育竞赛表演业的实际情况和发展特点。不同的地区和行业在发展过程中会面临不同的机遇和挑战，因此需要有针对性地选择评价指标以反映其核心竞争力。针对成渝地区双城经济圈体育竞赛表演业的具体情况，可以选择如市场规模、观众满意度、赛事品牌影响力、运动员水平、赛事组织能力等针对性强的评价指标。

（六）全面性

全面性要求所选取的指标能够覆盖产业竞争力的各个方面和环节。这包括产业的技术创新能力、市场开拓能力、资源配置效率、品牌影响力等维度。全面性保障有助于避免评价的片面性和局限性，确保评价结果能够全面反映产业的真实竞争力水平。同时，全面性有助于发现产业竞争力的薄弱环节和潜在优势，为决策者提供更加全面的参考信息。

三、分析指标选择的具体依据

（一）反映产业基础与资源禀赋

1. 体育设施与场馆

体育设施与场馆包括体育场馆的数量、规模、设施水平以及分布情况。这些硬件条件是体育竞赛表演业发展的物质基础，直接影响到赛事的举办能力和观众的观赛体验。

2. 交通与通信

交通与通信是指交通网络的便捷性、通信设施的完善程度以及对大型体育赛事的支撑能力。

3. 专业人才与团队

体育竞赛表演业需要专业的人才支持，包括运动员、教练员、裁判员、赛事组织与管理人员等。专业人才的素质和数量直接影响赛事的质量和水平。

4. 自然资源与文化特色

丰富的自然资源和独特的文化特色，如山川河流、民俗风情等，这些资源为成渝地区体育竞赛表演业提供丰富的题材和场景，有助于打造具有地方特色的赛事品牌。

（二）反映市场吸引力与消费需求

1. 市场规模

评估区域内体育竞赛表演业的总产值、观众人次、赛事数量及增长率，反映行业的总体规模和扩张能力。

2. 品牌赛事影响力

分析区域内标志性体育赛事的知名度、国际影响力及媒体曝光度，衡量品牌赛事对行业的拉动作用。

3. 观众需求

了解观众的年龄、性别、兴趣偏好等特征，以及他们对体育竞赛表演的需求和期望，有助于赛事组织者更好地定位赛事类型和风格，以提升观众的参与度和满意度。

4. 消费能力

评估当地及周边地区的经济发展水平、居民收入水平、消费习惯、消费意愿及支付能力，评估市场需求潜力。这些因素直接影响到观众对体育赛事的支付意愿和消费能力，从而影响赛事的商业价值和经济效益。

（三）反映政策支持与产业环境

1. 政府政策

分析政府对体育竞赛表演业的支持力度和政策导向，包括财政补贴、税收优惠、土地供应等方面的政策措施，以及政府对体育产业的整体发展规划和战略目标。

2. 产业协作与联动

考察成渝地区双城经济圈内部及与其他地区的体育产业协作情况，包括体育竞赛表演业上下游产业链的衔接情况（包括赛事组织、场馆运营、媒体转播、赞助营销、衍生品开发等环节）、跨地区合作项目的推进情况等。这些因素有助于提升区域体育竞赛表演业的整体竞争力和市场影响力。

（四）反映创新能力与品牌建设

1. 创新能力

评估体育竞赛表演业在赛事策划、组织、运行等方面的能力，包括赛事内容的创新、技术手段的应用、营销策略的多样化等，有助于提升赛事的吸引力和观赏性，增强市场竞争力。

2. 品牌建设

品牌建设是提升体育竞赛表演业核心竞争力的重要手段之一，用于考察体育竞赛表演业在品牌建设方面的成果和成效，包括品牌知名度、美誉度、忠诚度等方面的指标，其有助于增强赛事的市场影响力和商业价值。

体育竞赛表演业核心竞争力的分析指标选择需以核心竞争力理论为核心，融合区位、资源基础、产业融合、可持续发展等多维度理论，遵循科学性、动态性、前瞻性、可操作性、针对性、全面性等原则，综合考虑产业基础与资源禀赋、市场需求与消费能力、政策支持与产业环境以及创新能力与品牌建设等多方面的具体因素。这些依据相互关联、相互作用，共同影响成渝地区双城经济圈体育竞赛表演业核心竞争力分析指标选取的框架和标准，能够全面、客观地反映该区域体育竞赛表演业的发展水平、独特优势、市场潜力及可持续发展能力。

第三章　成渝地区双城经济圈体育竞赛表演业的发展概况

第一节　成渝地区双城经济圈体育竞赛表演业的发展历程

　　从早期的体育萌芽到如今的繁荣景象，成渝地区的体育竞赛表演业经历了从无到有、从小到大的显著变化。在早期的历史阶段，成渝地区的体育竞赛表演业主要局限于学校体育和民间体育活动。随着现代体育的传入，成渝地区的学校开始普及体育课程，举办各类体育比赛。这些比赛虽然规模不大，但为后来的体育竞赛表演业奠定了基础。同时，民间体育活动也蓬勃发展，如龙舟赛、武术表演等，这些活动不仅丰富了当地的文化生活，也促进了体育文化的传播。

　　进入 20 世纪，成渝地区的体育竞赛表演业开始逐渐走向正规化。四川省运动会的举办成为这一时期的重要里程碑。从 1905 年第一届四川省运动会开始，成渝两地的运动员在赛场上奋力拼搏，争夺荣誉。这些赛事不仅提高了运动员的竞技水平，也促进了成渝两地体育文化的交流与融合。随着赛事规模的扩大和影响力的提升，成渝地区的体育竞赛表演业开始吸引更多的关注和投入。1997 年，重庆直辖市的设立对成渝地区的体育竞赛表演业产生了一定的影响力。在专业竞技体育层面，两地虽然仍保持着一定的交流，但更多的是在各自的轨道上发展。尽管如此，成渝两地仍然培养出了众多优秀的运动员，并在国内外赛场上取得了辉煌的成绩。这些运动员的出色表现不仅为成渝地区赢得了荣誉，也推动了当地体育竞赛表演业的进一步发展。

　　进入 21 世纪，特别是成渝地区双城经济圈建设上升为国家重大战略后，体育竞赛表演业的发展迎来了新的机遇。成渝两地政府积极响应国家号召，加强合作与交流，共同推动体育竞赛表演业的协同发展。根据重庆市体育局的数据，2020 年和 2021 年，重庆举办了上百场体育赛事，包括 200 场群众性比赛、9 场国家级和国际级赛事、38 场市级赛事和 107 场青少年体育赛事。在这一背景下，成渝地区举办了一系列大型体育赛事和活动，这些赛事不仅提高了成渝地区的知名度和影响力，也促进了当地体育产业的发展和升级。同时，成渝地区还注重体育竞赛表演业的品牌打造和赛事创新。通过引进国际知名赛事、举办特色体育赛事等方式，成渝地区逐渐形成了自己的体育赛事品牌。这些品牌赛事不仅吸引了众多国内外体育爱好者的关注和参与，也推动了当地体育文化的传播和发展。如表 3-1 所示。

表 3-1　成渝地区双城经济圈体育竞赛表演业不同发展阶段划分

阶段	时间	相关政策	主要内容
初始发展阶段	2014~2017 年	《成渝经济区区域规划》《国家新型城镇化规划》《关于推进川渝合作共建成渝经济区的协议》《关于加快发展体育产业促进体育消费的若干意见》	①重庆：探索建立运动项目协会市场化、职业化、社会化合作的信用机制、责任机制和利益机制，制定符合项目发展的职业体育赛事管理办法和运动项目产业发展规划；探索职业体育俱乐部承担参加全国大赛的组织模式和运行机制；②成都：体育产业成为新的经济增长点，国家政策层面产业政策密集发布及推动体育产业成为国民经济支柱产业为契机
探索发展阶段	2018~2019 年	《成渝城市群发展规划》《共同推动成渝地区双城经济圈体育场馆协同发展战略合作框架协议》《推动成渝地区双城经济圈建设竞技体育训练管理工作合作协议》	①重庆：将政府主导与社会投入相结合，通过政府举办市级大型群体赛事活动，带动全社会投入全民健身运动；鼓励健身休闲业、体育旅游业、体育用品业与群众体育赛事活动相结合，扶持本地企业；打造全民健身运动会等品牌群体赛事，吸引企业赞助等社会投入。通过"赛事搭台，企业唱戏"，筹集赞助，弥补了办赛经费的不足，推动群体活动的广泛深入开展；②成都：聚焦体育竞赛表演产业链的关键领域和重要环节，加强与国际国内体育组织合作，搭建体育组织合作交流平台，鼓励国内外体育组织和企业将其申办和购买版权的世界顶级体育赛事落户成都。加快体育市场主体引培成效显著：截至 2022 年，成都市体育产业法人单位 8752 家，培育了咕咚、劲浪体育等知名体育品牌

阶段	时间	相关政策	主要内容
快速发展阶段	2020年至今	《成渝地区双城经济圈建设规划纲要》《成渝地区双城经济圈体育产业一体化高质量发展的实施意见》《共同推进成渝地区双城经济圈建设促进体育发展合作协议》《成渝地区双城经济圈体育产业协作协议》《成渝体育产业联盟协议》《推动成渝地区体育公共服务融合发展框架协议》《双城联动共推体育融合发展合作协议》《关于加快推进成德眉资同城化发展工作方案》	全面恢复线下体育赛事，统筹发展和安全，推动赛事提档升级①办好两地国际重大体育赛事，建立联合举办重大赛事的机制，协商共办知名度高、专业性强、根植性强的国际国内大型体育赛事；联合打造区域品牌商业赛事，创新打造"成渝体育产业联盟杯"自主品牌商业赛事；②着力发展赛事经济，争取更多国际、国内赛事到成渝地区举办，打造知名赛事承办地；③互学互鉴体教融合新模式，加强足球、射击、围棋等各自优势项目交流合作，互推引进高水平教练员、裁判员，探索体育竞技人才联合培养，创新打造成渝地区青少年体育竞赛活动及教练员培训等联办互通的交流机制，持续开展川渝青少年竞赛和培训交流活动，共建西部地区竞技人才新高地

　　20世纪60年代，党和国家出于战备考虑，提出了"三线建设"。成渝地区承接了来自东部沿海地区的工业体系，为后来改革开放和区域协调发展战略的施行奠定了坚实的基础。自1997年重庆直辖以来，成渝两地协调发展逐渐受到关注。

　　2000年10月，《关于实施西部大开发若干政策措施的通知》提出，要推动成都和重庆两个核心城市开展更广泛、更深层次的交流合作。2006年，"十一五"规划明确提出建设成渝经济区。2011年5月《成渝经济区区域规划》正式发布，该规划从统筹城乡发展、构建现代产业体系、深化改革开放等六个方面对成渝经济区的未来发展进行了部署。随着我国城镇化进程深入推进，以城市群为基本单元带动地区发展，正在成为区域协调发展的主要手段。为顺应城市群发展需要，2014年的《国家新型城镇化规划（2014—2020年）》明确提出要以城市群为主体形态，推动大中小城市和小城镇协调发展。同时，在推动共建"一带一路"和长江经济带背景下，2016年4月，国务院批复《成渝城市群发展规划》，成渝经济区由此向成渝城市群演化发展。2020年，推动成渝地区双城经济圈建设的国家重大战略促成了两地体育的又一次高度融合发展，不仅是单一的竞技体育人才的输送，而且融合了竞技体育、社会体育和体育产业更大范围的交流合作。从成渝经济区到成渝城市群，再到如今成渝地区双城经济圈，成渝两地始终坚持制度创新，形成了政策支持与市场探索相融合的共力型区域协调发展模式。2021年10月，《成渝地区双城经济圈建设规划纲要》发布，成为指导当前和今后一个时期成渝地区双城经济圈建设的纲领性文件，也是制定相关规划和政策的重要依据。多年来，成渝地区双城经济圈经济总体实力、协同创新能力、生活宜居水平稳步提高，建设成效显著。竞赛表演业是体育产业的核心业态，体育赛事是竞赛表演业的核心，通过体育赛事带动赛事门票、体育旅游、餐饮住宿、健身休闲的提高，进而拉动体育消费，推动体育产业发展，促进城市经济和社会发展。

（1）初期发展阶段。在成渝地区双城经济圈形成初期，体育竞赛表演业处于起步阶段。这一时期，主要特点是基础设施的初步建设和体育资源的初步整合。政府开始意识到体育产业对经济发展的推动作用，并着手规划体育场馆，提升交通与通信设施，为体育赛事的举办奠定物质基础。同时，一些小型、地方性的体育赛事逐渐增多，观众对体育赛事的兴趣逐渐增强，市场需求开始显现。随着体育竞赛表演业在成渝地区的不断发展壮大，其也在不断推进市场化运营、丰富项目业态，实现了赛事经济的全方位发展。但是，成渝地区及各市州联系稀疏，体育协作较弱，未建立体育领域的联系，体育竞赛表演业尚未形成明显的区域合作和联动机制，存在碎片化交流现象，各地主要以各自独立的赛事组织和表演活动为主。

（2）快速发展阶段。随着基础设施的不断完善和市场需求的持续增长，成渝地区双城经济圈的体育竞赛表演业进入了快速增长阶段。这一阶段，标志性品牌赛事的引进和举办成为重要驱动力。这些赛事不仅提升了区域的知名度，还带动了相关产业链的发展，包括赛事组织、场馆运营、媒体转播、赞助营销、衍生品开发等环节。企业开始集聚，产业链逐渐完善，形成了一定的规模效应和协同效应。成渝地区体育竞赛表演业开始呈现出合作萌芽的迹象。虽然这一阶段具体的合作协议和成果尚未明确提及，但各市州间的体育协作较第一阶段明显加强，以成都为核心辐射各城市合作网络初步形成，重庆、成都两地开始尝试在赛事组织、人才培养等方面进行初步的交流和合作。两地开始共同举办或参与一些跨区域的赛事，加强了区域间的体育交流和合作。

（3）高质量探索阶段。2020年，成渝地区双城经济圈建设提出以来，成渝地区间的体育竞赛表演业进入高质量探索阶段。双方签署了一系列合作协议，如《推动成渝地区体育公共服务融合发展框架协议》和《双城联动共推体育融合发展合作协议》等，为体育竞赛表演业的合作提供了政策支持和合作机制。在这些协议的推动下，两地在赛事组织、人才培养、体育设施建设等方面进行了深入合作。成渝地区双城经济圈的体育竞赛表演业逐步迈向成熟。创新成为这一时期推动行业发展的核心动力。赛事内容、形式、技术等方面的创新层出不穷，新技术、新模式得到广泛应用。同时，行业开始注重国际合作与交流，积极引进国际赛事，与国际市场接轨。这不仅提升了区域的国际化水平，还促进了文化的传播与交流，提升了城市形象。

　　成渝地区双城经济圈的体育竞赛表演业的发展经历了从初期发展阶段、快速发展阶段到高质量探索阶段的过程。随着成渝地区双城经济圈建设系列相关政策的持续推进，地方府际合作次数增加，体育领域的交流联系日益密切，重庆、成都两地体育系统通过签订若干体育合作项目，协作举办各级各类体育赛事，加强人才培养和交流、推动体育设施建设等举措，步入了区域体育协作快车道，两地成为成渝地区体育协作的主要力量。两地体育竞赛表演业的合作不断加深，在一定程度上也促进了体育资源要素在各市（州）之间的流动，但综合来看，加强各市州体育资源要素流动，带动核心城市周围的边缘城市加速体育发展是亟待解决的问题。

第二节　成渝地区双城经济圈体育竞赛表演业的发展特征

一、市场参与主体多元化趋势明显

　　随着成渝地区双城经济圈体育产业市场潜力的持续释放，体育竞赛表演业的总体规模和产业增加值大幅跃升，其在成渝国民生产总值中的占比持续上升。重庆、成都两地政府在强化市场行政主导的同时，鼓励和引导社会各界的积极参与，大力发展体育竞赛表演业，推进赛事服务供给产品的多元化。如加人赛事市场开发力度，推进体育赛事的市场化，挖掘成渝地区体育赛事资源市场价值。为进一步转变政府职能、破除行业壁垒，两地政府组织专门的研究机构，研究社会资本进入体育领域的政策措施，推动体育领域全面开放、促进体育要素和资源的自由流动和全力释放，营造各类主体平等参与的市场环境。形成政府、企事业单位、社会组织等主体共同参与的多元办赛模式，实现竞赛表演产业的积极发展。成渝地区双城经济圈体育竞赛表演业不断朝着从行政主导向行政服务和市场推动相结合的发展方式转变，民营企业的数量迅速增加。体育单位和事业单位在市场经济组成结构中的占比逐年降低，民营企业和社会资本逐渐占据显著地位，这对繁荣经济圈的体育产业，促进体育消费，带动经济社会发展有着积极的推动作用。

二、赛事产业协同发展向纵深推进

成渝地区双城经济圈体育竞赛表演业的发展显著特征之一是区域协同与资源共享，这得益于两地政府间的紧密合作与政策推动，成渝两地在体育赛事的策划、组织、运营等方面实现了深度协同。这种协同不仅体现在赛事资源的共享上，还包括场馆设施、专业人才、市场信息等全方位的资源共享。通过区域协同，成渝地区有效整合了体育资源，提升了整体竞争力，为体育竞赛表演业的快速发展提供了有力支撑。成渝两地明确了"共同推进体育事业发展""协同申办国际国内高水准大型体育赛事"。川渝两地政府统筹规划两地体育产业和事业发展的战略方向及整体布局，共同编制成渝地区双城经济圈体育发展规划，加速成渝两地体育深度融合，实现成渝体育一体化发展。将"共同推进体育事业发展""协同申办国际国内高水准大型体育赛事"纳入重庆、四川党政联席会议重要内容，建立了联合申办重大赛事的工作机制和"世界赛事名城建设"年度发布制度，加大体育经费投入，加紧补齐场地基础设施短板。发挥"双区联动"优势，利用两地高校资源、自然资源，谋划举办国家级高新区围棋团体邀请赛、"成渝双城杯"青少年足球邀请赛、川渝少儿篮球邀请赛等体育赛事活动，联合打造成渝地区特色品牌赛事，为体育交流与合作搭建新平台。2020年4月，重庆和四川两地的体育局合作签署了《川渝地区体育公共服务融合发展框架协议》，这一政策的持续推进，让川渝地区体育融合更为密切，促进了川渝地区体育公共服务融合发展，以及重庆、成都两个核心城市在体育公共服务、体育赛事举办、智慧场馆建设、体育经济联动、人才培养等方面的共通融合。2021年，川渝两地共同组建了成渝体育产业联盟，成立了重庆、四川体育事业融合发展领导小组，坚持常态化举办乒乓球、足球、篮球、排球、游泳、铁人三项等10多项双城赛事，两地体育产业总规模年均增速超过12%，并呈现出跃升态势。通过这些赛事的举办更好地满足人民群众对高品质生活的体育需求，同时推动成渝地区双城经济圈的高质量发展，为"双城记"奉献了新的体育力量。川渝双方达成了体育公共服务融合发展框架协议，为更多体育赛事的举办提供了机会，同时也在文化体育场馆"一卡通"服务方面进行了探索。通过建设专业训练基地、引进高水平教练等方式，不断提升人才结构的质量和水平，拥有一批优秀的运动员和教练员，为体育竞赛表演业的发展提供了有力的人才保障。政府部门和川渝体育协会围绕中共中央关于对成渝地区双城经济圈建设重大战略部署的指示精神，深入交流和广泛研讨，达成了多方面共识，共同签署了一系列合作协议，陆续展开充分交流与合作，除共同举办"体育进校园"教练员培训班及川渝体育联谊赛外，以乒乓球为例，将重庆纳入四川全民健身乒乓球公开赛范围，重庆的乒乓球爱好者可报名参与比赛。以乒乓球为纽带，促使两地乒乓球爱好者互相学习，进一步深化两地乒协的交流与合作，为促进川渝两地体育事业融合发展，为行业的发展创造了良好的政策环境。这些政策不仅降低了市场主体的运营成本，也激发了市场的活力和创新力。成渝地区体育竞赛表演业的行业结构已经初步形成，涵盖产业链、市场主体、区域布局、人才和政策环境等方面。这些结构的优化和发展，为行业的竞争力提升奠定了坚实基础。未来，随着市场的不断扩大和政策的持续支持，成渝双城经济圈体育竞赛表演业有望实现更加快速和健康的发展。

三、核心产业差异化发展成效显著

成渝地区双城经济圈建设的国家战略，促进了两地体育产业高度融合发展，两个城市间的体育交流因此变得频繁。根据《2022年成都市体育产业专项统计调查报告摘要》数据显示，2022年，成都体育产业总规模（总产出）为1005.34亿元，较2021年增长8.66%。体育产业增加值为386.65亿元，较2021年增长10.17%。从产业发展结构看，成都体育产业以体育服务业为主，体育服务业增加值为299.91亿元，占体育产业增加值的比重达到了77.57%，较2021年提升约0.8个百分点。从行业发展情况看，体育竞赛表演活动、其他体育服务、体育健身休闲活动、体育传媒与信息服务、体育用品及相关产品制造等行业都保持了两位数的较快增长，分别增长24%、16.4%、12.6%、12.5%、12.4%。[①] 根据四川省体育产业联合会2023年正式发布的《2022年四川省体育消费调查报告》显示，2022年，四川居民人均体育消费达2003.21元，占全省人均消费支出的比重为8.98%（2022年四川居民全年人均消费支出为22302元），按照《2022年四川省国民经济和社会发展统计公报》中的常住人口规模测算（全省常住人口为8374万），全省体育消费总规模达1677.49亿元。总体来看，近6年，四川居民体育消费水平总体呈现稳步上升的趋势，自2017年以来，四川居民人均体育消费以6.53%的年平均增速，实物型体育消费成为四川居民体育消费主要消费内容，其次是参与型体育消费，人均消费额为483.95元，占总体育消费的24.16%；居民观赏型和其他类型消费占比则相对较低，分别为1.74%和12.34%，金额分别为34.88元和247.20元。

成渝两地凭借紧密的区域协同机制，实现了体育资源的差异化配置与优化。

---

① 2022年成都市体育产业专项统计调查报告摘要［EB/OL］. https://cdsport.chengdu.gov.cn，2023-08-28.

通过细分市场需求，两地根据各自的优势资源，如成都的文化底蕴和重庆的动感活力，策划和组织了各具特色的体育赛事。这种差异化配置不仅避免了同质化竞争，还增强了区域整体竞争力，为观众提供了多样化的体育娱乐选择。成渝地区品牌赛事的差异化引进与培育，形成了各具亮点的赛事品牌。成都利用其文化优势，成功打造了多个融合传统文化元素的体育赛事，如武术表演赛、传统体育项目邀请赛等；而重庆在 2024 年亚洲青少年乒乓球锦标赛、中韩青少年体育交流活动等国际体育活动的基础上，依托其山城特色和动感文化，举办了国际马拉松、中国国际上帝户外运动公开赛（重庆武隆）、国际极限运动等有一定影响力的赛事，将精力主要放在构建高水平的全民健身公共服务体系，并以此推动小型全民健身中心、国球进社区等社会体育项目落地。从成渝地区体育赛事等级看，近年来，成都始终以引进世界级大型赛事为主，创建世界赛事名城为主要发展方向，刷新国际上对成都的城市印象。2023 年以来，每年都有一项世界级顶尖赛事在成都举办，如世乒赛、大运会、羽毛球汤尤杯，2025 年世界运动会又将在成都举办。借助大赛机会，成都以此完善城市体育公共设施建设以及赛事服务机制，积累经验的同时，通过赛事进一步延伸产业体系。① 而重庆则紧紧依据其自然地形和产业资源，选择以打造全国户外运动首选目的地、推进青少年、群众体育赛事为其深度发展方向。两地产业发展方向上的差异，为避免同质化竞争，整合互补双方的优势资源提供了便利条件。

四、大众观赛消费内需力持续释放

成渝地区双城经济圈通过加大赛事"外引内培"力度，推动体育消费场景新业态更新等方式，多措并举激发居民体育消费活力，满足居民更高水平的体育消费需求，赋能城市经济发展。2023 年，作为体育赛事活动全面恢复之年，以赛事举办叠加体育消费，体育赛事观众回归现场，引爆体育赛事热度，现场观赛尤其是跨省跨城观赛成为重要消费趋势。成都大运会、乒乓球混合团体世界杯、成都蓉城中超主场等一大波重大体育赛事涌向成都，成都体育观赛消费增长迅速。有数据显示，2023 年成都居民人均体育观赛消费 57.6 元，同比增长 100.5%，是成都居民体育消费中增长最快的项目。其中，大运会门票销售超过 28 万张；2022 年作为中超新军的成都蓉城凤凰山主场首秀，门票开票仅 4 个小时，就已经卖出 2 万多张。当场赛事的票价为 50～280 元，门票销售营收 5000 余万元；乒乓球混合团体世界杯售票近 7 万张，门票收入达 2800 余万元，体育赛事正成为成都拉动消费的有力抓手。

---

① 安逸的成渝人，为何能造出最猛的体育［EB/OL］. 网易网，https：//cj. sina. com. cn，2024-02-07.

依托重庆奥体中心、重庆龙兴足球场、成都东安湖体育公园、成都凤凰山体育公园等现有场馆资源，打造"长寿湖""金佛山""天府绿道""熊猫杯"等具有成渝符号的自主品牌赛事：①多元化需求：成渝地区的消费者对体育竞赛表演业的需求呈现出多元化的特点。不同年龄段、不同职业、不同收入水平的消费者有着不同的观赏需求和消费习惯，对赛事的类型、级别、参赛选手的知名度等有着不同的要求。②高品质需求：随着消费者对体育比赛的观赏水平不断提高，他们对赛事的组织水平、比赛质量、场地设施等方面的要求越来越高。高品质的比赛和优质的观赏体验成为吸引消费者的关键因素。③互动性需求：现代消费者不仅满足于观看比赛，还希望能够参与到比赛中，体验运动的乐趣。因此，体育竞赛表演业需要提供更多的互动环节和参与机会，满足消费者的互动性需求。

成渝地区双城经济圈建设的不断深入，体育竞赛表演业也将迎来新的发展机遇。未来，该行业将继续呈现出以下发展趋势：①基础设施将持续优化，体育场馆将进一步升级，提高设施完善程度和利用率，满足更多元化的赛事需求。②产业链将深度融合，产业链各环节将进一步加强合作与协同，形成更加紧密的产业生态体系。③国际化步伐将进一步加快，与国际市场的接轨将更加紧密，引进更多高水平国际赛事，扩大区域的国际影响力。④文化与科技将联动开发，体育赛事更加注重文化内涵的挖掘与传播，积极应用新技术，提升赛事观赏性和参与度。

第四章　成渝地区双城经济圈体育竞赛表演业四个基础核心竞争力

区域经济研究理论认为，"经济活动的内、外部环境是区域核心竞争力形成的基础和关键"，区域内产业的集聚力和辐射力只有在趋于基础条件具备的情况下才能获得。基础竞争力是其他核心竞争力的前提条件，没有基础竞争力要素，其他竞争力将无从谈起。基于此，结合波特钻石模型中产业发展环境"发展机遇、发展战略、生产要素、需求条件、相关支持产业、政府行为"六要素和成渝地区体育竞赛表演业的发展特征，本章选择"行政、环境、人力和产业"作为成渝地区双城经济圈体育竞赛表演业核心竞争力要素，以此分析成渝地区双城经济圈体育竞赛表演业在特定战略发展环境下所表现出来的综合实力及其发展潜力的强弱程度。

第一节　成渝地区双城经济圈体育竞赛表演业的行政基础竞争力

一、成渝地区双城经济圈体育竞赛表演业的战略布局

（一）重庆体育产业发展的战略布局

2022 年 6 月 10 日，重庆市体育局正式颁布了《重庆市体育产业发展"十四五"规划》，该规划是重庆"十四五"期间体育产业发展的基本遵循，不仅提出了到 2025 年重庆体育产业的总体发展规模和主要任务，也对"十四五"期间促进健全重庆现代化体育产业体系和体育产业高质量发展作出了具体部署。如表4-1 所示。

表4-1　重庆体育产业战略布局情况

战略布局	主要内容
"一区两城三地多载体"	创建"一区"：国家体育旅游示范区 争创"两城"：赛事名城（联合成都打造职业赛事中心城市，引导规范各类体育赛事市场化运作）和智慧体育名城 打造"三地"：全国户外运动首选目的地、全国时尚体育消费前沿集聚地、西部体育金融高地 发展"多载体"：国家级（市级）体育旅游示范基地、国家体育消费试点（示范）城市、国家级（市级）体育产业基地
"十个一批"	建设"一批高标准体育场地设施" 创建"一批国家级和市级体育产业基地" 引进"一批上市或知名体育企业" 导入"一批成长型企业和体育产业创新团队" 升级"一批科技时尚体育消费场景和体育服务综合体" 落地"一批国际国内体育品牌赛事活动" 培育"一批时尚潮流体育运动体验项目" 研发"一批数字体育和数字运动创新成果" 打造"一批国家体育旅游精品项目和运动休闲康养目的地" 集聚"一批特色体育产业园区"
"百个项目"	把握机遇，整合资源，对接企业，推进各区县（自治县）百个支撑项目落地，如国际小球赛事中心、龙兴足球小镇、五宝国际生态运动城、长寿区建设世界级运动康养旅游目的地等
"五大运动项目产业链"	水上运动产业链 山地运动产业链 航空运动产业链 冰雪运动产业链 以运动项目为核心的虚拟运动产业链
"突出区域共建共享"	重庆都市圈和成都都市圈的体育产业资源联动 区域内（区、县）与毗邻地区体育资源交流和协同规划

资料来源：引用自重庆市体育产业发展"十四五"规划文件。

　　由表4-1内容可知，重庆市体育局针对"十四五"期间全市体育产业的规划布局进行了详尽安排。其中，坚持统筹兼顾、因地制宜，科学谋划各类体育赛事，着力培育品牌赛事。以赛事为引领，提升竞技体育、青少年体育和群众体育发展水平，拉动体育消费，推动体育赋能城市更新提升、振兴乡村，助力经济社会高质量发展。

（二）四川体育产业发展的战略布局

为加快推进四川体育强省建设，2022 年，四川省人民政府办公厅发布《关于加快推进新时代体育强省建设的实施意见》，从政策规划上对四川体育产业发展布局做出了发展引领。重点提到了按照"强基础、固优势、突热点、调弱项"思路，加快振兴三大球和乒乓球、羽毛球、网球等热点项目。

引进专业赛事团队，打造国际顶级赛事品牌，积极申办大型国际性赛事，支持成都建设世界赛事名城。如表 4-2 所示，四川体育产业发展切实推进"一核一轴四带五区"产业空间布局的形成。充分发挥成都"主核"作用，打造体育产业核心增长极；构建成渝体育产业发展主轴，壮大成渝体育产业联盟；突出打造冰雪、武术、山地、水上四大运动产业带，发展特色体育产业；推动环成都、川南、川东北、攀西、川西北地区挖掘自身优势，打造体育产业创新试验区，形成"一地一品"体育产业发展格局。① 2021 年，四川省体育局印发了《四川省体育发展"十四五"规划》，不仅明确提出了川渝地区共办大型体育赛事，构建成渝体育产业发展主轴，建立成渝体育产业联盟，支撑带动川渝体育产业一体化发展，共同打造川渝特色赛事品牌的发展思路，也着重强调要打造一批川味浓厚的特色赛事 IP，实现五年内举办世界性大型体育 A 类赛事 10 次以上、全国性单项体育赛事50 次以上，打造 3 个以上具有四川特色且自有 IP 的国际国内品牌赛事。②

表 4-2　四川体育产业战略布局情况

战略布局	主要内容
一核、一轴、四带、五区	"一核"指充分发挥成都"主核"作用，打造体育产业核心增长极
	"一轴"指成都与重庆发展轴线。涵盖了成都与重庆北线、中线和南线交通运输通道沿线地区，强化成都和重庆体育产业联盟
	"四带"指冰雪运动产业带、武术运动产业带、山地运动产业带、水上运动产业带
	"环成都、川南、川东北、攀西、川西北地区"的体育产业创新试验区

资料来源：四川省《关于加快推进新时代体育强省建设的实施意见》。

---

① 四川加快推进新时代体育强省建设　到 2025 年体育产业总规模达到 3200 亿元 [EB/OL]. https：//www.sc.gov.cn.

② 首个喊出体育 1 万亿目标的省份！四川"十四五"体育规划含三大亮点 [EB/OL]. https：//www.sohu.com，2021-12-05.

（三）成渝地区双城经济圈体育产业发展的战略布局

成渝地区双城经济圈的建设自提升至国家战略以来，两地一直在体育产业的培育和发展问题上积极探索，勇于作为。特别是 2021 年发布《成渝地区双城经济圈建设规划纲要》重大战略政策支撑以来，四川省政府、成都市政府和重庆市政府相关部门一直在培育体育产业，打造品牌体育赛事等方面的合作探索更加密切，并且出台了一系列政策保障和相关的法律法规，规划体育竞赛表演业发展的战略布局。

自 2021 年成渝双城经济圈建设启动以来，两地党委与政府秉持"川渝体育协同发展"的理念，相继出台了多项政策措施，以推动成渝双城经济圈体育产业的协同发展。2023 年 7 月，重庆市体育局携手四川省体育局，共同发布了《成渝地区双城经济圈体育产业一体化发展规划》，此规划不仅彰显了成渝地区在体育产业领域的显著进展，更是对未来体育产业发展路径的一次深远布局。这一规划的联合发表是从政府官方层面出发，对成渝地区双城经济圈发展体育产业的空间发展布局和战略谋划。在这一规划框架下，成渝地区双城经济圈内的体育产业将形成"双圈双核、一轴八点、两翼全域"的体育产业发展空间布局。如表 4-3 所示。

表4-3 成渝地区双城经济圈体育产业规划的战略布局情况

战略布局	具体内容
一轴、两翼、三带、双核	"一轴"指的是成渝发展主轴，即成都与重庆之间的主要发展轴线。这一轴线涵盖了成都与重庆北线、中线和南线交通运输通道沿线地区，旨在强化成都和重庆两大核心城市的联系，促进沿线地区的经济和社会发展
	"两翼"指的是北翼和南翼。北翼：即川东北渝东北地区。这一区域包括四川的东北部地区和重庆的北部地区，旨在推动川渝毗邻地区的协同发展，形成经济互补和合作共赢的局面。南翼：即川南渝西地区。该区域包括四川的南部地区和重庆的西部地区，致力于推动区域间的经济合作和发展，提升整体经济实力
	"三带"指的是三个经济发展带，具体包括：成德绵眉乐雅广攀经济发展带：这一带连接了成都、德阳、绵阳、眉山、乐山、雅安、广元、攀枝花等城市。成遂南达经济发展带：这一带涵盖了成都、遂宁、南充、达州等城市。攀乐宜泸经济发展带：这一带包括攀枝花、乐山、宜宾、泸州等城市
	"双核"指的是成都和重庆两个核心城市。这两个城市作为成渝地区双城经济圈的主要引擎，拥有强大的经济实力和辐射带动能力。成都：作为四川省的省会城市，成都直是西部地区的经济、文化、科技中心。其经济实力雄厚，产业结构完整。为成都的经济发展提供了强大的支撑。重庆：作为直辖市，重庆的经济实力同样不容小觑。其独特的地理位置和交通优势，使其成为连接西南、西北和长江中下游的重要枢纽。为成渝地区双城经济圈的建设提供支持

其中，"双核驱动"指以重庆主城都市区和成都为核心，两地将发挥其在体育产业中的引领和带动作用，成为推动整个成渝地区体育产业发展的重要引擎。同时，"双圈引领"是以重庆都市圈和成都都市圈为引领，通过都市圈内的合作与联动，进一步推动体育产业资源的优化配置和共享。"一轴支撑"是指成渝发展主轴，这条轴线将连接重庆和成都两大核心城市，成为体育产业发展的重要通道和纽带。通过加强轴线上的城市合作与交流，将有效促进体育产业在成渝地区的均衡发展。"八城支点"是以成渝地区双城经济圈的八个区域中心城市为支点，作为成渝地区双城经济圈体育产业发展的枢纽，通过发挥各自的优势和特色，推动体育产业在成渝地区的全面发展。这些城市根据自身特点和需求，积极开展体育产业项目，提升体育产业发展的整体水平。在"两翼全域"方面，规划强调要带动北翼体育产业发展区和南翼体育产业发展区的发展，辐射整个川渝地区。通过加强区域间的合作与交流，推动体育产业在更广阔的范围内实现均衡发展，为整个川渝地区经济社会发展注入新活力。可以看出，政府宏观政策的出台不仅有助于推动成渝地区体育产业的一体化发展，还将为整个川渝地区的经济社会发展带来积极影响。通过加强体育产业资源的统筹和优化配置，推动体育产业与旅游、文化等相关产业的深度融合，将进一步提升成渝地区体育产业的竞争力和影响力。同时，注重发挥市场在资源配置中的决定性作用，鼓励和支持各类市场主体积极参与体育产业的发展，推动形成多元化、开放性的体育产业发展格局。这有助于激发市场活力，既为成渝地区双城经济圈体育竞赛表演产业创新发展提供政策保障，也为成渝地区乃至整个川渝地区的经济社会发展注入新的动力。

二、成渝地区双城经济圈体育竞赛表演业的政策法规

(一) 四川体育竞赛表演业政策统计分析

2016 年，四川出台了《四川省体育事业发展"十三五"规划》，构建四川体育产业的战略布局，并将体育产业提升至战略性发展的高度。2020 年，四川省人民政府颁布了《关于促进全民健身和体育消费推动体育产业高质量发展的实施意见》。2021 年，四川省体育局颁布了《四川省体育发展"十四五"规划》，提出打造以健身休闲和竞赛表演为主导的体育产业体系，培育具有地方特色的赛事品牌，规划提出到 2025 年体育产业总规模达到 3200 亿元，产业增加值占全省 GDP 比重超过 2%，居民体育消费总规模超过 1900 亿元，从业人员数量超过 40 万，确立体育产业作为新的经济增长点的地位。此外，还强调了构建成渝体育产业发展主轴的战略意图，提出建立成渝体育产业联盟，以促进川渝地区体育产业的一体化发展，并与重庆共同建设国家体育旅游示范区及国家级体育产业协同创

新中心。

如图4-1所示,成都体育竞赛表演业的政策体系在总体上呈现出分散化的特点。根据成都市体育局、统计局和人民政府等官方网站所发布的统计信息,截至2023年底,成都先后发布了各级各类体育类政策文件70余项,其中,有关体育竞赛表演类的政策文件有23项。从政策内容的配置结构看,与体育赛事活动相关的文件占比81.59%,表明了体育竞赛表演业在成都体育产业政策体系发展中的地位。

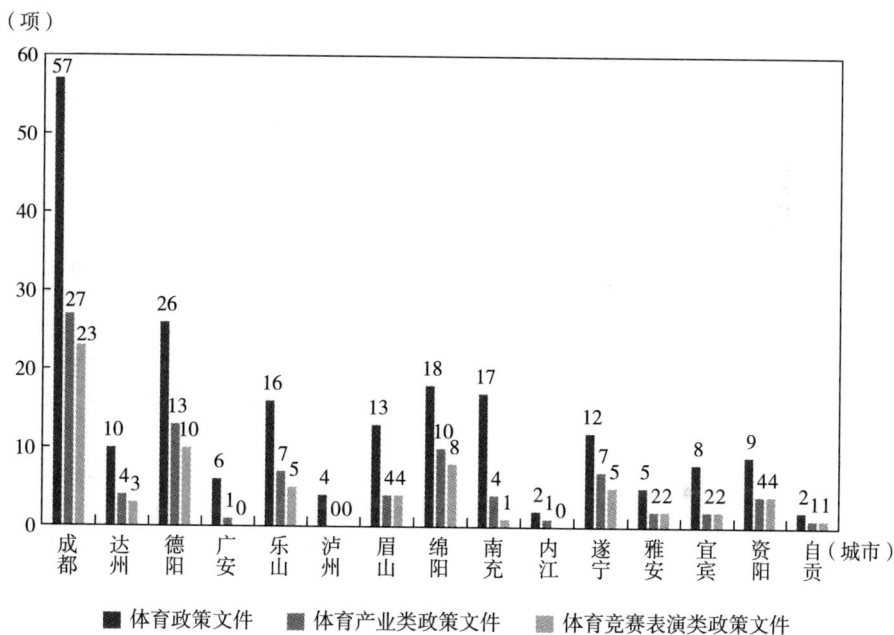

（项）

图 4-1 四川省体育政策分类统计

注:①数据来自四川省相关门户网站;②由于分类性质不同,文件相互之间存在包含关系。

（二）重庆市体育竞赛表演业政策统计分析

根据重庆市人民政府网、体育局和统计局等官方平台发布的信息,截至2021年底,重庆在体育领域已累计颁布了多项规范性文件,数量颇为丰富。这些政策涉及体育产业的管理与服务、运动员技术等级的评判准则、体育产业项目的申报流程、体育赛事活动的筹划与管理、体育产业政策的指引方向以及体育产业基地的培育与发展等多个层面。如表4-4所示。

表4-4　重庆市体育竞赛表演业相关部分政策情况

时间	政策名称	颁布部门	主要内容
2021年3月	《重庆市人民政府办公厅关于建设体育强市的实施意见》	重庆市人民政府	体育产业布局合理、体系完善，成为全国户外运动首选目的地。竞技基础项目得到巩固，三大球（足球、篮球、排球）水平明显进步。到2035年，体育产业总规模达到2000亿元
2022年5月	《重庆市体育发展"十四五"规划》	重庆市体育局	成立成渝体育产业联盟，共建国家体育产业发展协同创新中心，引领推进川渝两地体育产业共同发展。建立川渝地区组织间跨区域的资源整合与共享机制，推动川渝地区产业规划衔接和软硬资源共享、体育赛事联通与文体旅商互动、体育人才和大数据平台共建，促进区域性体育产业的协作发展和深度融合
2023年12月	《重庆市促进体育消费行动计划（2023—2027年）》	重庆市体育局	以争创国家级赛事名城为目标，完善赛事体系，构建以国际顶级大赛、高水平职业赛事、特色自主品牌赛事为引领的赛事格局；推动智慧化体育场地设施建设；深入促进文商体旅融合，推动体育竞赛与文旅景区、城市景观、商业中心等相结合，延伸扩大旅游、餐饮、商贸、住宿、交通等相关消费规模
2023年12月	《重庆市促进体育消费行动计划（2023—2027年）》	重庆市体育局	构建以国际顶级大赛、高水平职业赛事、特色自主品牌赛事为引领的赛事格局。积极引进和培育品牌知名度高、市场前景广的国际、洲际、国内高水平重大赛事，全力做好重要赛事市场开发工作。大力发展三大球、三小球、路跑、水上运动、自行车、棋牌、武术、冰雪、航空等运动项目，打造体育竞赛表演特色消费场景

　　重庆各区域在政策推出的时机与频次上展现出明显的差异性，且体育类产业政策的具体内容与导向也各具特点。重庆中心区域九个行政区在体育领域陆续推出了众多相关政策文件，但专门针对体育竞赛与表演行业的文件却较少。与此同时，发布的体育类正式公告也不在少数，然而与体育竞赛表演产业直接相关的公告则相对稀缺。尤为值得关注的是，重庆中心城区的多个行政区在体育竞赛表演产业方面的规范性文件及公告发布量极低，几乎处于空白状态，这一现象深刻地揭示出该区域在体育竞赛表演产业的政策框架构建上仍处于初步探索阶段，同时

反映出重庆体育竞赛表演产业的政策扶持体系与其稳固的经济基础之间存在着明显的错位。相比之下，重庆的主城新兴区域，由同城化发展先行示范区、战略支撑型城市及关键节点城市等多个区块共同构成。在更早的时间节点上，这一区域在体育领域已发布了大量的政策文件，其中涉及体育竞赛表演产业的文件数量有所增长，显示出一定的重视程度；同时，在体育类正式通知的发布上，总量也较为可观，而针对体育竞赛表演产业的正式通知也占据了一定的比例。

（三）成渝地区双城经济圈体育竞赛表演业政策统计分析

区域协调发展离不开政府积极有效的制度干预。在长期的区域协调发展历程中，成渝地方政府联合发布多项政策文件，积极推进制度创新，为成渝地区区域协调发展提供支持，具体体现在合作领域广泛性、协调机制广阔性、多方利益共享性、政策执行系统性四个方面。通过查阅国家体育总局、成都市体育局、重庆市体育局等官方平台，对成渝地区双城经济圈发展体育产业、体育竞赛表演业的相关政策文件与法律法规进行了内容梳理，如表4-5所示。

表4-5　以"成渝地区双城经济圈"命名的体育竞赛表演业相关政策情况

时间	政策名称	颁布单位	主要内容
2018年12月	《国务院办公厅关于加快发展体育竞赛表演产业的指导意见》	国务院办公厅	提出到2025年，全国体育竞赛表演产业的总产值达到2万亿元，发展形成现代化的体育竞赛表演产业体系
2020年4月	《推动成渝地区体育公共服务融合发展框架》	川渝两地体育部门	在体育赛事、体育设施、体育人才培养等多方面融合发展，进一步满足川渝两地人民群众对高品质生活的需求
2020年5月	《共同推动成渝地区双城经济圈体育场馆协同发展战略合作框架协议》	重庆市体育局、四川省体育局	将以体育产业联动、行业标准互信互认、智慧场馆共建共享、体育赛事合作互推、人才培养协同发展、场馆运营经验共享为核心内容，推出了11项举措，联合打造体育场馆联盟
2020年7月	《推动成渝地区双城经济圈建设竞技体育训练管理工作合作协议》	四川省体育局、重庆市运动技术学院、四川体育职业学院	构建完善的联系机制，以创新为驱动，全方位推进赛事活动、后备人才培养等合作，实现成渝高新体育的协同发展，共创优势互补与成果共享的新篇章

时间	政策名称	颁布单位	主要内容
2020 年 9 月	《双城联动共推体育融合发展合作协议》	重庆市体育局、成都市体育局	在体育公共资源惠民服务、体育赛事合作互推、智慧场馆共建共享、体育产业联动、行业标准互信互认、人才培养协同发展等方面融合发展，更好地推动成渝地区双城经济圈高质量发展
2021 年 2 月	《成渝地区双城经济圈体育产业协作协议》	重庆市体育局、四川省体育局	在体育赛事、体育设施、体育人才培养等多个方面开展深入合作、共推融合发展，分业务板块推进具体合作事宜，落地了一批有较大影响力的合作事项，营造了同城化、便利化的良好氛围
2021 年 10 月	《成渝地区双城经济圈建设规划纲要》	中共中央　国务院	突出重庆、成都两个中心城市的协同带动，注重体现区域优势和特色，使成渝地区成为具有全国影响力的重要经济中心、科技创新中心、改革开放新高地、高品质生活宜居地，打造带动全国高质量发展的重要增长极和新的动力源
2022 年 12 月	《关于加快建设世界赛事名城赋能体育产业高质量发展的实施》	四川省、重庆市	提出构建现代体育产业矩阵、促进成市体育产业建圈强链、推进体育产业赋能发展、提高体育产业全链条要素保障水平
2023 年 3 月	《推动成渝地区双城经济圈建设行动方案》	重庆市人民政府	推动成渝地区双城经济圈市场一体化建设，合力打造区域协作高水平样板，加快融入高效规范、公平竞争、充分开放的全国统一大市场建设
2023 年 7 月	《成渝地区双城经济圈体育产业一体化发展规划（2023—2025 年）》	四川省体育局、重庆市体育局	提出到 2025 年，成渝地区双城经济圈体育产业协同发展的体制机制全面建立，逐步提升区域体育产业发展水平
2023 年 8 月	《成渝地区双城经济圈体育产业一体化高质量发展的实施意见》	重庆市体育局、四川省体育局	提出搭建成渝地区体育产业协同平台，加强体育赛事活动联动，推动体育制造产业升级，推动体育产业融合发展

资料来源：中央人民政府、重庆市体育局、四川省体育局、四川省人民政府、成都市体育局。

　　成渝两地政府先后出台了一系列政策支持措施，包括资金扶持、税收优惠、土地使用权政策等，以鼓励和支持竞赛表演业的发展。通过以上政策支持的实施，成渝地区双城经济圈竞赛表演业将得到快速发展，成为推动区域体育事业和经济发展的重要力量。成渝地区双城经济圈体育竞赛表演业的政策支持是影响体育产业发展的重要因素，对于政策实施的完成度，需要各个体育单位，不同体育运动爱好者共同协作发展，需要社会各界的协调配合。

三、成渝地区双城经济圈体育竞赛表演业的发展目标

《四川省体育发展"十四五"规划》（以下简称《规划》）重点部署川渝体育协同发展，提出川渝联合谋划申办一批国际国内重大赛事，成为全国区域体育协同发展新高地。全文多达 38 处提及毗邻的直辖市重庆。其中，21 处提及"川渝"，14 处提及"成渝"，3 处提及"成都"。《规划》主张争取川渝联合组队参加国内综合性运动会，川渝地区共办大型体育赛事，共同打造川渝特色赛事品牌（见表 4-6）。在体育产业方面，提出到 2025 年，四川全省体育产业总规模达到3200 亿元，增加值占全省地区生产总值比重突破 2%，居民体育消费总规模超过1900 亿元，从业人员超过 40 万人；打造一批川味浓厚的特色赛事 IP，五年内举办世界性大型体育 A 类赛事 10 次以上、全国性单项体育赛事 50 次以上；打造3 个以上具有四川特色且自有 IP 的国际国内品牌赛事。在群众体育方面，平均每年组织县级以上赛事活动 7000 场（次）以上；打造在全国或区域有影响力的群众体育品牌赛事 10 个以上；打造川渝群众体育品牌赛事活动 3 个以上，5 年内在全省招募培训群众体育引领员 100 万名。

表 4-6　成渝地区双城经济圈体育产业发展目标

发展目标	主要任务	核心内容
近期目标	建设高质量的体育硬件设施。在有条件的公园、绿地、广场投放体育健身设施，在各类公共体育设施改善无障碍通行条件，公共体育场馆全部免费或低收费向社会开放	在"十三五"期间，建设完成农牧民体育健身工程 2033 处，设施的开放率和利用率获得较大提升，形成网络化格局。成都推进场馆新建和既有场馆改造
中期目标	建立健全的体育人才培养体系。强化教练队伍建设，加大对教练员能力提升的投入。提高教练员水平，培养一批具有国际竞争力的运动员和教练员队伍	通过科学的训练计划和方法，提高运动员的体能、技术和心理素质，全面培养他们的综合能力。提供系统的教练员培训和进修机会，提高教练员的专业水平和教学能力，建立良好的激励机制，吸引和留住优秀的教练员
长期目标	以成渝地区双城经济圈为跳板，大力发展成渝地区体育产业。促进体育旅游、体育文化等多元化发展，打造综合性的体育产业生态圈。打造具有国际影响力的赛事品牌	推动体育产业与其他产业的深度融合。有助于拓展竞赛表演业的发展空间，创造更多的经济价值和社会效益。提升赛事品质、扩大赛事规模、增强赛事知名度，将其发展成为国际一流的比赛，吸引更多的国际选手和观众参与

资料来源：新闻网以及四川省体育局、重庆市体育局官方网站。

在"十三五"和"成都大运会"期间，大力发展相关设施，更新场地建设，新建场馆。中期发展目标：成渝地区运动参与者基数多，教练教学技术不断更新，学员训练手段丰富，培养运动员竞技水平提升。长期发展目标：竞赛表演业作为体育产业的重要项目，不断为体育产业提供经济支撑和发展源泉，为成渝地区双城经济圈打造国际影响力提供助力。这表明四川体育主动融入和服务成渝地区双城经济圈建设战略，切实把国家战略势能转化为体育发展实效。

成渝地区双城经济圈体育竞赛表演业的发展是在《成渝地区双城经济圈建设规划纲要》和《成渝地区双城经济圈体育产业一体化发展》政策的顶层统一规划下持续推进并完善发展的。2021 年，成渝地区双城经济圈建设提出后，成渝两地积极合作，共同探讨各产业在区域一体化发展的背景下做到抢位发展，加强成渝地区体育产业的合作往来。2023 年 7 月，四川省体育局和重庆市体育局达成共识，联合发表了《成渝地区双城经济圈体育产业一体化发展规划（2023—2025 年）》为成渝地区相关体育产业的区域化、一体化发展提供了有力的政策支持，为整个成渝地区双城经济圈体育产业的发展打造了一个更好、更高的平台。提出构建区域体育产业布局和建设现代体育产业工程，共同搭建川渝两地体育产业协同平台，实现平台联通，政策互享，加强体育赛事联动，推动体育制造升级，加强体育旅游融合发展，营造品质体育消费空间，强化产业要素创新驱动。如表 4-7 所示。

表 4-7 成渝地区双城经济圈一体化建设的主要内容

规划期	法规名称	发布部门	主要内容
2023~2025 年	《成渝地区双城经济圈体育产业一体化发展规划（2023—2025 年）》	四川省体育局、重庆市体育局	明确了成渝地区双城经济圈体育产业一体化发展三大建设定位，即"全国体育产业发展创新改革高地""区域体育产业协作高水平样板""世界级户外运动目的地"
2025~2035 年	《成渝地区双城经济圈建设规划纲要》	中共中央 国务院	推动成渝地区双城经济圈建设、打造高质量发展重要增长极的重大决策部署，为未来一段时期成渝地区发展提供了根本遵循和重要指引

首先，从国家层面看，2018 年 12 月国务院办公厅发布的《国务院办公厅关于加快发展体育竞赛表演产业的指导意见》明确指出，至 2025 年，体育竞赛表演产业应达到 2 万亿元的总规模，为我国体育竞赛表演产业的持续发展提供了明确的方向和目标。其次，在地方政府层面，成渝地区双城经济圈两地政府相继出

台了《重庆市人民政府办公厅关于建设体育强市的实施意见》和《成都市"十四五"世界赛事名城建设规划》，在横向对比中，可以发现成都和重庆在规划体育产业发展目标时，均紧扣各自的行政管辖范围，并结合地区实际和人民群众需求，制定了短期、中期和长期的体育产业发展目标。如表4-8所示。

表4-8　成渝地区地方政府对体育竞赛表演业发展规划的重要政策目标

目标	成都地区	重庆地区
	《成都市"十四五"世界赛事名城建设规划》	《重庆市人民政府办公厅关于建设体育强市的实施意见》
短期目标	2025年建成世界赛事名城	2025年夯实体育强市建设基础
中期目标	2030年建成世界体育名城	2035年基本建成体育强市
长期目标	2035年建成世界生活名城的目标	2050年全面建成体育强市

资料来源：成都市体育局、重庆市体育局官方网站。

从两份政策文件的具体内容看，尽管两地发展体育产业的项目和类别大致相同，但在目标规划的侧重点上仍有所区别。重庆更侧重于群众体育的发展和全民健身战略的落实，而成都更加偏向竞技体育的发展和特色赛事的打造。尽管两地侧重点有所不同，但对于成渝地区双城经济圈体育竞赛表演业竞争力的提升研究而言，这些政策的出台无疑为体育竞赛表演业在成渝地区双城经济圈的发展提供了更广阔的空间和更多的机遇。

通过成渝地区双城经济圈两地体育局所发布的体育产业发展目标，我们可以看出成渝地区双城经济圈两地政府非常重视体育产业在经济发展、城市形象建设、居民精神需求等方面的正向影响作用。结合有关政策具体内容看，《成都市"十四五"世界赛事名城建设规划》提出要建设赛事名城，那么在这个建设过程中必然离不开体育竞赛表演业的加持。同时，体育竞赛项目在成渝地区的发展，无论是在竞技体育层面还是群众体育层面，成渝地区的运动员和人民群众的接受度都是非常高的，这给了成渝地区双城经济圈体育竞赛表演业发展的广大空间和政策支持。《重庆市人民政府办公厅关于建设体育强市的实施意见》在发展目标中提出，加强全民健身公共服务体系建设、夯实竞技体育项目建设、完善现代体育产业体系，从体育设施建设、项目自身提升、体育产业打造上为成渝地区双城经济圈体育竞赛表演业打造了发展的基石，提升了成渝地区双城经济圈体育竞赛表演业的核心竞争力。

第二节　成渝地区双城经济圈体育竞赛表演业的环境基础竞争力

一、成渝地区双城经济圈体育竞赛表演业的区位环境

（一）地理位置优越

成渝地区双城经济圈的大部分位置处于我国的第二级阶梯，地理位置优越，与湖北、贵州、陕西等多省接壤，并且作为长江上游的城市群，拥有良好的水资源和水运条件，作为中国西部大开发的大门，随着成渝地区双城经济圈航空系统的建设，成渝地区双城经济圈的地理位置优势正在进一步凸显。

（二）地域特色显著

成渝地区，历史上是巴蜀文化圈的核心区域，文化特色和区位优势源于其深厚的历史背景和地理特点，有极其丰富的自然景观和人文景观。建设世界赛事名城，既需要有深厚的文化底蕴，又要有突出的现代文化特色。体育产业是内容产业，创新 IP 和赛事是体育产业的核心内容。近年来，成渝地区各类运动项目赛事数量上有所增加，如蓉城俱乐部中超主场场均观众 4 万人次，带动场馆冠名、包厢销售、相关衍生增量消费等市场开发持续向好，在城市街头、商圈举办国际篮联三人篮球世界巡回大师赛、中国田径街头巡回赛、中国体操精英挑战赛等，赛场均吸引观众 5000 人次。体育竞赛与城市烟火完美融合，助力发展成渝地区双城经济圈周末经济、假日经济、夜间经济。但整体供给仍存在短缺，并且缺乏优质的、持续运营的赛事 IP。以成都和重庆为核心的成渝地区同时拥有历史文化底蕴和现代文化特色，若找准群众基础较好、与城市形象相匹配的运动项目，将能更好地为成渝地区双城经济圈体育竞赛表演的 IP 运作提供丰富的素材。通过体育赛事塑造城市形象和特色，以城市形象打造体育精品赛事，二者互为促进。

（三）人口基数上涨

人口基数直接关系到体育运动的普及程度和社会影响力。近年来，成渝地区成为国家经济高速增长区和人口回流核心区，在国家发展格局中具有巨大潜力（见图 4-2 和图 4-3）。人口对赛事的重要性体现在多个方面，包括赛事的参与度、影响力以及社会价值。一个高度发达的经济体往往伴随着更广泛的体育参与和更高的体育人口比例。随着成渝地区双城经济圈的经济和社会发展到一定历史

阶段，体育人口的比例将持续上升。

（亿元）

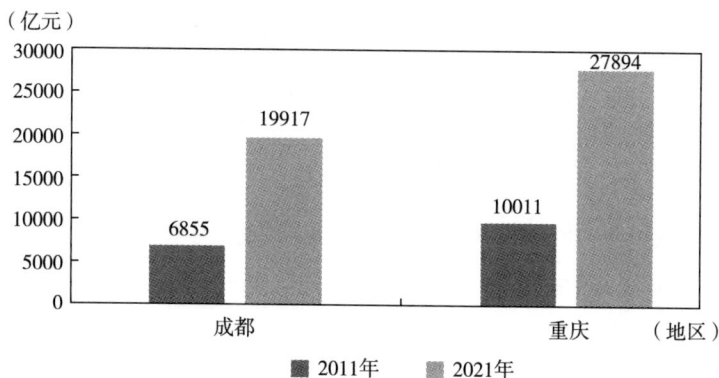

图 4-2　2011~2021 年成渝地区 GDP 变化
资料来源：成都市统计局、重庆市统计局官方网站。

（万人）

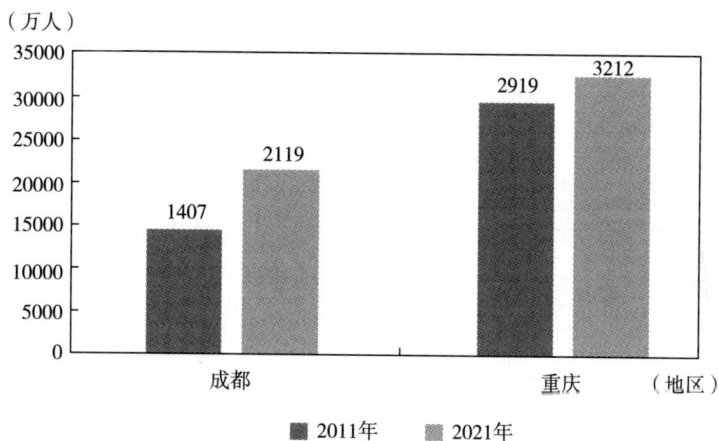

图 4-3　2011~2021 年成渝地区常住人口变化
资料来源：成都市统计局、重庆市统计局官方网站。

举办体育赛事、发展赛事经济对于挖掘和释放消费潜力、满足人民群众日益增长的体育需求具有重要意义。通过成渝地区双城经济圈体育赛事的举办，可以在一定程度上积聚人流客流，促进消费，实现不同产业间的有效融合，打造川渝特色体育竞赛表演活动。此外，成渝双城经济圈产业实力较为雄厚，具有较强的国际国内影响力，这为体育赛事的开展奠定了良好的发展基础。

（四）气候温度宜人

成渝地区具有丰富的气候资源，属于亚热带季风气候，"冬暖春早、夏热秋雨、四季分明、降水丰沛、空气湿润"，这些特点使成渝地区在体育竞赛表演活动的开展中具有独特的区位吸引力。从表4-9可以看出，成渝地区双城经济圈在2021~2023年每月平均气温的变化幅度比较平缓，反映了成渝地区双城经济圈气候具有春早、夏热、秋凉、冬暖的气候特点，年平均气温16℃。

表4-9　2021~2023年成渝地区双城经济圈每月平均气温情况　　单位:℃

月份	日均最高气温	日均最低气温	历史最高气温	历史最低气温
1	11	3	17	−3
2	13	5	21	−2
3	19	10	27	2
4	25	15	31	8
5	28	18	35	12
6	29	22	34	17
7	31	24	36	19
8	32	23	36	18
9	27	19	34	14
10	22	15	32	0
11	17	10	23	3
12	12	4	17	−2

资料来源：四川省气象局官方网站。

在适宜居住的同时有利于体育项目的训练、体育竞赛表演活动的开展。并且，成渝地区双城经济圈舒适的气候环境也吸引了一大批国内外的人前来旅游甚至定居，这为成渝地区双城经济圈体育竞赛表演业竞争力的提升提供了很好的环境。

二、成渝地区双城经济圈体育竞赛表演业的交通条件

在体育产业的整体架构中，交通的发达程度反映出一个产业地区发展的潜力。体育竞赛表演业的开展，离不开完善的交通基础设施的支持。从交通条件看，近年来，成渝地区双城经济圈交通基础设施建设取得了突飞猛进的发展成效，形成了以公路、铁路、航运和水运为途径的快捷交通网。提高了区域链接的便捷性和时效性，为成渝地区双城经济圈开展体育竞赛表演活动及产业链流动注入强大的推动力。如表4-10所示。

表4-10　2023年成都交通运输量及其增长速度

指标	绝对量	比上年增长（%）
货物周转量（亿吨千米）	546.1	6.1
铁路	111.8	5.4
航空	16.7	9.6
公路	417.6	6.2
旅客周转量（亿人千米）	1402.3	110.8
铁路	84.3	111.5
航空	1105.0	139.0
公路	45.5	46.5

资料来源：成都市统计局官方网站。

成渝地区双城经济圈客源市场充足，保障了成渝地区承办体育竞赛和表演活动观众和游客数量。2023年，成都旅客周转量1402.3亿人千米，增长110.8%。其中，铁路旅客周转量84.3亿人千米，比上年增长111.5%；公路旅客周转量45.5亿人千米，比上年增长46.5%；航空旅客周转量1105.0亿人千米，比上年增长139.0%。全年货物周转量546.1亿吨千米，比上年增长6.1%。其中，铁路运输货物周转量111.8亿吨千米，比上年增长5.4%；公路运输货物周转量417.6亿吨千米，比上年增长6.2%；航空运输货物周转量16.7亿吨千米，比上年增长9.6%。

2023年，重庆旅客运输总量3.13亿人，比上年增长47.8%。旅客运输周转量885.03亿人千米，比上年增长103.0%，如表4-11所示。空港旅客吞吐量4589.12万人，增长104.3%。

表4-11　2023年重庆各种运输方式旅客运输量及其增长速度

指标	绝对量	比上年增长（%）
旅客运输总量（万人）	31252.26	47.8

指标	绝对量	比上年增长（%）
铁路	9538.05	97.7
公路	17532.41	21.5
水运	872.47	131.0
航空	3309.33	118.4
旅客运输周转量（亿人千米）	885.03	103.0
铁路	264.95	109.8
公路	108.54	39.3
水运	5.52	340.4
航空	506.02	119.5

资料来源：重庆市统计局官方网站。

1. 交通建设政策规划突出统筹一体

自成渝地区双城经济圈建设国家战略实施以来，川渝两地政府层面持续出台相关政策法规推进车路协同行业快速发展，以匹配成渝一体化经济体系的建设需求，为各行各业的快速发展提供了重要基础支撑，如表4-12所示。

表4-12　成渝地区双城经济圈建设多层次交通发展规划情况

发布时间	文件名称	发布部门	主要内容
2020 年	《成渝地区双城经济圈运输服务一体化发展合作备忘录》	四川省交通运输厅和重庆市交通局	加强公路、水路运输服务领域规划统筹和政策协同；加快建设多式联运枢纽中心和多式联运示范项目；推进行业协同治理、共同优化营商环境、完善合作会商机制
2020 年	《成渝地区双城经济圈交通一体化发展三年行动方案（2020—2022 年）》	四川省交通运输厅和重庆市交通局	到 2022 年，出渝、出川高速公路通道达 24 条（四川 13 条、重庆 11 条），建成 16 条川渝间高速公路；川渝间 9 条普通国道达到二级、11 条普通省道达到三级及以上标准贯通；四级及以上高等级航道 3100 千米（四川 1700 千米、重庆 1400 千米），港口集装箱吞吐能力达到 760 万标箱（四川 260 万标箱、重庆 500 万标箱）

发布时间	文件名称	发布部门	主要内容
2021 年	《成渝地区双城经济圈综合交通运输发展规划》	交通运输部与国家发展改革委	明确了成渝地区交通一体化发展的主攻方向。第一阶段，到 2027 年，基本建立起推动成渝地区综合交通运输高质量发展的标准体系；第二阶段，到 2035 年，通过持续完善和优化，进一步构建起更加系统全面、先进适用、开放兼容的标准体系
2023 年	《成渝地区双城经济圈多层次轨道交通规划》	国家发展和改革委员会	以重庆、成都"双核"为中心，打造内联外通的干线铁路网；以成渝主轴为骨架，重庆、成都"双核"辐射为主体，完善快速便利的城际铁路网；围绕重庆、成都两大都市圈，构建便捷通勤的市域（郊）铁路网；完善"双核"城市轨道交通网
2024 年	《推动成渝地区双城经济圈综合交通运输高质量发展标准体系》	交通运输部、市场监管总局、重庆市和四川省联合印发	构建"1+3+N"的区域标准化协同体系，通过建立省部联动、区域协同的高效能标准化工作机制，聚焦基础设施、运输服务、协同管理等三方面高品质交通标准需求，加快制定一批特色鲜明、科学适用的高水平标准，推动成渝地区综合交通运输高质量发展

　　一系列以建设现代化综合交通体系为目标，系统化、高标准推进综合交通运输一体化的政策意见的出台，内容涉及公路、铁路、机场、港口等联通、规划运营、布局安排的 体化，给成渝地区双城经济圈车路协同建设发展带来较好的政策环境。在政策的推进和规划中，成渝地区的交通网络正日益完善，形成了一个包含公路、铁路、水路和航空在内的多模式、立体化交通体系。成都的航空连通性在全球排名第四，排在上海、北京和广州之后。在这一体系中，成渝地区的交通枢纽地位显著提升。

　　2. 交通枢纽辐射能级持续优化升级

　　成渝地区双城经济圈是我国规划的四大超级城市群之一，建立了覆盖整个区域，由高速铁路、城际轨道交通、市郊铁路构成的轨道交通网，确立轨道交通网在成渝地区双城经济圈中主要运输方式的地位。成渝地区双城经济圈的交通枢纽辐射能级不断提升。四川区域拥有 1 个国际性综合交通枢纽、2 个全国性综合交通枢纽、4 个国家物流枢纽承载城市。成都是中国内地第三个拥有双国际枢纽机场的城市，成都国际铁路港是国内承载能力强、功能最全、最具竞争力的国家陆港型物流枢纽之一。成都和重庆两座中心城市之间，有5条高速铁路通道，规划建设发达的高速铁路网，为双城经济圈一体化建设提供强大运能。目前，成渝地区双城经济圈交通基础设施条件大为改观，两地交通基础设施实现"连点成线、连线成网"，2027年成渝"双核"间基本实现1小时通达。

成都地铁、现代有轨电车和市域快轨运营里程分别达到518.5千米、94.2千米和39.3千米，城轨交通运营线路里程合计652千米，位列全国第3，仅次于上海和北京，且市内地铁交通与公路运输、航空运输可实现无缝换乘。重庆中心城区运营地铁244.99千米，单轨985千米，城轨交通合计343.49千米，运营里程数位列全国第8。

从城轨交通在建规模看，2020年，成都城轨交通在建规模达到459.1千米，远高于其他城市，其中市域快轨38.7千米。成都和重庆中心城区的城轨车站数量分别达到327座和178座，分别位列全国第3和第9，站点规模相对较大。成渝双城轨道交通客运效率快速提升。2022年，成都和重庆主城轨道交通客运量分别达到15.7亿人次和9.1亿人次。其中，进站量、客运周转量分别居全国第5位和第6位，日均客运量分别达430.62万人次和250.28万人次，分别居全国第5位和第7位（见表4-13）。客运强度分别以0.72万人次/（千米·日）和0.67万人次/（千米·日），分别居全国第7位和第8位，其中，成都客运强度超过1万人次/（千米·日）的地铁线有5条，仅次于上海、广州、北京和深圳。在城轨交通运行速度方面，2022年，成都以日均实际开行5062列次轨道交通居全国第4位，运营速度平均达到44.4千米/小时，仅次于东莞，居全国第2位。从城轨交通的运营与间隔时长看，重庆城轨交通平均日运营服务时长超过18小时/日，日运营时长仅次于北京和上海，成都城轨线网平均运营服务时长为178小时/日，线路高峰小时最小发车间隔时长仅为120秒，仅低于北京、上海和广州。

表4-13　成渝轨道交通部分客运数据统计

指标	成都	重庆
客运量	157175.68万人次	91083.46万人次
日均客运量	430.62万人次	250.28万人次
进站量	89011.42万人次	60013.32万人次
客运周转量	1267932.10万人次千米	787903.64万人次千米

资料来源：《城市轨道交通2022年度统计和分析报告》。

随着成渝两地轨道交通系统建设进程的加快，仅2022年成都和重庆新增的轨道交通建设里程就达到 126 千米，同年全国的轨道交通建设里程为 1080.63 千米，成渝两地的建设里程占据全国的 1/10，且整体的建设速度还在加快。这对推动区域内服务型产业发展和居民生活幸福感有显著效果。成渝轨道交通的建设相对领先，构成一定的领先优势。

如图 4-4 所示，成资渝高速成资渝高速，全称成都—资阳—重庆高速公路，是《四川省高速公路网规划（2014—2030 年）》中规划的成都放射线之一，工期耗时 4 年，全长约 164 千米，既是连接成都、资阳与重庆的重要通道，也是成都放射线高速公路网的关键一环。该高速以双向六车道为主，设计时速达 100 千米，桥隧比约 17%，沿途设有多个互通立交和服务区，极大地提升了交通便捷性。它的建成不仅缩短了成都天府国际机场与重庆江北机场的时空距离，还串联起成渝、成安渝等多条重要高速，加强了成都平原经济区与川南经济区的联系。成资渝高速的通车，为成渝地区双城经济圈的发展注入了新的活力，成为推动区域经济社会发展的重要交通动脉。

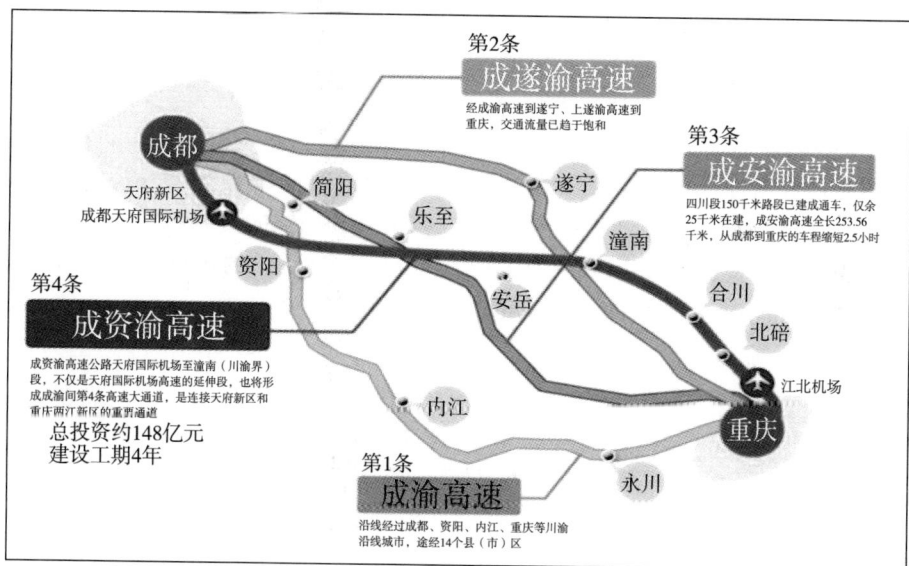

图 4-4　成渝"双核"四条高速公路通道

成渝中线高铁的线路是"成都—简州—乐至—安岳—大足石刻—铜梁—科学城—重庆北"，里程约 292 千米，设计时速 350~400 千米，是目前国内设计时速最高的轮轨高速铁路，属于沪渝蓉高铁（沿江高铁）的重要组成部分，也是成都至重庆的最快速高铁通道。该线路已正式开工，预计 2027 年底建成通车。成渝高铁线路是"成都东—简阳南—资阳北—资中北—内江北—隆昌北—荣昌北—大足—永川东—璧山—沙坪坝—重庆",里程约309千米,设计时速350千米,其中成都东至沙坪坝时速已达350千米,重庆枢纽段限速。成都天府国际机场与重庆第二机场协同建设,重庆江北国际机场T3B航站楼及第四跑道、成渝中线高铁、成达万高铁、渝万高铁、绵遂城际铁路、渝遂铁路等铁路建设,提升了成渝地区双城经济圈铁路廊道效应;成渝、渝遂高速公路扩能、渝湘复线高速公路等公路项目、嘉陵江利泽航运枢纽建设,协同推进了成渝两地口岸合作,提升了川渝水运通道能级(见表4-14)。全力推进"轨道上的成渝",加速构建一张全面覆盖成渝地区、深度融合高速铁路、城际轨道及市域铁路的立体轨道交通网络,旨在确立轨道交通作为成渝地区双城经济圈核心交通方式的战略地位。同时,畅通对外运输大通道。南向畅通西部陆海新通道,加快渝昆高铁、渝贵高铁建设,完善川黔、川滇高速公路,与孟中印缅经济走廊等衔接;北向提质扩容"西三角"通道,加快西渝高铁建设,衔接中蒙俄经济走廊;西向拓展进疆入藏大通道,探索西藏方向通道建设,提升西北地区通道能力,衔接新亚欧大陆桥经济走廊;东向打造长江黄金水道,强化长江经济带综合交通走廊建设,推进沿江高铁、高速公路建设,完善川渝沪通道,大力推进航道网络建设,开辟出海新通道。截至2024年,开放合作进程持续深化,成渝中线、成达万、西渝等高速铁路项目的建设步伐显著加快,极大地促进了区域互联互通。川渝之间的省际高速公路网络日益完善,已建成及在建的高速公路通道数量攀升至21条。另外,中欧班列(成渝)全年累计开行量突破5300列大关,运输的集装箱数量超过43万标准箱,这两项关键指标均领跑全国。中欧班列(成渝)的运行网络不断拓展,已近50条线路遍布欧亚大陆,覆盖超过100个城市的站点。

表4-14　成渝地区双城经济圈主要交通信息

项目	具体内容
机场	成都天府机场、成都双流机场、绵阳南郊机场、宜宾五粮液机场、重庆江北机场、万州五桥机场
高铁站	成渝中线高铁、成渝高铁、"成自宜+绵泸+渝昆"组合式高铁、宁蓉铁路、"成自宜+渝雅+成渝"组合式高铁
高速公路	成渝高速、成安渝高速、成遂渝高速、蓉渝高速、沪蓉高速、成渝环线高速、成都三绕高速、遂资眉高速、内遂高速

三、成渝地区双城经济圈体育竞赛表演业的场馆设施

2023年底,四川省体育局与重庆市体育局联合开展的体育场地统计调查结果

显示：至 2023 年末，四川的体育场地数量达到 30.59 万个，总面积跨越至 2.11 亿平方米，人均体育场地面积 2.53 平方米。重庆体育场地总量为 168660 个，占地面积达 8820.16 万平方米，人均体育场地面积更是达到了 2.76 平方米，显示出重庆在促进全民健身、增强人民体质方面的坚实步伐。如图 4-5、图 4-6 所示。

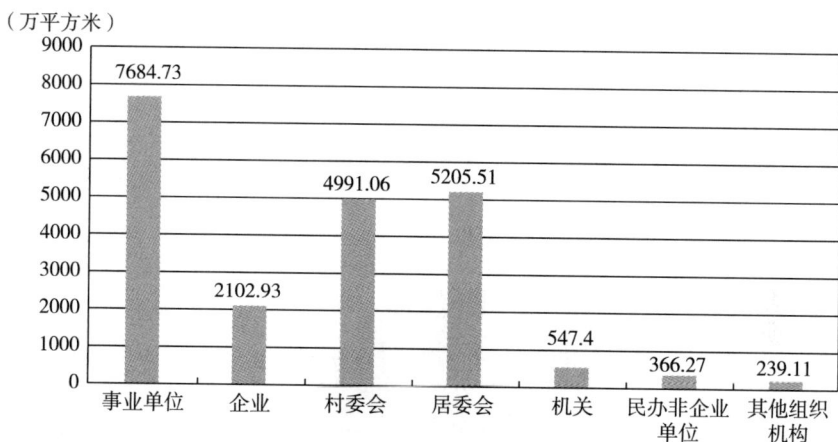

图 4-5　四川省体育场地面积情况（分机构类型）

资料来源：四川省体育局颁布的《2023 年四川省体育场地统计调查数据》。

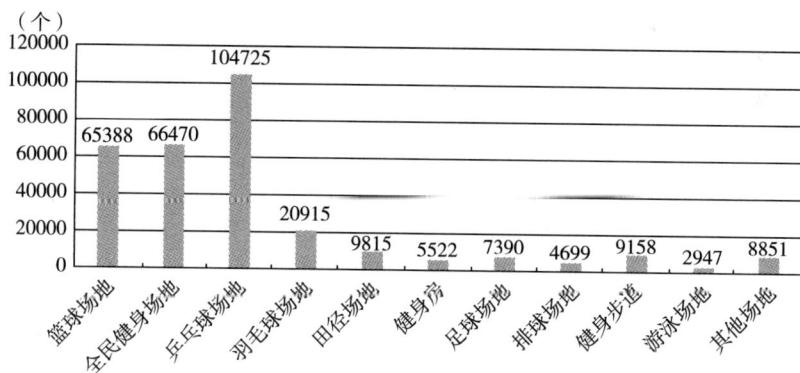

图 4-6　四川省体育场地数量统计（分运动项目）

资料来源：四川省体育局颁布的《2023 年四川省体育场地统计调查数据》。

四川省田径场地 9815 个，其中，设有 400 米环形跑道的田径场地 1560 个，占 15.89%；其他田径场地 8255 个，占 84.11%；游泳场地 2947 个，其中，室外游泳池 2009 个，占 68.17%；室内游泳馆 874 个，占 29.66%；天然游泳场 64

个，占 2.17%。球类运动场地 20.85 万个，其中，足球、篮球、排球"三大球"场地 7.75 万个，占 37.17%；乒乓球和羽毛球场地 12.56 万个，占 60.24%；其他球类运动场地 5385 个，占 2.59%。

重庆田径场地 3898 个，场地面积 1945.40 万平方米，其中，设有 400 米环形跑道的田径场地 533 个，其他田径场地 3365 个。游泳场地 2194 个，场地面积 198.35 万平方米，其中，室外游泳池 1690 个，室内游泳馆 494 个，天然游泳场 10 个。球类运动场地 115254 个。足球、篮球、排球"三大球"场地 32332 个，占比 28.05%；乒乓球和羽毛球场地 79909 个，占比 69.33%；其他球类运动场地 3013 个，占比 2.62%，如图 4-7、表 4-15 所示。

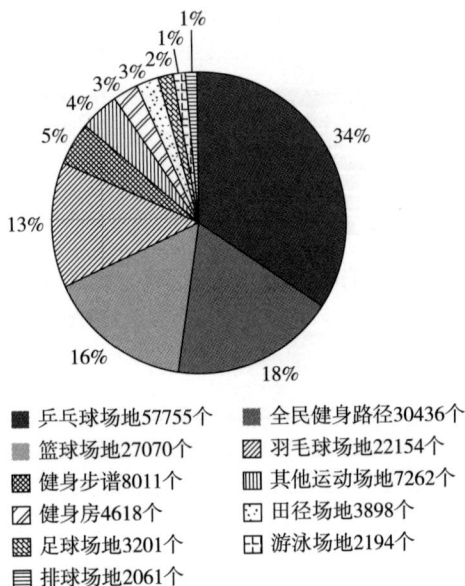

图 4-7　重庆市体育场馆统计

资料来源：《2023 年体育场地统计调查数据公告》。

表 4-15　成渝地区双城经济圈体育竞赛表演业的大型综合性场馆设施

场馆名称	地点	场馆条件
成都双流体育中心	双流区	集体育场、体育馆、训练馆、游泳池、训练场、网球场、篮球场、排球场为一体设施、设备较完备的多功能现代化露天式体育场馆。成都大运会期间作为田径比赛、羽毛球项目比赛

场馆名称	地点	场馆条件
成都东安湖体育馆	龙泉驿区	"一场三馆"：4 万座的综合运动场、1.8 万座的多功能体育馆、5000 座的游泳跳水馆和综合小球馆。多功能体育馆、游泳跳水馆、小球馆。多功能体育馆，建筑面积 9 万平方米，可容纳 1.8 万人观赛，游泳跳水馆堪称甲级大型游泳跳水馆，包括地上主体大空间 1 层，局部 3 层，地下室 1 层内有比赛池和热身池；小球馆作为赛时体操项目的训练场馆使用
凤凰山体育公园	金牛区	由"一场一馆"组成，"一馆"指的是共 1.8 万座的综合体育馆（满足 NBA 标准，承接国际、国内顶级篮球、冰球、羽毛球、乒乓球、手球、体操等室内赛事）；"一场"指的是按照 FIFA 标准建设的专业足球场，该项目能同时容纳 6 万名观众的专业足球场，该场馆能在 4 小时内实现从篮球场切换到冰球场的"冰篮转换"。内场顶面和墙面添加了空间吸声体，座椅也为软包吸声座椅，在降低环境噪声污染的同时，更保证了现场观赛的最佳声效体验。符合各项顶级赛事对场地硬件的要求。凤凰山体育公园在成都大运会为篮球项目比赛、热身场馆
成都高新体育中心	高新区	由多功能体育馆、全民健身馆、服务中心等部分组成，可满足乒乓球、羽毛球、篮球、排球、冰球、体操等比赛要求。成都高新区体育中心位于高新区吉龙路 313 号，在大运会期间作为比赛场馆
川投国际网球中心	双流区	含 1 个中心场地、2 块半决赛场地、14 个室外场地、8 个风雨球场和 1 个室内球场。成都大运会期间将作为网球比赛、热身、训练场馆。从 2015 年开始举办国际网联青年大师赛（后改名国际网联青少年巡回赛年终总决赛）至今，已经有 4 位青年才俊从这里出发，走上职业网坛，夺得了四大满贯赛事的冠军。大运会期间承担网球项目比赛
重庆奥林匹克体育中心	九龙坡区	乒乓球场地 1000 余平方米，馆内设有双鱼牌展翅王、展翅 2 等高档球台 20 张。羽毛球占地 3270 平方米，馆内设有 16 片标准羽毛球场地，2 片 VIP 场地。网球场占地超过 60 亩，拥有 14 块标准网球场
重庆大田湾体育场	南岸区	江南体育馆面积为 43036 平方米，固定座椅 3000 座，活动座椅 500 座。馆内设有贵宾室、运动员休息室和新闻发布厅，可满足篮球、排球、手球、羽毛球等多项体育比赛的需求，同时具备文艺表演、展览、群众健身等多项功能

资料来源：成都市体育局、重庆市体育局、成都市人民政府、重庆市人民政府官方网站。

　　在成都的引领下，成渝地区正积极依托体育赛事的强劲动力，深度激活城市发展的源泉。成都市将体育赛事视为推动城市高质量发展的关键引擎，全力推进天府奥体公园、东安湖体育公园及凤凰山体育公园等一系列高端体育设施的高标准规划与建设。同时，精心构建赛事运营管理平台，力求构建一套成熟且全面的国际综合性体育赛事承载与运营体系。2023年，成都成功举办了22场具有国际影响力的赛事活动，并承接了多达36项全国性赛事。

<h2 style="text-align:center">第三节　成渝地区双城经济圈体育竞赛表演业的
人才基础竞争力</h2>

2018年12月11日，国务院办公厅印发了《关于加快发展体育竞赛表演产业的指导意见》，指出体育竞赛表演产业是体育产业的重要组成部分，积极推进体育竞赛表演产业专业化、品牌化、融合化发展，培育壮大市场主体，加快产业转型升级。到2025年，体育竞赛表演产业总规模达到2万亿元，基本形成产品丰富、结构合理、基础扎实、发展均衡的体育竞赛表演产业体系，使体育竞赛表演产业成为推动经济社会持续发展的重要力量。[①] 川渝两地在人才培养方面，共同推进竞技体育人才培养，并根据双方竞技优势项目，建立青少年足球、田径、游泳、乒乓球、网球、棋类等项目的教练员、运动员和裁判员之间互访、培训、学习机制。建立成渝双方青少年体育俱乐部的交流合作；开展成渝两地青少年体育冬夏令营活动；创办"成渝"青少年对抗品牌赛事，打造以各单项U系列赛事为基础的梯队对抗赛。同时，加强两地足球、篮球、棋类等职业俱乐部的交流合作，围绕青训人才培养、俱乐部运营管理等开展工作交流，组织开展俱乐部梯队训练对抗赛、俱乐部文化交流、球迷交流等活动。不仅培育了一批体育产业的专业人才，同时孕育出一些好的市场项目，如成渝双城越野赛、成渝乒乓球交流赛、成渝棋类擂台赛；共同创办联动成渝地区双城经济圈的足球、篮球、体育舞蹈、轮滑、棋类等运动项目赛事；共同做强做大"一带一路"国际乒乓球公开赛等"一带一路"系列自主品牌赛事。

一、四川运动员、教练员和裁判员的培养情况

四川一直以来都非常重视运动员、教练员和裁判员的培养。以高水平专业竞技赛事表演活动为例，第31届世界大学生夏季运动会，四川有89名运动员、35名教练员入选中国代表团，参与田径类、球类、武术类、操舞类等项目的比赛。此次赛事，从运动员、教练员、裁判员以及工作人员和志愿者等层面来讲，

---

① 国务院办公厅. 关于加快发展体育竞赛表演产业的指导意见 [EB/OL]. 新华网，http://www.xinhuanet.com，2018-12-21.

四川参加的人数和参赛项目创下新的纪录。① 2008 年北京奥运会，四川共有 34 名参赛运动员，此后的三届奥运会，四川运动员参赛人数呈下降趋势，从 2012 年伦敦奥运会的 20 名一度下降到 2020 年东京奥运会的 13 名。这一情况，在 2024 年巴黎奥运会上得以扭转，在由 716 人组成的中国体育代表团中，四川有 28 名运动员、8 名教练员以及 5 名工作人员入选。28 名运动员来自全省 11 个市（州），其中男运动员 4 名，女运动员 24 名，参加包括田径、自行车、体操、铁人三项、花样游泳、拳击、跆拳道、射击、篮球、曲棍球、冲浪等在内的 11 个大项 17 个小项的角逐。

体操、花样游泳、射击、曲棍球等大项，一直是四川体育的传统优势项目，体操项目除了邹敬园外，还培养出了奥运"五金王"邹凯。曾经培养出蒋文文、蒋婷婷的四川花样游泳队员，在国内也一直名列前茅，肖雁宁、向玢璇入选了 2024 年巴黎奥运会，获得花样游泳的奥运金牌。近年来，四川省体育局持续推进"振兴三大球"工程，使四川男、女篮先后问鼎中国男、女职业篮球联赛总冠军。2023 年，四川女篮夺得中国女子篮球联赛冠军奖杯，不仅取得了女篮赛事"大满贯"，也成功将韩旭、李梦等 4 名队员送入了 2024 年巴黎奥运会，② 展现了四川体育的实力和潜力。

经过"十三五"时期的持续努力，四川体育事业取得长足进步，全民健身、竞技体育、青少年体育、体育产业等各领域都取得了较大进展。2020 年底，四川人均体育场地面积达到 1.58 平方米，每千人拥有社会体育指导员 2.58 名，经常参加体育锻炼人数比例达到 33.7%。"十三五"期间，四川运动员共获得世界冠军 63 个、亚洲冠军 56 个、全国冠军 108 个。③ 但四川体育发展不平衡、不充分的问题仍客观存在，全省体育基础设施欠账多、配套不够，全民健身氛围不够浓厚，经常参加体育锻炼人数比例不高；竞技体育高水平运动员、教练员紧缺；青少年体育优势项目、基础项目后备人才储备不足；体育产业规模小大，体育消费潜力尚未充分释放。2021 年，四川省体育局正式印发《四川省体育发展"十四五"规划》，提出"构建全民健身公共服务体系"。围绕"办人民满意的体育"目标，大力实施全民赛事活动全域化、健身组织全覆盖、科学健身指导普及等工程，并在四川体育事业发展主要指标中提出，五年内培养优秀运动员 1000 人、优秀教练员 1000 人、裁判员 1000 人，十年内培养较高水平体育科研人员 1000

① 89 人入选中国大运代表团　四川创参加历届大运会之最［EB/OL］. 金台咨询，https：//www. sc. gov. cn，2023-07-08.

② 全力推进"体育强省"建设——四川力量"奋战"巴黎奥运［EB/OL］. https：//www. sc. gov. cn，2024-07-19.

③ 《四川省体育发展"十四五"规划》解读［EB/OL］. https：//tyj. sc. gov. cn，2021-12-02.

人。目前，四川在训运动员 2200 人，截至 2022 年，裁判员总数为 5 万人，裁判员队伍数量较 2021 年增长 9%，其中一级裁判员人数为 7000，国际级与国家级裁判员人数为 800。虽然裁判员总数较多，但国际级与国家级裁判员占比较少，仅为 1.6%。

二、重庆运动员、教练员和裁判员的培养情况

近年来，重庆围绕"紧紧依靠人才、真诚吸引人才、精心培育人才、主动服务人才"，不断夯实政策基础，推进改革创新，细化务实举措，奋力开创体育人才工作新局面，以高质量体育人才服务重庆体育事业高质量发展。2024 年 1 月，重庆市体育局印发《高水平竞技体育人才引进实施办法》，明确人才引进对象、范围、方式、费用及薪酬标准等，将入编引进与柔性引进相结合，通过提升人才待遇、灵活招录方式、精简招引流程等措施，增强人才引进竞争力，为切实引进高水平运动员、教练员、训练保障人员等竞技体育人才提供了依据和遵循。办法出台后，已开展了 7 名高水平竞技体育人才的引进工作。① 2022 年 6 月，重庆市体育局印发《教练员岗位任职条件办法》，2023 年 6 月，联合市人社局修订印发《重庆市体育专业教练员职称申报条件》，在教练员职称评审和岗位晋升中突出实绩贡献，引导广大教练员立足岗位、唯实争先。2023 年 8 月，重庆市体育局与市委编办、市教委、市人社局联合出台《重庆市大中小学校设置教练员岗位实施方案》。重庆市政府办公厅不断释放政策红利。重庆市体育局联合市教委，多次举办教师资格证考前培训班和运动员转岗学校体育教练员培训班，聚焦运动员服务保障中的薄弱环节。

近年来，重庆有很多运动员在国内外大型体育赛事上获得优异的成绩。但就竞技水平来说，重庆还在发展过程中，在训运动员规模与体育后备人才规模是获得体育赛事成绩的先决条件。重庆在训运动员人数由 2010 年的 385 人增长到 2020 年的 500 人，增长了 23%。体育后备人才由 2010 年的 1.5 万人增长到 2020 年的 2.7 万人，增长了 44%。重庆充足的体育后备人才为在训运动员规模与竞技水平提供源源不断的支持。目前重庆有在训运动员 500 人，仅为四川在训运动员人数的 1/4。重庆十分重视教练员的培训，2018~2022 年，每年进行 5~10 次的教练员培训，以提升教练员的执教水平，解决重庆体育发展过程中教练员的需求问题。近些年，重庆大力开展裁判员的培养工作，裁判员队伍不断扩大，各个项目的裁判员数量与层次都有所提高，涌现出了很多优秀裁判员，但就高级别裁判员数量看，重庆与体育强省还有很大的差距。

---

① 《四川省体育发展"十四五"规划》解读 [EB/OL]. https：//tyj. sc. gov. cn，2021-12-02.

三、成渝地区双城经济圈高等院校体育专业培养情况

高校是专业人才培养的最大根据地，高校体育专业人才的培养直接影响到体育产业相关专业人才的供给。体育竞赛表演业作为体育产业的组成部分，通过分析成渝地区双城经济圈内主要区域的高校体育专业的开设和人才的培养情况，有利于探究体育竞赛表演业专业人才的培养情况。截至 2021 年底，成渝城市群共有 10 所"双一流"高校，18 个"双一流"建设学科，加上对外地引进成渝地区双城经济圈体育人才的政策支持，为人才发展和流动营造了较为优越的发展环境。2023 年末，四川共有普通高校 137 所。全年普通本（专）科招生 69.7 万人；在校生 216.4 万人，研究生培养单位 37 个，招收研究生 5.5 万人，在校生 16.7 万人，毕业生 4.5 万人。成人高等学校 12 所，成人本（专）科在校生 41.4 万人。重庆全市共有普通高等教育学校 70 所，成人高校 3 所，军队院校 2 所，中等职业学校 128 所，如图 4-8 所示。

（万人）

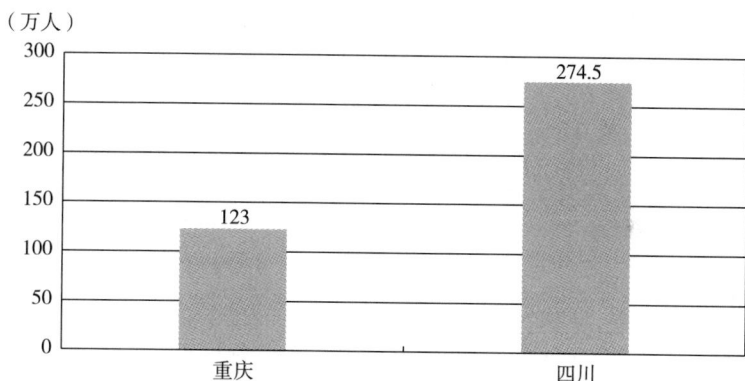

图 4-8　重庆、四川高等校招生数量

1. 本科生招生层次

在体育专业人才培养方面，通过"学信网"专业知识库检索：教育学大类、体育学类。检索得出全国共计开设本科（普通教育）专业 13 个，高职（专科）体育相关专业 16 个，本科（职业教育）4 个。在成渝地区主要开展的体育专业有体育教育、运动训练、社会体育指导与管理、武术与民族传统体育、休闲体育，如图 4-9 所示。

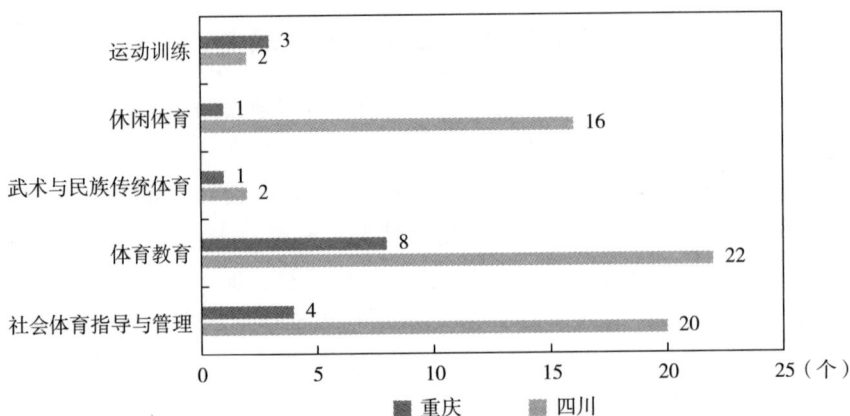

图4-9　成渝地区双城经济圈体育本科专业设置情况

2. 主要教学内容

对成渝地区统计主要体育专业的教学内容和个人接受教育经验进行分析。在教学内容上，主要有两个方面：第一，学习相关的专业技能，高校会根据专业学生所报考的体育运动项目进行专门化的培养，能熟练地掌握运动项目的教学、组织与管理工作；第二，交叉学科技能，体育学从属于教育学大类，教育学的属性让其在教学上必须兼顾交叉学科的知识，如体育教育和运动训练学中，交叉学科中运动心理学成为必修课。

3. 研究生招生层次

体育学硕士研究生招生主要分为学术型研究生和专业型研究生。学术型硕士研究生分为：体育学、体育人文社会学、运动人体科学、体育教育训练学、民族传统体育学。专业型硕士研究生分为：体育、体育教学、运动训练、竞赛组织、社会体育指导。据2023年成渝地区体育硕士研究生招生院校统计，四川高校体育硕士研究生招生院校共计12所，重庆高校体育硕士研究生招生院校共计5所。在博士研究生招生中，四川的成都体育学院和重庆的西南大学有体育学博士招生点，如表4-16所示。

表4-16　成渝地区双城经济圈体育专业研究生招生情况

属地	招生院校	招生专业
四川	成都体育学院	学术型：体育人文社会学、体育教育训练学、运动人体科学、民族传统体育学、运动舞蹈、运动康复、体育产业学、体育翻译、中外体育史 专业型：体育教学、运动训练、社会体育指导等

属地	招生院校	招生专业
四川	成都大学	专业型：体育教学、运动训练
四川	四川农业大学	学术型：体育人文社会学、体育教育训练学、运动人体科学、民族传统体育学 专业型：体育教学
四川	四川师范大学	学术型：体育人文社会学、体育教育训练学、运动人体科学、民族传统体育学 专业型：体育教学、运动训练
四川	西南财经大学	专业型：体育教学、竞赛组织、社会体育指导
四川	西华师范大学	学术型：体育人文社会学、体育教育训练学、运动人体科学、民族传统体育学 专业型：体育教学、运动训练、社会体育指导
四川	西南交通大学	专业型：体育（不区分研究方向）
四川	西南民族大学	专业型：体育教学
四川	西南石油大学	专业型：体育教学
四川	西南医科大学	专业型：体育教学、运动训练、社会体育指导
四川	民用航空飞行学院	专业型：体育教学、运动训练
重庆	重庆大学	学术型：体育人文社会学、体育教育训练学、运动人体科学、民族传统体育学 专业型：体育教学、运动训练学
重庆	西南大学	学术型：体育人文社会学、体育教育训练学、运动人体科学、民族传统体育学 专业型：体育教学
重庆	重庆师范大学	专业型：体育教学
重庆	重庆工商大学	专业型：体育
重庆	重庆邮电大学	专业型：体育教学

资料来源：中国学信网和各大院校官网。

　　成渝地区作为中国西南地区的重要经济和文化中心，其体育专业人才培养在推动地区体育产业发展和武术文化传承方面发挥着关键作用。成渝地区的高等院校体育专业人才培养涵盖了从本科到研究生的各个层次，形成了较为完善的教育体系。

第四节　成渝地区双城经济圈体育竞赛表演业的产业基础竞争力

成渝地区双城经济圈体育竞赛表演业的产业基础可由成渝地区体育产业的总值及数据组成反映，根据《2023 年重庆市体育产业总规模及增加值数据公告》和《四川省统计局 2023 年四川省体育产业统计公报》的相关数据可以了解到成渝地区双城经济圈体育产业的生产总值及数据构成，这是了解体育竞赛表演业的产业基础发展现状的途径和研究体育竞赛表演产业竞争力提升的基础。

一、成都地区体育竞赛表演业的产业基础

2024 年 3 月，成都市统计局、国家统计局成都调查队联合发布《2023 年成都市国民经济和社会发展统计公报》显示，2023 年，成都全市 GDP 总额实现 22074.70 亿元，增速 6.0%，占全国 GDP 的 1.75%（2023 年中国 GDP 为 1260582 亿元），占四川 GDP 的 36.7%（2023 年四川 GDP 为 60132.90 亿元）。分产业看，第一产业增加值 594.9 亿元，增长 3.0%；第二产业增加值 6370.9 亿元，增长 3.0%；第三产业增加值 15109.0 亿元，增长 7.5%。三次产业对经济增长的贡献率分别为 1.8%、15.4% 和 82.9%。三次产业结构为 2.7：28.9：68.4，如表 4-17 所示。

表 4-17　2023 年成都地区生产总值及增长速度

指标	2023 年（亿元）	比上年增长（%）
地区生产总值	22074.7	6.0
第一产业	594.9	3.0
第二产业	6370.9	3.0
第三产业	15109.0	7.5

资料来源：成都市统计局官方网站。

成都的第三产业呈现出蓬勃发展的态势，对经济增长的贡献显著。作为西南地区的经济、科技、文化中心，成都拥有丰富的服务资源和完善的服务体系。随着消费升级和城市化进程的加速推进，成都的服务业不断拓展新的领域和业态，包括金融服务、文化旅游、电子商务、现代物流等方面。特别是在文化、娱乐、旅游等方面，成都凭借其悠久的历史文化和丰富的旅游资源，吸引了大量国内外游客前来观光旅游，推动了文化娱乐产业的快速发展。2023 年，体育产业链列入全市重点产业链，新签约泰山体育西南总部等重大体育产业项目 30 个，培育领跑体育等链主企业 4 家，体育产业链领军人才 7 名；累计签约重大体育产业项目 153 个、签约金额超 870 亿元。经调查，2023 年，成都体育产业总产出（总规模）约 1161.1 亿元，同比增长 15.5%；体育产业增加值约 453.3 亿元，同比增长约 17.2%，如表 4-18 所示。

表 4-18　四川体育产业总规模及增加值数据统计

分类名称	总量（亿元）		结构占比（%）	
	总产出	增加值	总产出	增加值
体育产业	2170.8	792.7	100.0	100.0
体育服务业	1395.0	603.2	64.3	76.1
体育管理活动	49.7	30.2	2.3	3.8
体育竞赛表演活动	16.6	4.0	0.8	0.5
体育健身休闲活动	178.1	96.9	8.2	12.2
体育场地和设施管理	52.0	23.4	2.4	3.0
体育经纪与代理、广告与会展、表演与设计服务	78.7	24.5	3.6	3.1
体育教育与培训	161.6	90.8	7.4	11.5
体育传媒与信息服务	203.9	89.9	9.4	11.3
体育用品及相关产品销售、出租与贸易代理	267.9	109.6	12.3	13.8
其他体育服务	386.6	134.0	17.8	16.9
体育用品及相关产品制造	504.0	136.3	23.2	17.2
体育场地设施建设	271.8	53.1	12.5	6.7

资料来源：四川省统计局、四川省体育局。

近年来，成都以赛事经济激发体育消费新活力。成都大运会开发 1400 余款特许商品，蓉宝成为新晋"顶流"。成都大运会市场开发总规模 26.76 亿元，创历届大运会新高，带动相关旅游消费 126 亿元。大运会举办当月体育用品销售额同比增长 153%。[①] 凤凰山体育公园上座率连续创下中超联赛新高，"金牌球市"初显成效（见图 4-10）。为响应市民观赛热情，低价售出门票 67.8 万张，实现

———————

①　化赛事流量为消费增量　推动体育产业高质量发展 [EB/OL]. http：//sc. people. com. cn, 2024-07-30.

销售收入 1.38 亿元。面向各国代表团推出熊猫文化、古蜀文化、三国文化等 11 条城市文化体验和旅游观光线路；组织"迎大运·乐动蓉城"街头表演活动 860 余场。立足天府文化和独特的自然资源，加快形成自主品牌赛事体系，重点 打造了共建"一带一路"（室内五人制足球国际锦标赛、成都国际乒乓球公开 赛、全球象棋双人赛）、"天府绿道"（中国·成都绿道运动生活嘉年华、中国· 成都天府绿道国际自行车赛、天府绿道国际自行车车迷健身节）、"熊猫杯"（国 际青年足球锦标赛、国际网联世界青少年巡回年终总决赛）、"天府龙泉山"四 大自主品牌系列赛。四川积极鼓励社会多办赛、行业勤办赛、自创品牌赛，推动 体育赛事进景区、进街区、进商圈。省外举办"川籍农民工运动会"，展现人文 关怀；绿道运动嘉年华吸引 200 万人参与，引领城市体育新潮流；三大球城市联 赛 21 城 104 支队伍上演精彩对决；"贡嘎杯"青少年校园体育联赛 1745 场校园 对决覆盖各学龄段；"跑遍四川""骑遍四川"等全域天府系列赛举办超过 100 场，激发全民参与的热烈氛围。建成与成都城市气质相符的自主品牌赛事体系， 同时继续支持打造"一区一县一品牌"，扩大自主品牌系列赛事的队伍和能量， 充分挖掘商业价值与赛事影响力。这些都为成都体育竞赛表演业的高质量发展奠 定了坚实的发展基础支撑。

图 4-10 成都蓉城足球主场的观众

二、重庆地区体育竞赛表演业的产业基础

"十三五"时期，重庆体育产业总体进展超规划预期，产业规模和结构较

"十二五"时期进一步扩大和优化，主要目标和指标顺利完成，各项工作稳步发展：①体育产业发展的核心数据整体向上。"十三五"时期，全市体育产业总规模年均增长率 15.6%，2020 年末达到 541.33 亿元，比"十二五"末增加了 278.55 亿元，是"十二五"末的 2.06 倍；全市体育产业增加值年均增长率 12.2%，2020 年末达到 226.37 亿元，比"十二五"末增加了 98.99 亿元，是"十二五"末的 1.78 倍；2020 年，体育企业名录库核录法人单位 5265 家，个体经营户 10582 家；体育彩票实现销售额 239 亿元。②体育产业的格局和载体进一步优化。基本形成以体育用品销售、健身休闲、竞赛表演、体育旅游、场馆服务、中介培训等为主导，以体育康复、体育场地设施建设、体育会展等细分领域为协同的产业格局；创建 2 个国家体育产业示范基地（单位）、1 个全国首批体育消费试点城市、2 家国家体育服务综合体典型案例、11 家市级体育产业基地、26 个市级体育旅游精品赛事、19 条市级体育旅游精品线路、11 个市级体育旅游综合体。③体育产业政策环境得到持续完善。出台《重庆市人民政府办公厅关于建设体育强市的实施意见》《重庆市体育产业加快发展行动计划（2018－2022 年）》《关于加快发展体育竞赛表演产业的实施意见》等多份专项政策；持续建设市体育产业机构名录库；设立了重庆体育产业发展专项资金。④体育产业软硬基础和平台不断夯实。通过实施体育基础设施振兴行动计划，作为产业发展"硬基础"的场地设施得到了改善，人均体育场地面积达到 1.84 平方米；经常性参加体育锻炼的人口比例达到 47.65%，国民体质合格率达到 92.7%；成功搭建了"三会一论坛"的体育产业发展"软平台"；深入开展安全生产大排查大整治活动，守住安全底线。⑤品牌体育赛事活动量质齐升。举办高规格国际赛事 21 场，全国性赛事 67 场，为重庆"十四五"时期体育高质量发展和建设体育强市目标打下基础，如表 4-19 所示。

表 4-19　2022 年重庆体育产业总产出及增加值数据统计

行业类别	总产出		增加值		
	总量（亿元）	构成（%）	总量（亿元）	构成（%）	增速（%）
全市体育产业	694.34	100.0	279.62	100.0	5.4
体育管理活动	11.70	1.7	6.66	2.4	9.4
体育竞赛表演活动	8.07	1.2	3.77	1.3	8.0
体育健身休闲活动	75.57	10.9	32.94	11.8	10.5
体育场地和设施管理	39.91	5.7	18.58	6.6	7.1
体育经纪与代理、广告与会展、表演与设计服务	6.16	0.9	2.04	0.7	6.8

续表

行业类别	总产出		增加值		
	总量（亿元）	构成（%）	总量（亿元）	构成（%）	增速（%）
体育教育与培训	95.80	13.7	52.05	18.6	7.8
体育传媒与信息服务	24.31	3.5	6.07	2.2	7.1
其他体育服务	54.05	7.8	21.83	7.8	2.7
体育用品及相关产品制造	229.93	33.1	62.80	22.5	5.2
体育用品及相关产品销售、出租与贸易代理	97.69	14.1	60.55	21.7	0.1
体育场地设施建设	51.15	7.4	12.33	4.4	10.5

资料来源：重庆市体育局、重庆市统计局。

重庆依托丘陵、山地、水面等独特的地貌特征开展户外运动赛事活动，明确提出建立以政府引导、市场主导、全民参与为定位，发挥各主体的能动性，建立重庆四级（国际级、国家级、市级、区县级）、四季（春、夏、秋、冬）的特色户外运动赛事体系。2023年，重庆社体中心全年举办的70余项赛事活动中，户外运动类赛事占据了1/3，其中不仅有全民健身运动会钓鱼比赛、登山比赛以及重庆公开水域游泳比赛、重庆新年登高活动、重庆天坪山自行车赛等已经发展成为传统品牌的赛事活动，也有中梁山环保跑、江北区五宝御林湖亲子骑行活动、重庆定向越野系列赛等市区合作项目，更有川渝全民健身跑、川渝铁人三项公开赛、川渝低空飞行系列赛等跨省市的户外运动赛事。2024年，重庆市户外运动管理中心成立后，市社体中心结合社会体育和户外运动两大事业，针对全年的赛事活动进行了深入研究，在坚持举办原有赛事活动的基础上，又拓展了不少新赛事，基本涵盖了山域、水域、林域、空域和城域五类户外运动项目。

三、成渝地区双城经济圈体育竞赛表演业的产业协同基础

根据政府官方网站所发布的《成渝地区双城经济圈一体化发展指数报告（2022—2023）》和《2023成渝地区双城经济圈协同发展指数报告》，并结合有关专家对政策文件的解读，可以看出现今成渝地区双城经济圈体育竞赛表演业发展的社会背景和经济环境，是分析成渝地区双城经济圈体育竞赛表演业的基础性指标，如表4-20所示。

表 4-20　2023 年成渝地区双城经济圈主要指标数据

指标	成渝地区双城经济圈		四川部分		重庆部分	
	总量 （亿元）	增速 （%）	总量 （亿元）	增速 （%）	总量 （亿元）	增速 （%）
地区生产总值	81986.7	6.1	54050.7	6.2	27936.0	6.1
第一产业增加值	6594.8	3.8	4867.1	3.6	1727.6	4.5
第二产业增加值	30234.3	5.6	19184.9	5.2	11049.4	6.4
工业增加值	22989.4	5.6	14954.1	5.5	8035.2	5.8
第三产业增加值	45157.6	6.8	29998.6	7.3	15159.0	6.0
固定资产投资	—	3.4	—	2.0		6.3
社会消费品零售总额	37587.7	8.9	23820.0	9.1	13767.7	8.6
金融机构人民币存款余额	160304.3	—	111084.0	10.9	49220.2	—
金融机构人民币贷款余额	150063.5		97087.3	15.0	52976.2	

资料来源：四川省统计局、重庆市统计局。

　　成渝地区双城经济圈经济体量稳步增大，体育竞赛表演业发展空间广阔。2019~2022 年，成渝地区双城经济圈的经济总量由 6.3 万亿元提高到了 7.8 万亿元，占全国比重从 6.3%提升至 6.4%。2023 年，成渝地区双城经济圈实现地区生产总值（GDP）81986.7 亿元，占全国、西部地区 GDP 比重分别为 6.5%、30.4%（见图 4-11），比 2022 年增长 6.1%，高于全国 0.9 个百分点、西部地区 0.5 个百分点，由此看出"双圈"引领示范带动作用不断增强，成渝双城经济圈区域双核协同建设优势进一步显现，整个成渝地区双城经济圈的经济体量和消费能力稳步提升。

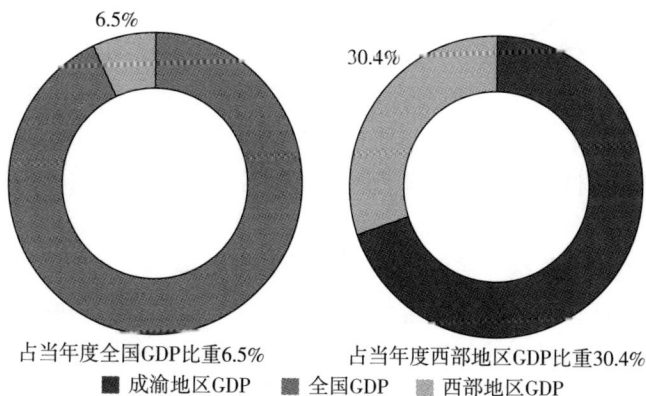

占当年度全国GDP比重6.5%　　占当年度西部地区GDP比重30.4%

■ 成渝地区GDP　　▨ 全国GDP　　▨ 西部地区GDP

图 4-11　2023 年成渝地区占全国和西部地区 GDP 比重

资料来源：重庆市统计局。

2023 年，成渝地区双城经济圈的经济增速比京津冀、长三角分别高 1 个、0.4 个百分点，经济总量分别相当于京津冀、长三角的 78.5%、26.9%，分别比上年提高 1.1 个、0.3 个百分点（见表 4-21），成渝地区双城经济圈与其他经济区的经济差距正在持续缩小。从发展体育竞赛表演业区域竞争力的角度看，区域经济体量的持续增大是产业发展的前提，同时成渝地区双城经济圈与其他经济区的差距缩小也为区域产业竞争力的提升提供了更好的社会经济环境。

表 4-21　2023 年成渝地区双城经济圈与全国、西部地区及三大经济区
经济总量及增速对比

指标	GDP 总量（亿元）	成渝占比（相当于）（%）	GDP 增速（%）	成渝 GDP 增速与其他地区相比±百分点
成渝地区双城经济圈	81986.7	—	6.1	—
全国	1260582	6.5	5.2	0.9
西部地区	269325	30.4	5.6	0.5
长三角	305045	26.9	5.7	0.4
京津冀	104442	78.5	5.1	1.0

资料来源：成都市统计局。

从数据组成分析，体育服务业占成渝地区体育产业的主体部分，总体占比达 60%，这为成渝地区双城经济圈发展体育竞赛表演业奠定了非常好的产业基础。虽然体育竞赛表演活动的产值占比较低，但体育竞赛表演活动的增速比较高，而且在成渝地区双城经济圈目标建设西部赛事名城的发展规划下，成渝地区双城经济圈未来的体育竞赛表演活动发展空间会更大、更广。随着成渝地区双城经济圈建设程度的不断加深，吸引了一大批国内外与体育竞赛表演业相关的企业来到成渝地区，不仅为成渝地区双城经济圈发展体育竞赛表演业提供了更多的市场资金的流入，同时完善了体育竞赛表演业的产业链，为成渝地区开展操舞类竞赛表演活动提供了资本和材料供应，为体育竞赛表演业和竞赛表演活动的相关内容提供了支撑。

体育竞赛表演业作为一系列经济活动的集合，离不开区域整体经济的繁荣，同时在我国的经济体制下，区域经济间的比较发展也是影响区域产业发展的一个外部因素。一方面，从成渝地区双城经济圈协同发展的角度出发，随着成渝地区双城经济圈整体经济实力的稳步上升，为区域内所有产业的繁荣和发展提供了日渐强劲的外部环境，成渝地区双城经济圈体育竞赛表演业作为成渝地区众多产业的一部分，日渐稳固强大的经济发展环境让体育竞赛表演业的竞争力提升有了更

大的发展舞台。另一方面，一个城市或城市群的经济发展越繁荣，其城市的辐射能力和影响范围越大，成渝地区双城经济圈在我国的城市群建设规划过程中起步较晚，但随着近几年的发展，成渝地区双城经济圈与其他起步较早的经济区差距在不断缩小，意味着成渝地区双城经济圈的经济辐射能力相对来说能进一步提升，成渝地区内的产业能随着城市影响力的触手扩散到更广的范围中。2023 年，成都体育消费总规模约 685.8 亿元、同比增长 18.5%，成都居民人均体育消费 3204.3 元、同比增长 17.8%，其中，成都体育赛事消费同比增长超过 150%。[①] 不仅为圈内体育竞赛表演业产业品牌的扩散过程提供了更宽广、更畅通的渠道，也为体育竞赛表演业竞争力的提升打下坚实的基础。

---

① 化赛事流量为消费增量　推动体育产业高质量发展 [EB/OL]．人民网，http：//sc. people. com. cn，2024-07-30.

第五章 成渝地区双城经济圈
五大项群竞赛表演业的核心竞争力

　　基于第二章对体育竞赛表演业概念内涵和外延的阐述，本书认为，体育竞赛表演业通常是围绕一定规模的赛事向相关产业链上下游延伸所形成的一系列辐射性产品和市场的集合体。由此可见，赛事尤其是重大赛事对体育竞赛表演业的综合带动作用十分突出，能盘活运动装备制造、门票以及产品销售、餐饮住宿、旅游交通等多个市场和消费环节。竞赛表演业的繁荣离不开高效的赛事组织管理体系和有效的市场营销与宣传策略。其中，组织管理体系通常包括赛事策划、筹备、执行、评估等多个环节，涉及赛事主办方、承办方、赞助商、媒体、观众等多个参与主体。市场营销和宣传策略包括赛事品牌的塑造与推广、赞助商的招募与合作、媒体关系的维护与拓展、票务销售与观众等方面。基于体育竞赛表演活动包括对抗性比赛项目和非对抗性表演项目（不直接涉及身体对抗或竞争冲突的运动项目），本章按项群理论对体育竞赛表演业的项目划分为大球类、小球类、武术类、操舞类、健身健美类五大类，结合体育竞赛表演业的核心产业发展逻辑，对成渝地区双城经济圈体育竞赛表演业的运行、消费和人文竞争力进行分析。

第一节 成渝地区双城经济圈大球类
竞赛表演业的核心竞争力

一、成渝地区双城经济圈大球类竞赛表演业的运行竞争力

（一）成渝地区双城经济圈大球类竞赛表演业的赛事规模

近年来，川渝两地政府纷纷出台相关政策，鼓励群众积极参与体育活动，提

高身体素质，使篮球、足球和排球等项目在成渝地区得到了迅速发展和普及。成渝两地丰富的体育资源和完善的场馆设施为大球类赛事的举办提供了有力保障。在川渝两地，不仅有专业级别的篮球馆、足球场和排球馆，还有大量公共体育场馆供市民锻炼和参赛。这些硬件设施为赛事的顺利进行奠定了坚实基础，营造了两地浓厚的体育氛围，为大球类赛事火爆添砖加瓦。成渝地区在篮球、足球和排球三大球运动项目上拥有良好的群众基础，这些项目已经成为当地居民日常生活的一部分。街头巷尾，随处可见成群结队的市民在进行篮球、足球和排球等运动，这为当地大球类赛事的举办提供了良好的发展环境。如表 5-1 所示，成渝两地举办的"大球类"赛事，不仅吸引了川渝两地的人群参赛，还吸引了众多国际选手和队伍参与。

表 5-1　2022~2024 年成渝地区双城经济圈大球类部分赛事

项目	赛事名称	举办时间	赛事级别
篮球	"贡嘎杯"青少年校园篮球联赛	2022 年 6 月	省级
	2022~2023 年赛季中国 CBA 职业联赛	2023 年 3 月	国家级
	2023 年全国男子三人超级联赛（成都站）	2023 年 4 月	国家级
	"五粮液"杯四川大球类城市联赛	2023 年 9 月	省级
	全国 CBA-CUBA 四强对抗赛	2023 年 9 月	国家级
	2023 年中欧篮球冠军	2023 年 9 月	国际级
	2023 年国际篮联 3×3 世界巡回大师赛	2023 年 10 月	国际级
	FIBA Open 3×3 四川省三人篮球公开赛	2023 年 10 月	国际级
	川渝大球类城市对抗赛	2023 年 12 月	省级
	2023~2024 赛季中国 CBA 职业联赛（主场）	2024 年 1 月	国家级
	2023~2024 赛季中国 WCBA 职业联赛（主场）	2024 年 2 月	国家级
	四川省第五届"贡嘎杯"青少年校园体育联赛预选赛（隆昌赛区）	2024 年 5 月	省级
	2024 赛季中国三人篮球联赛	2024 年 5 月	国家级
	2024 年国际篮联三人篮球世界巡回大师赛	2024 年 6 月	国际级
	第四届篮球 3×3 篮球冠军争霸赛	2024 年 6 月	省级
	"奔跑吧少年"中国青少年篮球联赛成都赛	2024 年 7 月	国家级
	2024 年全国 U19 青少年篮球联赛男子决赛	2024 年 9 月	国家级
	四川省第四届全民健身运动会	2024 年 10 月	省级

项目	赛事名称	举办时间	赛事级别
足球	2020 年双城经济圈城川渝合作城市足球联赛	2020 年 12 月	省级
	2023 年足球超级联赛	2023 年 4 月	国家级
	"熊猫杯"国际青年足球锦标赛	2023 年 6 月	国际级
	2023 年成都市总工会"职工杯"足球比赛	2023 年 6 月	市级
	第 31 届世界大学生夏季运动会	2023 年 7 月	国际级
	2023 年中国足协杯	2023 年 9 月	国家级
	2023 成都城市足球八人制联赛	2023 年 9 月	市级
	2023 年成都城市足球八人制联赛	2023 年 11 月	市级
	川渝"三大球"城市对抗赛	2023 年 12 月	省级
	国际友谊赛	2024 年 1 月	国际级
	2024 年中国足球协会女子超级联赛	2024 年 3 月	国家级
	2024 赛季中国足球协会超级联赛	2024 年 3 月	国家级
	2024 年中国足球甲级联赛	2024 年 4 月	国家级
	中青赛全国 U13 总决赛小组赛	2024 年 8 月	国家级
	中青赛全国 U15 总决赛小组赛	2024 年 8 月	国家级
	成渝青少年足球邀请赛（U9、U11、U13、U15）	2024 年 9 月	省级
	第四届"贡嘎杯"青少年校园足球联赛	2024 年 10 月	省级
	"熊猫杯"国际青年足球锦标赛	2024 年 11 月	国际级
排球	"成渝双城经济圈"2024 年成都市青少年气排球（U18、U15、U12）	2023 年 4 月	省级
	2023 年四川省大学生气排球比赛	2023 年 4 月	省级
	第九届中俄青少年运动会排球比赛	2023 年 5 月	国际级
	2023 年全国青少年 U16 女子排球锦标赛	2023 年 7 月	国家级
	第 31 届世界大学生夏季运动会	2023 年 7 月	国际级
	2023 年四川省青少年排球锦标赛	2023 年 8 月	省级
	2023 年四川省青少年沙滩排球锦标赛	2023 年 8 月	省级
	"五粮液"杯四川大球类城市联赛	2023 年 9 月	省级
	成都大球类城市联赛业余排球比赛	2023 年 12 月	市级
	2023~2024 中国男排超级联赛	2024 年 2 月	国家级
	第一届全国全民健身大赛（西南区）赛事	2024 年 4 月	国家级
	第四届"贡嘎杯"青少年校园排球联赛	2024 年 10 月	省级
	全国青少年 U17 女排冠军赛	2024 年 11 月	国家级

（二）成渝地区双城经济圈大球类竞赛表演业的竞赛组别

成渝地区双城经济圈大球类竞赛表演业的赛事组别分类主要包括青年男子组、青年女子组、中年男子组、中年女子组以及公开组（见表5-2）。青年男子组和青年女子组主要面向年轻的男性运动员和女性运动员，旨在培养和选拔年轻的体育人才。中年男子组和中年女子组则针对中年男性运动员和女性运动员，这一组别的设置体现了对中老年运动员的关注和支持，鼓励中老年人群积极参与体育活动。公开组是一个较为开放的组别，可能包括不同年龄和性别的运动员，为所有感兴趣的运动员提供了一个参与和展示的平台。这些组别的设置不仅满足了不同年龄和性别运动员的参赛需求，也体现了对体育运动的广泛参与和全面发展的重视。通过这些赛事，成渝地区双城经济圈不仅促进了体育竞技水平的提升，也增进了地区间的交流与合作，推动了大球类竞赛表演活动的广泛发展。

表5-2　成渝地区双城经济圈大球类竞赛表演业的竞赛组别

项目	赛事名称	举办时间	赛事组别
篮球	川渝"三大球"城市对抗赛	2023年12月	男、女组
	川渝"小篮球"联赛	2024年4月	小学男子、初中男子组
	四川省第四届全民健身运动会	2024年10月	青年组、少年组、中年组、公开组
	川渝青少年篮球比赛	2024年4月	初中组、小学组
足球	成渝双城足球对抗赛	2023年12月	青年组
	川渝"三大球"城市对抗赛	2023年12月	男、女组
	成渝青少年足球邀请赛	2024年9月	9岁组、11岁组、13岁组、15岁组
	"熊猫杯"国际青年足球锦标赛	2023年11月	19岁组
排球	成渝地区双城经济圈全国气排球精英赛	2024年4月	中年女子、中年男子、青年女子、青年男子
	"成渝双城经济圈"2024年成都市青少年气排球	2024年4月	18岁组、15岁组、12岁组

（三）成渝地区双城经济圈大球类竞赛表演业的经费来源

在成渝双城经济圈地区，大球类有着广泛的社会和群众基础，尤其在事业单位的职工群体当中，大球类比赛活动较为丰富，因此，政府及事业部门是大球类赛事经费来源的渠道之一。大型体育活动积极与各大企业寻求赞助及合作，以促进大球类竞赛表演业赛事的发展。各项赛事积极开拓市场，不断拓展赛事赞助的形式和渠道，确保了多样化和多元化。这种合作与赞助策略获得了广泛的认可和积极的反馈，为成渝双城经济圈"大球类"竞赛表演业带来了发展机遇和回馈。根据数据调查统计（见图5-1），成渝双城经济圈大球类竞赛表演业主要经费中，冠名赞助商选择人数占比83%，政府拨款选择人数占比77.70%，主办单位拨款选择人数占比64.8%，比赛报名费选择人数占比30%，选择推广广告收入选择人数占比20.3%，选择其他因素选择人数占比7.40%，认为还有"体彩公益金"和融资等方式也是赛事推广经费来源之一。根据调查结果分析，成渝双城经济圈大球类竞赛表演的体育赛事推广经费来源呈现多样化特点，其中，冠名赞助商是主要资金渠道，也是大球类赛事的主要开展形式。赛事通过拉赞助的形式吸引企业的支持和加入，企业在衡量产品所带来的价值和效益后，以冠名赞助的方式支持大球类竞赛表演活动的顺利开展。随着赛事的多元化发展，越来越多的年轻人加入到大球类潮酷的竞赛表演环境中，企业也越来越愿意通过赞助的形式加入到赛事中，以吸引更多的关注。

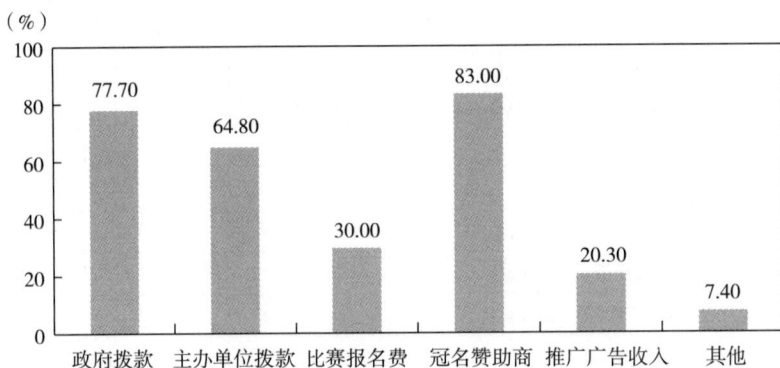

图5-1　成渝地区双城经济圈大球类竞赛表演业赛事经费来源（n=54）

（四）成渝地区双城经济圈大球类竞赛表演业的运作机构

成渝地区双城经济圈大球类竞赛表演活动的运作，从传统的做法看，主要是通过以政府主导而进行的管理体制呈现，其运作管理由行政部门总负责，联合社会体育组织如单项体育协会等共同参与。在市场经济体制的作用和影响下，原有的运作模式已不能完全适应现行竞赛活动的发展实际，需要结合市场的发展，对赛事的运作体制进行适度的改革，但赛事的运作离不开政府部门的支持。目前，成渝地区双城经济圈大球类竞赛表演业的赛事运作与政府相关部门联系密切，其推广工作的成功，与政府的大力支持和组织协调密不可分（见表5-3）。

表5-3　成渝双城经济圈大球类竞赛表演业的运行机构（n=54）

赛事机构（多选）	人数（人）	占比（%）	排序
体育局相关政府部门	12	25.53	1
市级大球类项目协会	9	19.15	2
组织举办本次赛事的机构	8	17.02	3
赛事专门运作机构	7	14.89	4
协办单位以及体育文化公司	7	14.89	4
其他	4	8.51	5

　　调查的人数中，选择体育局相关政府部门作为官方机构，占比25.53%，位居第一，表明政府在推动大球类竞赛表演业发展中扮演着不可或缺的角色。选择市级大球类项目协会占比19.15%，说明各协会在大球类赛事活动中同样发挥着主要作用。选择组织举办本次比赛的机构占比17.02%，选择赛事专门运作机构、协办单位以及体育文化公司占比均为14.89%，并列第四，显示出赛事组织和运作的专业化和针对性。选择其他占比8.51%。这进一步证明了成渝地区双城经济圈大球类竞赛表演业运作机构的多样性和复杂性。因此，从调查数据看，成渝地区双城经济圈大球类竞赛表演业的运作机构多元且丰富，既有官方机构的支持，也有专业组织和商业化公司的参与，共同推动着大球类竞赛表演业的发展。

　　（五）成渝地区双城经济圈大球类竞赛表演业的组织管理

　　根据表5-4的调查数据分析可以看出，在成渝双城经济圈大球类竞赛表演业赛事推广组织管理中，选择需要制订赛事推广的计划和方案占比100%。说明制订赛事推广的计划和方案对于成功推广赛事至关重要。选择筛选赛事推广的工作人员，明确工作占比75.93%。在选择组织协调人员分工占比68.52%。选择定期召开会议，解决开展中出现的问题占比100%。说明定期会议是解决问题、协调工作以及评估进展的重要途径。选择预测赛事推广的影响力占比74.07%。选择全方位检测赛事推广情况占比57.41%。选择只需要成立推广机构，不成立管理机构占比5.56%。选择其他占比0%。

表5-4　成渝双城经济圈大球类竞赛表演业的组织管理（n=54）

组织管理（多选）	人数（人）	占比（%）	有效百分比（%）
制订赛事推广的计划和方案	54	20.77	100.00
筛选赛事推广的工作人员，明确工作	41	15.77	75.93
组织协调人员分工	37	14.23	68.52

组织管理（多选）	人数（人）	占比（%）	有效百分比（%）
定期召开会议，解决开展中出现的问题	54	20.77	100.00
预测赛事推广的影响力	40	15.38	74.07
全方位检测赛事推广情况	31	11.92	57.41
只需要成立推广机构，不成立管理机构	3	1.15	5.56
其他	0	0	0

（六）成渝地区双城经济圈大球类竞赛表演业的推广途径

体育赛事推广在体育宣传、文化推广以及推动体育经济繁荣发展、提升体育社会影响力方面扮演着举足轻重的角色。随着竞技性体育在全球舞台上的地位日益凸显，我国竞技体育的整体水平取得了长足进步。举办成功的体育赛事，离不开高效、科学的赛事管理和卓越优良的赛事形象。特别是在大型体育赛事的筹备与实施过程中，赛事形象管理显得尤为重要。只有让人们最便捷、容易地获取赛事信息，才能吸引人民对体育赛事的关注度。

成渝地区双城经济圈大球类竞赛表演业的赛事推广方式总体来说较为全面，根据调查数据（见图 5-2），推广途径使用频率最高的是网络（占比 92.50%），电视（占比 77.7%）以及微信公众号（占比 70.3%）等现代较为新颖的新媒体宣传方式，说明，网络以其开放性、获得便捷性、流动性强等特征受到大量消费群体的使用，成为受众面最广的交流媒体。此外，成渝双城经济圈大球类竞赛表演业赛事推广途径也有相对传统的方法，如户外广告（59.3%）、公交车广告（14.8%）、户外宣传单（16.6%）、报纸（37%）、赛事场馆海报（53.7%）等宣传方式，人流量大，覆盖群体广泛，让体育爱好者能及时地了解到赛事信息，但由于不确定的因素较大，所以收益率较低。统计数据显示还有微博（46.3%）、明星见面会（27.7%），由于筹备时间较长，不可控因素太多，所以选择相对较少。

二、成渝地区双城经济圈大球类竞赛表演业的消费竞争力

（一）成渝地区双城经济圈大球类竞赛表演业的消费人群

如表 5-5 所示，消费人群在性别比例方面，男性人数为 78 人，占 52%，女性为 72 人，占比 48%，数量相差不大。在年龄方面，以 19~25 岁的人群为主，有 54 人，占比 36%。25~30 岁有 42 人，占比 28%。18 岁以下有 24 人，占比 16%。30 岁以上有 30 人，占比 20%。在文化程度方面，高中及以下的有 42 人，占比 28%。本科、专科的有 75 人，占比 50%。研究生及以上有 33 人，占比 22%。

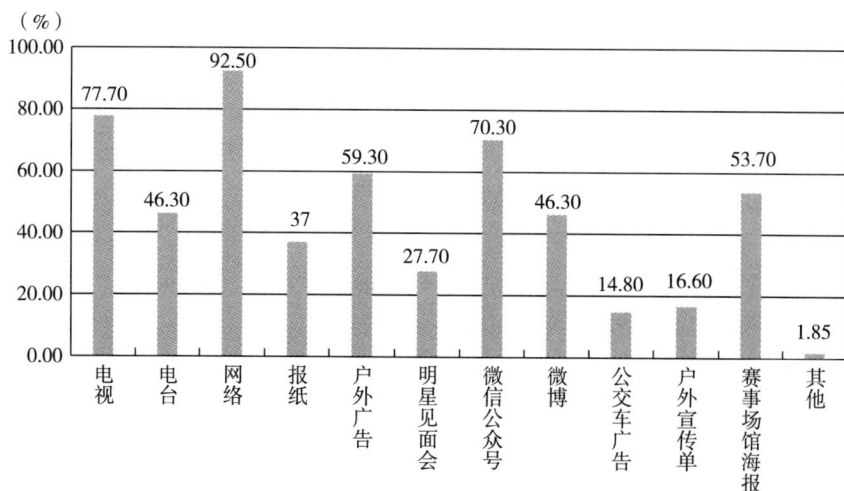

图 5-2　成渝地区双城经济圈大球类竞赛表演业的赛事推广途径（n=54）

在收入方面，主要集中在 3501~8500 元，高收入人群较少。3500 元以下有 36 人，占比 24%。3501~5500 元有 45 人，占比 30%。收入在 5501~8500 元有 51 人，占比 34%，收入在 8501 元以上仅有 18 人，占比 12%。

表 5-5　成渝地区双城经济圈大球类竞赛表演业的消费人群特征（n=150）

消费人群特征	类别	人数（人）	占比（%）
性别	男	78	52
	女	72	48
年龄（岁）	18 及以下	24	16
	19~25	54	36
	25~30	42	28
	30 以上	30	20
文化程度	高中及以下	42	28
	本科、专科	75	50
	研究生及以上	33	22
月收入（元）	3500 及以下	36	24
	3501~5500	45	30
	5501~8500	51	34
	8501 以上	18	12

（二）成渝地区双城经济圈大球类竞赛表演业的消费频度

如表5-6所示，消费者选择"从不"进行体育消费的人数比例和1个月消费8~10次的人数占比相同，均为4%。而消费者选择的消费频度数据主要集中在1个月2~4次、1次、5~7次分别占比44%、28%和20%。这一比例揭示了成渝地区双城经济圈"大球类"竞赛表演业消费者的消费行为呈"两头小、中间大"的趋势，从不参与消费的人群和1个月8~10次消费的人群均占4%，大部分人处于这两者之间。其中，1个月2~4次的消费人群比例最高为44%，可见，消费者间消费频率不尽相同，但总体发展趋势较好。

表5-6　成渝地区双城经济圈大球类竞赛表演业消费者的消费频率（n=150）

频次	人数（人）	占比（%）
从不	6	4
1个月1次	30	20
1个月2~4次	66	44
1个月5~7次	42	28
1个月8~10次	6	4

（三）成渝地区双城经济圈大球类竞赛表演业的消费金额

大球类运动是民众在日常生活中参与广泛的运动方式，不仅能够满足基础的健身需求，还具备社交互动功能。如表5-7所示，在成渝双城经济圈大球类消费者的月消费支出中，选择100元及以下的有8人，占总人数的5.33%，占比较小。101~400元的有19人，占总人数的12.67%。401~700元的有31人，占总人数的20.67%。701~900元的有36人，占总人数的24%。901~1200元的有32人，占总人数的21.33%。1200元以上的有24人，占总人数的16%。大部分消费者的月消费在700~900元以及901~1200元，中等消费群体人数占比较高，消费支出数额基本合理，消费总额有一定差距。

表5-7　成渝地区双城经济圈大球类竞赛表演业的月消费金额（n=150）

金额（元）	人数（人）	占比（%）
100及以下	8	5.33
101~400	19	12.67
401~700	31	20.67
701~900	36	24.00

金额（元）	人数（人）	占比（%）
901~1200	32	21.33
1200 以上	24	16.00

（四）成渝地区双城经济圈大球类竞赛表演业的消费内容

如表5-8所示，成渝双城经济圈大球类消费者在消费内容上，服装、鞋、帽的花费最高，占比92%，辅助器械占比84%，这两项消费内容的消费规模几乎占据了大球类消费内容的半壁江山，变向加速了运动鞋服和相关用品的增长速度并且扩大了其增长规模。相关培训占比78%。表明观众在参与活动时对实物型产品，如装备、辅助器械的需求较大，培训的需求占比78%，表现出较大的消费。因此，在加强实物型产品消费的同时，需要调动消费者对非实物型的体育服务消费的开发，以满足市场产业链完善的发展需求。

表5-8　成渝地区双城经济圈大球类竞赛表演业消费者的消费内容（n=150）

类型（多选）	人数（人）	占比（%）	有效百分比（%）
服装、鞋、帽	138	27.38	92.00
赛事报名、选拔	72	14.29	48.00
辅助器械	126	25.00	84.00
相关培训	117	23.21	78.00
其他	51	10.12	34.00

（五）成渝地区双城经济圈大球类竞赛表演业的门票购买

如表5-9所示，在购票方面，选择线下购票有101人，占总人数的67.33%。选择官方票务网站的有138人，占总人数的92%。选择他人赠送的有22人，占总人数的14.67%。选择第三方App购买的有111人，占总人数的74%。选择社交媒体购买的有107人，占总人数的71.33%。选择赛事微信公众号购票的有83人，占总人数的55.3%。从不观看比赛的有8人，占总人数的5.3%。购票的方式比较多样化，但大多数人为了购票的安全性考虑还是从线下购票和线上的官方票务网站进行购票。

表5-9　成渝地区双城经济圈大球类竞赛表演业的门票购买途径（n=150）

购票途径（多选）	人数（人）	占比（%）	有效百分比（%）
线下购票	101	21.09	67.33
官方票务网站	138	28.81	92.00
他人赠送	22	4.59	14.67
第三方App购买	111	23.17	74.00
社交媒体	107	22.34	71.33

在门票价格的接受区间方面（见表5-10），接受价格在100元及以下的有24人，占总人数的16%。接受价格在101~300元的有21人，占总人数的14%。接受价格在301~500元的有33人，占总人数的22%。接受价格在501~800元的有48人，占总人数的32%。801~1000元和1000元以上价格区间的接受者均有12人，均占总人数的8%。根据数据的分析发现大多数的消费者接受的价格区间为100~500元。门票的定价在这个区间内更能得到消费者的青睐。

表5-10　成渝地区双城经济圈大球类竞赛表演业的门票价格接受区间（n=150）

门票价格接受区间（元）	人数（人）	占比（%）
100及以下	24	16
101~300	21	14
301~500	33	22
501~800	48	32
801~1000	12	8
1000以上	12	8

（六）成渝地区双城经济圈大球类竞赛表演业的赛事赞助

成渝地区大球类赛事的赞助商主要包括丰谷酒业、水井坊、百利好等。这些赞助商通过提供资金和资源支持，为成渝地区的大球类赛事注入活力，促进了体育事业的发展（见表5-11）。此外，一些企业通过赛前与参赛队伍签订合作协议冠名球队的方式赞助比赛。如四川锦城男篮获得了丰谷酒业的赞助，成为四川男篮冠名商，赞助金额超过8000万元，标志着成渝地区大球类赛事在赞助方面的新进展。雷迪波尔等众多品牌也在新赛季与四川男篮展开合作。品胜电子与成都蓉城足球俱乐部正式签约，成为其官方合作伙伴，标志着双方将在"商业+体育"融合的模式下资源共享、相互赋能，扩大其品牌影响力。橙狮体育深耕重庆市场，除运营大型场馆开展全民健身活动外，还不断引进自有及合作赛事活动，与重庆足管中心密切沟通后签署了战略合作协议，成为重庆女足的赞助单位。

表 5-11 成渝地区双城经济圈大球类竞赛表演业的部分赛事赞助商

年份	比赛	冠名赞助商	其他赞助商
2022	足球中超联赛	中国平安人寿	Photo、腾讯视频、雪迪龙、耐克
2022	"贡嘎杯"青少年校园联赛	卡尔美体育	咕咚、蓝月亮
2022	中国 CBA 职业联赛	李宁、中国人寿	为百岁山、卡特彼勒、DHL、咪咕咖啡、战马
2023	成都大运会	蓝剑集团	新华西、蓝鹰、鹃城豆瓣
2023	中国三人篮球联赛	特步、怡宝	金陵体育、斯伯丁、英利奥
2023	"五粮液"杯四川城市联赛	五粮液	成都银行
2023	成渝地区双城经济圈城市男子篮球邀请赛（资阳站）	新华保险	大王烤全羊、杰克熊猫、宏科体育、顺悦酒业

资料来源：百度百科、新浪微博。

重庆女足球队以"重庆永川茶山竹海橙狮"作为新队名开启赛季征程。这些赞助商的支持不仅提升了赛事的知名度和影响力，也为成渝地区的体育文化交流和发展做出了贡献。

三、成渝地区双城经济圈大球类竞赛表演业的人文竞争力

（一）成渝地区双城经济圈大球类竞赛表演业的宣传特色

川渝地区作为三大球振兴试点省份之一，通过打造城市联赛的形式，建立政府主导、多元参与的运行机制，坚持赋能城市、增加就业等发展理念，打造成渝特色的"雄起"赛事义化，并将赛事推广与宣传相结合，推动"三人球"项目在川渝的全面发展。2022 年，四川三大球城市联赛，在全省范围内打造出赛事IP 样板，与体彩公益元素结合展开赛事推广，互为补充；注重品牌形象开发和包装，协调媒体高频次曝光，做好川渝"三大球"品牌赛事。

根据表 5-12 的调查数据可以发现，成渝地区双城经济圈大球类竞赛表演业以青少年人群为主的赛事，一方面，主题口号围绕"勇敢""自由""热情""梦想"比较青春的词汇组成弘扬青少年的赤子之心、勇敢向前的冲劲。另一方面，双城经济圈命名的赛事，主要以打造川渝体育交往的特色平台，以大球类运动项目承载交流的具体实践，探索促进川渝两地体育交流，大球类赛事融合发展的有效联动。以群众体育为主，如"我在成都 遇见街篮"，发展适合城市发展、吸引年轻人群体的"潮"赛品牌，将体育场景与生活场景相融合。

表 5-12 成渝地区双城经济圈"大球类"竞赛表演主题特色一览

项目	赛事名称	主题词
篮球	2023 年成都街头篮球赛·成渝对抗赛	"我在成都 遇见街篮"
	2023 年成渝双城经济圈篮球对抗赛开赛	"以赛会友 凝聚川渝情"
	2022~2023 年 CBA 联赛	"当燃有我"
足球	中超联赛	"唤燃亿心"
	"贡嘎杯"青少年校园足球联赛	"勇攀高峰·激情贡嘎"
	2023 年中国足协杯	"战骉"
排球	中国男排超级联赛	"勇超越、战为先"
	"星火杯"	"星火之光、点燃梦想"

（二）成渝地区双城经济圈大球类竞赛表演业的社会认知

1. 参与调查者的基本情况

如表 5-13 所示，可总结出消费者的基本情况，在性别方面，男性有 82 人，占总人数的 54.7%。女性有 68 人，占总人数的 45.3%。人数之间相差不大，说明在成渝双城经济圈大球类竞赛表演业，深受大众的喜爱。在年龄方面，18 岁及以下的有 21 人，占总人数的 14%。19~25 岁的有 48 人，占总人数的 32%。25~30 岁的有 43 人，占总人数的 28.7%。30 岁以上的有 38 人，占总人数的 25.3%。在文化程度方面，高中及以下的有 42 人，占总人数的 28%。本科、专科的有 84 人，占总人数的 56%。研究生及以上的有 24 人，占总人数的 16%。在月收入方面，3500 元及以下的有 34 人，占总人数的 22.7%，占比较少。3501~5500 元的有 45 人，占总人数的 30%。5501~8500 元的有 48 人，占总人数的 32%。8501 元及以上的仅有 23 人，占总人数的 15.3%。

表 5-13 参与成渝地区双城经济圈大球类竞赛表演业的调查者基本特征（n=150）

调查者基本特征	类别	人数（人）	百分比（%）
性别	男	82	54.7
	女	68	45.3
年龄（岁）	18 及以下	21	14
	19~25	48	32
	25~30	43	28.7
	30 以上	38	25.3

续表

调查者基本特征	类别	人数（人）	百分比（%）
文化程度	高中及以下	42	28
	本科、专科	84	56
	研究生及以上	24	16
月收入（元）	3500 及以下	34	22.7
	3501~5500	45	30
	5501~8500	48	32
	8501 及以上	23	15.3

2. 参与调查者对成渝地区双城经济圈大球类竞赛表演业宏观条件重要性的认知

根据对消费群众的调查得出（见图5-3），在18岁以下年龄段，选择政策有5人，经济的有2人，文化的仅有1人，交通的有6人，区位条件的有4人，基础设施的有3人，在18岁及以下的年龄段认为交通的便利性比较重要。在19~25岁年龄段，选择政策的有12人，经济的有6人，文化的有4人，交通的有13人，区位条件的有5人，基础设施的有8人。该年龄段认为，政策扶持和交通的便利性对赛事的开展有重要的影响。在25~30岁年龄段，选择政策的有17人，经济的有3人，文化的仅有1人，交通的有9人，区位条件的有7人，基础设施的有6人。该年龄段认为，政策更具有重要性。在30岁以上的年龄段，选择政策的有14人，经济的有3人，文化的有5人，交通的有4人，区位条件的有3人，基础设施的有9人。该年龄选择政策和基础设施的人数较多。

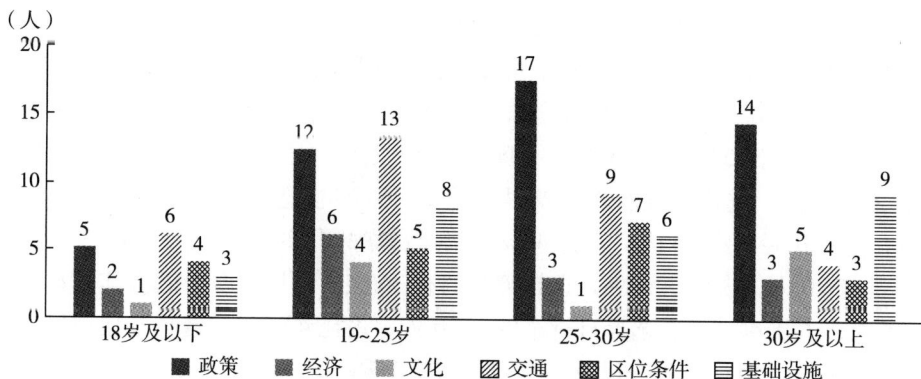

图5-3　不同年龄的调查对象对大球类竞赛表演业
宏观条件重要性的认知（n=150）

3. 参与调查者对成渝地区双城经济圈发展大球类竞赛表演业的支持度

大球类竞赛表演业虽然从整体上看，在体育产业中的占比较低，但川渝人口规模较大，尤其是足球运动，在成渝地区有较为深厚的历史发展基础，是成渝地区体育产业的重要发展领域。大众对大球类竞赛表演业的热情度日益提升。

从成渝地区双城经济圈不同学历的调查对象对发展大球类竞赛表演业的支持度调查数据分析中（见图5-4）可以看出，高中及以下学历人群，选择非常支持的有32人，支持的有4人，不支持也不反对的有6人。学历在本科、专科的调查者中，有65人非常支持，有3人支持，有9人不支持也不反对，有7人不太支持。学历在研究生及以上的调查者中，有7人非常支持，有12人支持，有3人不支持也不反对，有2人不太支持。

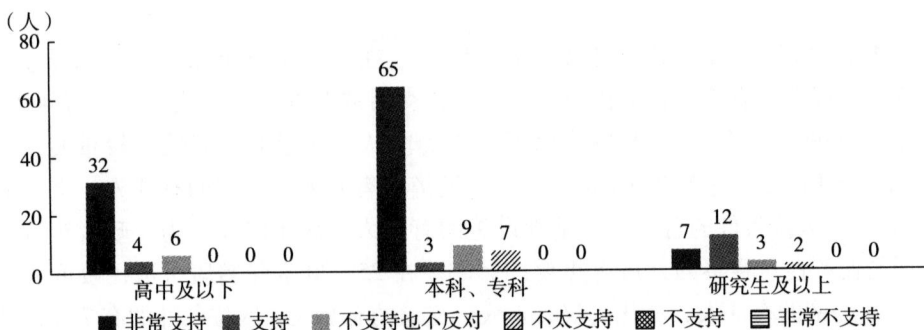

图5-4　不同学历的调查对象对发展大球类竞赛表演业的支持度（n=150）

4. 调查对象对成渝地区双城经济圈大球类竞赛表演业的喜爱度

根据调查得出（见图5-5），成渝地区双城经济圈居民喜爱的体育项目比较广泛，人群分布比较平均，但在对篮球和足球项目的喜爱度较高，分别为50人和43人，占比83.3%和71.7%，选择排球的有34人，占比56.3%，选择羽毛球的有32人，占比53.3%。选择乒乓球的有35人，占比58%。选择网球的有30人，占比50%。选择马拉松的有28人，占比46.7%。选择飞盘的有31人，占比52%。选择田径的有24人，占比40%。选择台球的有28人，占比46.7%。选择武术的有20人，占比33.3%。选择健身的有36人，占比60%。选择体育舞蹈的有28人，占比46.7%。选择自行车的有26人，占比43.3%。选择其他项目的有3人，分别是轮滑、高尔夫以及跆拳道，占比5%。

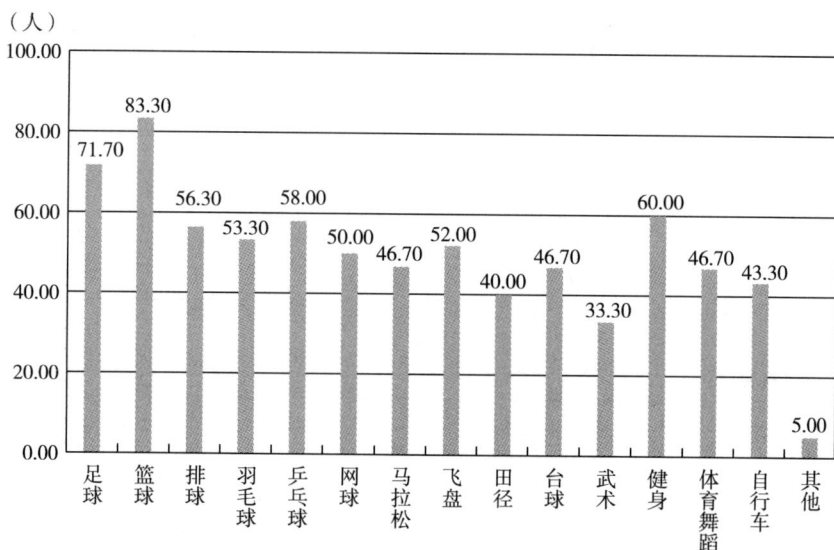

图5-5 调查对象对成渝地区双城经济圈对大球类
竞赛表演项目的喜爱度（n=150）

（三）成渝地区双城经济圈大球类竞赛表演业的人才体系

1. 成渝地区双城经济圈大球类教练员的基本情况

根据分析可以看出，成渝地区双城经济圈大球类竞赛表演业的男性教练数量明显多于女性（见表5-14），男性占总数的85.3%，而女性仅占14.7%。反映了在这个领域男性教练的比例更高。在年龄方面分布相对均匀，其中18~23岁的教练数量最多，占总数的44.1%，24~27岁和28岁及以上的教练数量分别占29.4%和26.5%。表明教练员群体在年龄上比较多样化。在文化程度方面，大部分教练拥有本科或专科学历，占总数的61.8%，而具有研究生及以上学历的占20.6%，说明大部分教练在教育程度上相对较高。在教练员等级方面，初级教练员和E级教练员数量最多，分别占20.6%和23.5%，而中级教练员、D级教练员、C级教练员，分别占10.7%、17.6%、14.7%。这说明大部分教练员处于基础或中级水平。高级教练员、B级教练员、A级教练员方面，人员较少，分别仅占1.96%、10.5%以及0%。在执教年限里2年以下的教练占比36.3%，执教2~4年的教练占比27.5%，执教5~7年的教练占比13.7%，执教8~10年的教练占比13.7%。执教10年及以上的教练占比8.8%。

表5-14 成渝地区双城经济圈大球类教练员的基本情况（n=102）

教练员基本特征	类别	人数（人）	百分比（%）
性别	男	87	85.3
	女	15	14.7
年龄（岁）	18~23	45	44.1
	24~27	30	29.4
	28及以上	27	26.5
文化程度	高中及以下	18	17.6
	本科、专科	63	61.8
	研究生及以上	21	20.6
等级（足球、篮球）	A级	0	0
	B级	11	10.5
	C级	15	14.7
	D级	18	17.6
	E级	24	23.5
等级（排球）	初级教练员	21	20.6
	中级教练员	11	10.7
	高级教练员	2	1.96
执教年限（年）	2以下	37	36.3
	2~4	28	27.5
	5~7	14	13.7
	8~10	14	13.7
	10及以上	9	8.8

　　根据数据得出（见表5-15），有关篮球教练员调查的34位教练员中有10位是业余篮球教练，占比29.4%，体育教育篮球专业的有16人，占比47%，高水平运动队的有6人，占比17.6%，市队及以上的有2人，占比5.9%。有关排球教练员调查的34位教练员中有5位是业余排球教练，占比14.7%，体育教育排球专业的有18人，占比52.9%，高水平运动队的有11人，占比32.4%，市队及以上的有0人，占比0%。有关足球教练员调查的30位教练员中有8位是业余足球教练，占比23.5%，体育教育专业的有15人，占比44.1%，高水平运动队的有10人，占比29.4%，市队及以上的有1人，占比2.94%。

表5-15　成渝地区双城经济圈大球类教练员的运动经历（n=34）

运动经历	篮球		排球		足球	
	人数（人）	占比（%）	人数（人）	占比（%）	人数（人）	占比（%）
业余	10	29.4	5	14.7	8	23.5
体育教育专业	16	47	18	52.9	15	44.1
高水平运动队	6	17.6	11	32.4	10	29.4
市队及以上	2	5.9	0	0	1	2.94

2. 成渝地区双城地区经济圈大球类运动员的基本情况

根据数据分析（见表5-16），成渝地区双城经济圈大球类竞赛表演业的赛事运动员，在性别上，男性运动员人数高于女性运动员，其中，男性运动员有36人，占总人数的60%。女性运动员有24人，占总人数的40%。在年龄方面，18~23岁的运动员数量最多，为28人，占总人数的46.6%。24~27岁的运动员有17人，占总人数的28.3%。28岁及以上的运动员有15人，占总人数的25%。

表5-16　成渝地区双城经济圈大球类运动员的基本特征（n=60）

运动员基本特征	类别	人数（人）	百分比（%）
性别	男	36	60
	女	24	40
年龄（岁）	18~23	28	46.6
	24~27	17	28.3
	28及以上	15	25
文化程度	高中及以下	5	8.3
	本科、专科	37	61.7
	研究生及以上	18	30
等级	国家级健将	0	0
	运动健将	0	0
	一级	10	16.7
	二级	16	26.7
	无	34	56.6
运动年限（年）	1以下	0	0
	1~3	17	28.3
	3~5	26	43.3
	5以上	15	25

在文化程度方面，拥有本科、专科学历的运动员有 37 人，占总人数的 61.7%。拥有研究生及以上学历的运动员有 18 人，占总人数的 30%。高中及以下学历的运动员有 5 人，占总人数的 8.3%。在运动员等级方面，一级运动员有 10 人，占总人数的 16.7%。二级运动员有 16 人，占总人数的 26.7%。无等级的运动员有 34 人，占总人数的 56.6%。在运动年限 1 年以下的运动员有 0 人，1~3 年的运动员有 17 人，占比 28.3%。3~5 年的运动有 26 人，占比 43.3%，人数最多，而 5 年以上的运动员有 15 人，占比 25%。

3. 成渝地区双城经济圈大球类裁判员的基本情况

根据调查得出（见表 5-17），成渝地区双城经济圈大球类裁判员在性别上，男性和女性人数比例相当，其中，男性人数为 34 人，占总人数的 56.7%。女性人数为 26 人，占总人数的 43.3%。年龄上，18~23 岁的人数为 15 人，占总人数的 25%。24~27 岁的人数为 21 人，占总人数的 35%。28 岁及以上的人数为 24 人，占总人数的 40%。

表 5-17　成渝地区双城经济圈大球类裁判员的基本情况（n=60）

裁判员基本特征	类别	人数（人）	百分比（%）
性别	男	34	56.7
	女	26	43.3
年龄（岁）	18~23	15	25
	24~27	21	35
	28 及以上	24	40
文化程度	高中及以下	5	8.3
	本科、专科	38	63.3
	研究生及以上	18	30
等级	三级	15	25
	二级	20	33.3
	一级	15	25
	国家级	10	16.7

在文化程度方面，拥有本科、专科学历的人数为 38 人，占总人数的 63.3%。拥有研究生及以上学历的人数为 18 人，占总人数的 30%。在裁判群体大多数人拥有较高的文化程度，本科和专科学历的人数较多。在裁判员等级方面，三级裁判员有 15 人，占比 25%。二级裁判员有 20 人，占比 33.3%。一级裁判员有 15 人，占比 25%。国家级裁判员有 10 人，占比 16.7%。

（四）成渝地区双城经济圈大球类竞赛表演业的赛事品牌建设

在办赛模式上，川渝两地成立了体育发展联盟，如 2023 年"大三峡（大巴山）"体育发展联盟，两地共同承接国际国内足球赛、篮球赛，创新引入了对抗赛模式，致力于提升赛事的整体品质。在赛事安全、媒体宣传以及体育场馆建设等方面，实施了全面的升级举措，持续提高竞技水平，优化市场调控机制。着力塑造"英雄形象"，以培育城市自主文化，并打造具有鲜明特色的赛事品牌。同时，积极探究符合成渝两地特色的大球类振兴发展路径，力求将赛事打造成为中国大球类城市联赛的第一品牌。深入学习并借鉴国内外优秀体育赛事经营城市的发展经验，探寻川渝地区本土特色文化，并将其与篮球运动紧密结合，建设具有川渝文化标识的现代篮球体育赛事品牌，在此基础上，重视赛事品牌的建设和维护，结合成都作为时尚之都的城市定位，对大球类赛事市场进行细分，重视开发青少年和改良式城市大球类运动方式。结合成渝两地的资源优势，共同努力创造具有成渝两地独特形象的自主品牌，以推动区域体育事业的繁荣发展。

根据分析发现，在近年以"成渝双城"为标签的赛事品牌有所建设与发展，项目主要以足球项目居多，篮球与排球还有更大的发展空间（见表 5-18）。大部分赛事是省级，意味着这些比赛主要服务于成渝地区双城经济圈运动员，促进成渝地区双城经济圈体育发展的同时，也加强了城市间的体育交流，提升了地区体育的整体水平和竞争力。通过这些赛事，成渝地区不仅增强了体育文化的交流，还提升了地区国内外知名度。

表5-18　成渝地区双城经济圈大球类的精品赛事

赛事名称	项目	级别
"成渝双城经济圈"2024 年成都市青少年气排球（U18、U15、U12）	气排球	省级
2020 年双城经济圈城川渝合作城市足球联赛	足球	省级
川渝"三大球"城市对抗赛	篮球、足球、排球	省级
成渝青少年足球邀请赛（U9、U11、U13、U15）	足球	省级
成渝地区气排球邀请赛	气排球	省级
"熊猫杯"国际足球锦标赛	足球	省级
川渝小篮球联赛	篮球	省级
成渝地区双城经济圈全国气排球精英赛	气排球	国家级
"九龙杯"成渝足球邀请赛	足球	省级
"奔跑吧，少年"川渝青少年足球赛	足球	省级

资料来源：百度、四川省体育局、重庆市体育局。

第二节 成渝地区双城经济圈小球类
（乒、羽、网）竞赛表演业的核心竞争力

一、成渝地区双城经济圈小球类（乒、羽、网）竞赛表演业的运行竞争力

（一）成渝地区双城经济圈小球类（乒、羽、网）竞赛表演业的赛事规模

随着赛事数量和级别的提升，成渝地区双城经济圈小球类（乒、羽、网）竞赛表演业的参与人数和观众规模也在不断扩大（见表5-19），越来越多的人参与到这些体育项目中，成为专业的运动员或业余爱好者。同时，随着赛事的推广和宣传，观众数量也在不断增加，形成了一定的观众基础。成渝地区双城经济圈小球类（乒、羽、网）竞赛表演业的产业链不断完善，涵盖了赛事策划、组织、运营、宣传等多个环节。相关企业和机构间的合作日益紧密，共同推动了行业的健康发展。同时，随着产业链的不断完善，也为相关产业的发展提供了有力支撑。

表5-19 2021~2023年小球类（乒、羽、网）赛事的举办场次统计

单位：场

赛事级别	2021年	2022年	2023年
地区性小型赛事	34	53	87
省级大型赛事	3	8	13
国家级大型赛事	1	4	7
国际性大型赛事	0	1	3

成渝地区双城经济圈小球类（乒、羽、网）竞赛表演业的群众基础较好，运动和赛事参与度高，在本体产业发展的同时，有效地带动了相关产业的发展，推动了小球类赛事经济的发展。与此同时，高级别、有特色的"小球类"赛事的举办不仅满足了本土消费人群的喜好，也吸引了大量外地人群的参与，促进了经济跨区域发展。成渝地区小球类（乒、羽、网）竞赛表演业的行业规模不断扩大，市场需求持续增长，赛事数量和级别不断提升（见表5-20），参与人数和观众规模也在不断扩大。随着产业链的不断完善和经济贡献的逐步显现，该行业在未来仍有巨大的发展潜力和空间。

表 5-20　成渝地区双城经济圈小球类（乒、羽、网）竞赛表演业的赛事

项目	赛事名称	规模	举办时间	级别
乒乓球	"村 TT"	20 支队伍	2024 年 5 月	市级
	"涪江大桥杯"	16 支队伍	2023 年 3 月	市级
	"熊猫之路杯"	30 支队伍	2023 年 1 月	市级
	"蜀羽之志"	28 支队伍	2023 年 4 月	省级
	"川渝杯"	52 支队伍	2023 年 12 月	省级
	成都世界乒乓球团体锦标赛	80 支队伍	2022 年 9 月	国家级
	"李宁·红双喜杯"	98 支队伍	2023 年 9 月	省级
	"国球耀渝中"	60 支队伍	2023 年 10 月	市级
	"成现杯"	30 余支队伍	2023 年 12 月	市级
	第三届川渝乒乓球联谊赛	100 名选手	2021 年 12 月	省级
羽毛球	羽成都·同热爱	20 支队伍	2024 年 4 月	市级
	瑞丰柠檬杯	14 支队伍	2024 年 4 月	市级
	泸州老窖·国窖　崇德杯	20 支队伍	2024 年 1 月	市级
	李宁"韩梅梅杯"	548 名选手	2023 年 11 月	市级
	成渝双城"李雪芮杯"	700 名选手	2023 年 12 月	市级
	"青花汾酒杯"	21 支队伍	2023 年 11 月	国家级
	全国羽毛球团体冠军赛	21 支队伍	2023 年 11 月	省级
	"双羽天下"	400 名选手	2023 年 6 月	省级
	"重庆羽毛球精英赛"	40 支队伍	2022 年 4 月	市级
	"羽毛球俱乐部争霸赛"	50 支队伍	2023 年 12 月	省级
网球	兴业·夜郎古酒杯	12 支队伍	2023 年 10 月	市级
	"铜梁龙"	10 支队伍	2023 年 5 月	市级
	成渝地区双城经济圈八城市网球团体赛	12 支队伍	2023 年 10 月	省级
	"水井坊杯"城市网球赛	300 名选手	2022 年 6 月	市级
	"奥运之星"	30 支队伍	2022 年 11 月	市级
	"2022 年中国体育彩票重庆巴南网球公开赛"	45 支队伍	2022 年 12 月	市级
	"古井贡杯"	32 支队伍	2023 年 5 月	省级
	"科创硒城杯"	400 名选手	2023 年 12 月	省级
	"郑洁杯"	350 名选手	2023 年 5 月	市级
	"简阳杯"	20 支队伍	2021 年 12 月	市级

资料来源：铜梁网、重庆市体育局、中国网、成都市体育局。

　　成渝地区双城经济圈小球类（乒、羽、网）竞赛表演业的赛事规模近年来不断扩大：①乒乓球赛事。成渝地区举办了多场乒乓球赛事，如2024年成渝地区双城经济圈和美乡村乒乓球邀请赛（双城"村TT"）以及"五型政协杯"成渝地区双城经济圈川南渝西政协组织乒乓球巡回赛等。这些赛事不仅数量多，而且频率高，展现了乒乓球在成渝地区的广泛普及和受欢迎程度。②羽毛球赛事。羽毛球赛事在成渝地区也呈现出举办较多的态势。例如，2024年，资阳举办首届"瑞丰柠檬杯"羽毛球邀请赛等，吸引了众多羽毛球爱好者。③网球赛事：成渝地区在网球赛事方面也有所建树，2024年，四川"百城千乡万村社区"全民健身系列赛暨成渝双城经济圈城市网球团体赛等，为网球爱好者提供了展示才华的舞台。成渝地区双城经济圈小球类（乒、羽、网）竞赛表演业赛事在规模、特色、意义等方面均取得显著成效，为成渝地区体育事业的发展和乡村振兴做出了积极贡献。

　　（二）成渝地区双城经济圈小球类（乒、羽、网）竞赛表演业的竞赛组别

　　小球类（乒、羽、网）的比赛分组方法一般采用单淘汰赛和单循环赛两种。有时也会综合两种比赛方法的优点，采用阶段赛方法，如第一阶段分组循环赛，第二阶段淘汰赛。从表5-21中的赛事分组情况可以看出，小球类赛事的竞赛组别既确保了赛事的公平性和专业性，也为不同年龄和水平的参赛者提供了合适的比赛平台。

表5-21　成渝地区双城经济圈小球类（乒、羽、网）竞赛表演业的竞赛组别

项目	组别（岁）	竞赛内容
乒乓球	18及以下 19~35 36~50	男子单打　女子单打 男子双打　女子双打
羽毛球	12~18 19~30 31~45	男子单打　女子单打 男子双打　女子双打 混合双打
网球	18~25 26~35 36~45	男子单打　女子单打 男子双打　女子双打 混合双打

　　成渝地区双城经济圈小球类（乒、羽、网）竞赛分组主要是按年龄分为三个群体，乒乓球是18岁及以下、19~30岁、31~50岁，组别分为四个：男子单打、女子单打、男子双打、女子双打。羽毛球年龄分为三组：12~18岁、19~30岁、31~45岁。竞赛组别分为了五组：男子单打、女子单打、男子双打、女子双

打、混合双打。网球分为三个年龄组：18~25 岁、26~35 岁、36~45 岁。竞赛组别分为了五组：男子单打、女子单打、男子双打、女子双打、混合双打。

（三）成渝地区双城经济圈小球类（乒、羽、网）竞赛表演业的经费来源

成渝地区小球类（乒、羽、网）赛事经费来源多元化，主要有政府补贴、企业赞助等形式。根据图 5-6 的调查数据显示，在小球类赛事经费来源中，举办地政府通过财政拨款对小球类（乒、羽、网）赛事给予一定支持，占比 17%；主办方承担了大部分经费支持，依靠政府拨款，资金来源较为单一，占比高达 44%；赞助商占比为 19%，占比较少。这是目前存在的问题，需要积极寻求与赞助商的合作，提高赛事的市场运营化。而报名费占比 20%，可以看出参赛人员众多，反映出随着健康生活理念深化，很多人已把小球类（乒、羽、网）运动当作一种生活方式。成渝两地小球类项目运动具有良好的群众基础，在赛事开展和全民健身运动氛围下，小球类项目迅速崛起。总体来看，成渝地区赛事主办方的经费现状仍以政府拨款为主，多元化的经费资金筹集来源仍在探索和实践中。

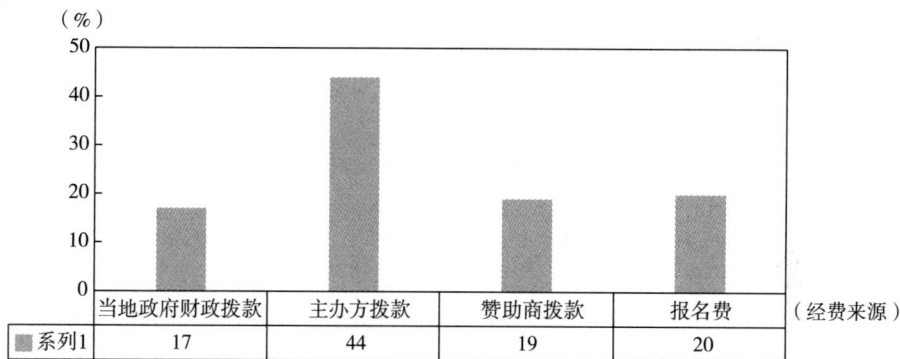

（%）				
	当地政府财政拨款	主办方拨款	赞助商拨款	报名费	（经费来源）
系列1	17	44	19	20

图 5-6　成渝地区双城经济圈小球类（乒、羽、网）
竞赛表演业的经费来源（n=30）

（四）成渝地区双城经济圈小球类（乒、羽、网）竞赛表演业的运作机构

结合成渝地区的文化、旅游资源，打造具有区域特色的乒、羽、网赛事，可以吸引更多的观众和媒体关注，提升赛事的影响力和吸引力。赛事组织管理需要高效和协同，成立专门的组织委员会或管理团队，负责赛事的整体策划、组织、运营和推广工作。同时，加强与政府、企业、体育协会等各方的合作，形成合力，确保赛事的顺利进行。在赛事运营方面，要注重市场运作和品牌建设。通过市场调研，了解观众和企业的需求，开发符合市场需求的赛事产品。加强赛事品牌宣传，提升赛事的知名度和美誉度。赛事推广也是组织管理的重要环节。通过

媒体宣传、社交媒体推广、线下活动等方式，扩大赛事的影响力，吸引更多的观众、赞助商和媒体关注。成渝地区双城经济圈乒、羽、网竞赛表演业的组织管理应注重赛事策划、组织、运营和推广等多个环节，通过创新、高效和协同的工作，提升竞争力，推动体育产业的发展。调查结果显示（见表5-22），调查对象中，赛事管理机构和场馆运营单位占比100%，表明它们是赛事运作的重要机构。96.67%的人认为运作机构要有裁判委员会，72.22%的人认为运动员管理部门应该存在。42.22%的人认为运动机构包含赞助商管理部门。74.44%的人认为宣传推广部门很重要。

表5-22　成渝地区双城经济圈小球类（乒、羽、网）
竞赛表演业的赛事运作机构（n=90）

赛事机构（多选）	人数（人）	占比（%）	有效百分比（%）	排序
赛事管理机构	90	20.59	100.00	1
场馆运营单位	90	20.59	100.00	1
裁判委员会	87	19.91	96.67	2
运动员管理部门	65	14.87	72.22	4
赞助商管理部门	38	8.70	42.22	5
宣传推广部门	67	15.33	74.44	3

（五）成渝地区双城经济圈小球类（乒、羽、网）竞赛表演业的组织管理

小球类（乒、羽、网）竞赛表演产业满足了大量喜爱小球类运动的消费群体对高水平运动竞赛的观赏需要，在此基础上带动了一系列市场消费，促进了经济的发展。赛事的观赏性，一方面取决于运动员的水平和技艺，另一方面取决于赛事组织方的工作效率和管理水平。

由调查数据可知（见表5-23），成渝地区双城经济圈小球类（乒、羽、网）竞赛表演业的赛事管理组织工作包括负责整个赛事的策划、组织和实施的参与调查者占100%，负责裁判管理，确保裁判的公正和专业占比93.33%。监督各部门的工作，协调解决赛事过程中的问题占比91.11%。由此可见，调查者充分认识到成渝地区双城经济圈小球类（乒、羽、网）竞赛表演业的赛事组织管理体系有赛事策划、筹备、执行、评估等多个环节，涉及赛事主办方、承办方、赞助商、媒体、观众等多个参与主体。因此在组织架构上，设立专门的赛事管理委员会或项目组，负责整体规划与协调；在运营流程上，需建立标准化的操作流程和应急预案，确保赛事顺利进行；在人员配置上，则需汇聚赛事管理、市场营销、安全保障等多领域的专业人才，形成合力。

表 5-23　成渝地区双城经济圈小球类（乒、羽、网）
竞赛表演业的赛事工作（n=90）

组织管理工作（多选）	人数（人）	占比（%）	有效百分比（%）
负责整个赛事的策划、组织和实施	90	19.31	100.00
监督各部门的工作，协调解决赛事过程中的问题	82	17.60	91.11
负责赛事的预算管理和资金筹措	63	13.52	70.00
负责赞助商的招募和合作，争取赛事资金支持	68	14..59	75.56
负责赛事的媒体宣传	79	16.95	87.78
负责裁判管理，确保裁判的公正和专业	84	18.03	93.33

（六）成渝地区双城经济圈小球类（乒、羽、网）竞赛表演业的推广途径

成渝地区双城经济圈在小球类（乒、羽、网）的赛事推广过程中，为了吸引更多的民众参与进来，采用了多样化的推广渠道进行宣传，广泛地吸引民众对赛事的关注。根据调查结果可知（见图 5-7），网络主要包括手机新闻客户端、手机浏览器、微信、微博等，它已成为赛事信息的主要推广途径，占比 59%。因为移动互联网技术的兴起使信息内容生产日益社会化，互联网成为民众获取信息的重要渠道。电视占比（8%）最少，报纸占比 10%，广告占比 23%。

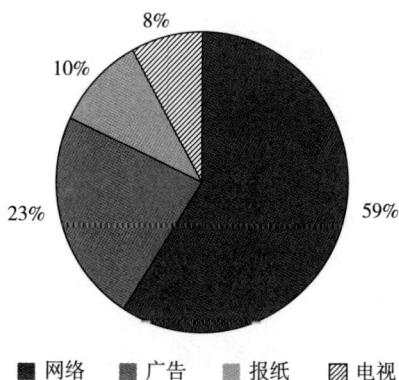

图 5-7　成渝地区双城经济圈小球类（乒、羽、网）竞赛表演业的
推广途径（n=90）

二、成渝地区双城经济圈小球类（乒、羽、网）竞赛表演业的消费竞争力

（一）成渝地区双城经济圈小球类（乒、羽、网）竞赛表演业的人群特征

由表 5-24 可以看出，成渝地区双城经济圈小球类（乒、羽、网）竞赛表演业

的消费者在性别结构上，男性为 75 人，占比 83.33%，女性为 15 人，占比 16.67%，在小球类竞赛表演活动的消费中，男性消费者的比例远高于女性。消费者的年龄结构分为四个类别：18 岁以下的有 12 人，占比 13.33%，18~25 岁的有 43 人，占比 47.78%，26~35 岁的有 24 人，占比 26.67%，36~50 岁的有 11 人，占比 12.22%。在小球类（乒、羽、网）竞赛表演活动的消费中，消费人群主要集中在 18~25 岁的青年群体中，然后是 18 岁以下的青少年群体。消费者的月收入分为四个档次：3500 元及以下的有 15 人，占比 16.67%，3501~5500 元的有 22 人，占比 24.44%，5501~8500 元的有 43 人，占比 47.78%，8500 元以上的有 10 人，占比 11.11%。

表 5-24　成渝地区双城经济圈小球类（乒、羽、网）
竞赛表演业的消费人群特征（n=90）

消费人群特征	类别	人数（人）	占比（%）
性别	男	75	83.33
	女	15	16.67
年龄（岁）	18 以下	12	13.33
	18~25	43	47.78
	26~35	24	26.67
	36~50	11	12.22
教育程度	高中及以下	15	16.67
	大专及本科	62	68.89
	研究生及以上	13	14.44
月收入（元）	3500 及以下	15	16.67
	3501~5500	22	24.44
	5501~8500	43	47.78
	8500 以上	10	11.11

（二）成渝地区双城经济圈小球类（乒、羽、网）竞赛表演业的消费频度

成渝地区双城经济圈小球类（乒、羽、网）赛事带动了相关消费热度的持续增长。圈内乒、羽、网运动项目的普及率较高，参与人数逐年增长，拥有了广泛的参与人数和庞大的消费市场。小球类（乒、羽、网）运动的消费频率呈现出频繁的趋势。根据表 5-25 可知，成渝地区双城经济圈小球类（乒、羽、网）竞赛表演业的消费支出频率中，随机购买的消费人数占比 23.33%，1 个月购买 1 次的消费人数占比 33.3%，半年购买 1 次的占比 25.56%，一年购买 1 次的占比 17.78%。随着成渝双城经济圈乒、羽、网赛事的不断推进，相关的消费支出将持续增长。

表 5-25　成渝地区双城经济圈小球类（乒、羽、网）
竞赛表演业的消费频度（n=90）

频次（多选）	频度（次）	占比（%）	有效百分比（%）
随机购买	21	23.33	23.33
1个月1次	30	33.33	33.33
半年1次	23	25.56	25.56
一年1次	16	17.78	17.78
总计	90	100.00	100.00

（三）成渝地区双城经济圈小球类（乒、羽、网）竞赛表演业的消费金额

成渝地区双城经济圈小球类（乒、羽、网）竞赛表演业的赛事经济红利不只仅限于体育产业的经济拉动，更涉及与赛事相关的衣、食、住、行、用等方面。成渝地区小球类（乒、羽、网）群众基础较好，消费潜力巨大。消费者除了愿意花费时间、精力外，在运动鞋服、器材和参与专业的课程培训等方面也有较为频繁的消费。2023年成都国际乒联混合团体世界杯，实现票房约2800万元，联动赛事带动住宿业、餐饮业、交通业和购物等方面的产值达2.6亿元。①

从表5-26可以看出，相对于乒乓球和羽毛球，网球在门票、器械、服装和相关培训等方面的消费支出金额相对较高，网球比赛的门票价格通常较高，尤其是在重要的体育赛事中。在器械装备上，网球拍的价格通常比乒乓球拍、羽毛球拍高。市面上，一副中等质量的网球拍价格可能在1000元左右，而乒乓球拍、羽毛球拍入门级300元左右可以买到。网球运动对服装和鞋类的要求也较高，这些物品的价格也相对较高。教练费用通常比乒乓球、羽毛球等运动项目要高。网球私人教练的费用可能达到每小时100元以上，而且需要多次训练才能达到初级及以上水平。

表 5-26　成渝地区双城经济圈小球类（乒、羽、网）
竞赛表演业的消费金额（n=90）　　　　　　　单位：元

项目	乒乓球	羽毛球	网球
门票	100~200	100~200	200~400
器械	50~300	200~800	300~1000

---

① 封面新闻．成都混团世界杯带动消费2.6亿元　赛事营城如何孵化城市"热流量"［EB/OL］．https：//baijiahao．baidu．com，2023-12-18．

项目	乒乓球	羽毛球	网球
服装	150~500	200~500	200~2000
相关培训	1200~2000	1500~3000	2000~4000

由表 5-27 可以看出，成渝地区的小球类（乒、羽、网）消费者的年度消费支出在 2000 元及以下的有 7 人，占比 7.78%，2001~5000 元的有 13 人，占比 14.44%，5001~8000 元的有 38 人，位居第一，占比 42.22%，8000 元以上的有 32 人，占比 35.56%。由此可以看出，小球类的年度消费支出水平较高，并呈现出稳步增长的趋势，这得益于多个方面的推动。政府对小球类（乒、羽、网）运动的普及和推广大力支持，着力打造一张成渝地区小球类（乒、羽、网）城市新名片，通过加大场地设施基础建设、扩大小球类运动人口、提高小球类运动竞技水平等措施，推动小球类运动的普及和发展，在原有的大批运动人口基础上，进一步提升了小球类运动在成渝地区的受欢迎程度和消费者的参与度，使小球类运动的消费得到持续攀升，相关体育用品消费也随之飙升。近年来，对小球类运动相关用品的消费，销量倍增，显示出消费者对于小球类运动用品的需求大幅增加。随着"成都公开赛——ATP250"赛事等一系列赛事的举办，小球类运动的消费热情持续上涨。

表 5-27　成渝地区双城经济圈小球类（乒、羽、网）
竞赛表演业的年度支出金额（n=90）

金额（元）	人数（人）	占比（%）	排序
2000 及以下	7	7.78	4
2001~5000	13	14.44	3
5001~8000	38	42.22	1
8000 以上	32	35.56	2

（四）成渝地区双城经济圈小球类（乒、羽、网）竞赛表演业的消费内容

根据调查结果显示（见表 5-28），在消费内容上，选择运动员报名的消费占比最高，达 55.56%，然后是运动器械的消费，占比 27.78%。服装、鞋、帽等的消费占比 13.33%，而门票消费仅占比 3.33%。这表明观众在参与小球类（乒、羽、网）竞赛表演业的消费时对报名比赛和运动器械的消费需求较大，反映了该项目的运动特点。但观赏性消费的占比较低，也反映了体育产业发展的一个重要

问题，即体育消费需求不足。观赏性体育消费发展滞后，从微观层面上反映出居民体育消费参与率和绝对水平仍较低。需持续加快推动"小球类（乒、羽、网）"等职业联赛的改革和发展，鼓励更多具备条件的运动项目发展职业赛事，从而促进体育竞赛表演业的非实物消费规模的加速发展。

表 5-28　成渝地区双城经济圈小球类（乒、羽、网）
竞赛表演业的消费内容（n=90）

项目（多选）	人数（人）	占比（%）	有效百分比（%）
运动器械	25	27.78	27.78
服装、鞋、帽等	12	13.33	13.33
运动员报名费	50	55.56	55.56
门票	3	3.33	3.33
总计	90	100.00	100.00

（五）成渝地区双城经济圈小球类（乒、羽、网）竞赛表演业的门票购买

成渝地区双城经济圈乒、羽、网赛事的接连举行，以及小球类运动与日俱增的市场人气带来了区域经济的发展增量。区域内举办的顶级品牌赛事在观众人数和门票销售等方面也取得了较大的突破。小球类（乒、羽、网）赛事门票的销售渠道多元化，主要通过官方网站、线下售票处、合作伙伴等多种途径销售。同时，开拓官方门票服务网点为公众提供高品质的线下购票、取票及票务咨询服务。

由表 5-29 可以看出，成渝双城经济圈小球类（乒、羽、网）竞赛表演业的赛事门票购买的途径和方式多样灵活，其中线下现场购票的有 31 人，占比 34.44%，线上官方票务网站购票的有 49 人，占比 54.44%，托人代票的有 4 人，占比 4.44%，主办方为了吸引观众和社会人脉沟通也会留有少量门票，如 2023 年"青花汾酒杯"羽毛球比赛，赠送 100 张赛事门票。在调查人群中，有 6 人作为合作伙伴获得主办方赠票，占比 6.67%。

表 5-29　成渝地区双城经济圈小球类（乒、羽、网）
竞赛表演业的赛事购票途径（n=90）

购票方式（多选）	人数（人）	占比（%）	有效百分比（%）
线下现场购票	31	34.44	34.44

续表

购票方式（多选）	人数（人）	占比（%）	有效百分比（%）
线上官方票务网站购票	49	54.44	54.44
托人代票	4	4.44	4.44
主办方赠票	6	6.67	6.67

（六）成渝地区双城经济圈小球类（乒、羽、网）竞赛表演业的赛事赞助

成渝地区乒乓球、羽毛球、网球的比赛赞助商较多，主要以酒类企业、体育用品品牌、体育赛事组织机构和地方政府为主（见表5-30）。如职工羽毛球大赛、乒乓球混合团体邀请赛等，这些赞助商通过赞助体育赛事来提升品牌知名度和影响力。体育赛事组织机构也是重要的赞助来源，他们负责赛事的组织和推广，通过赞助赛事来扩大其影响力。此外，地方政府也是重要的赞助者之一，通过提供场地、资金等资源支持，促进体育事业的发展，也有助于提升地区的知名度和形象。这些赞助不仅为体育赛事提供了必要的支持和资源，还促进了体育产业的发展，增进了成渝地区双城经济圈内城市之间的友谊和交流。

表5-30　成渝地区双城经济圈小球类（乒、羽、网）
竞赛表演业的部分赞助商

项目	年份	冠名赞助商	其他赞助商
乒乓球	2020	中国电信	成都兴城、成都产投、成都高投、城投置地、成都交投、一汽大众捷达、安恒信息、中国铁塔、纳通科技、科大讯飞、四川长虹电子集团、泸州老窖、百利好、水井坊、百岁山、李宁、红双喜、澳悠、双鱼、权健等
	2021	兴城集团	
	2022	中国电信	
	2023	中国电信	
	2024	李宁	
羽毛球	2023	中国银联云闪付、李宁	四川和嘉天健体育文化股份有限公司、成都百事饮料有限公司、尤尼克斯体育用品有限公司、新疆中科沙棘科技有限公司
	2024	道达尔	中国电信、德尔地板、补水啦、百岁山
网球	2023	兴业·夜郎古酒、天立教育集团	中国农业银行、四川沱牌舍得集团、岚图知音、浙江天龙集团、四川省宫玉服饰设计有限公司
	2023	泸州老窖·国窖1573	
	2024	YONEX、斯凯奇	

三、成渝地区双城经济圈小球类（乒、羽、网）竞赛表演业的人文竞争力

（一）成渝地区双城经济圈小球类（乒、羽、网）竞赛表演业的赛事特色

成渝地区双城经济圈的小球类（乒、羽、网）赛事种类丰富，这些赛事不仅促进了成渝地区的体育交流，还带动了区域间的文化交流与合作，促进地方特色的品牌赛事打造，推动体育产业的整体发展，如表5-31所示。

表5-31　成渝地区双城经济圈小球类（乒、羽、网）
竞赛表演业的赛事口号

小球类别	赛事名称	主题词	特色
乒乓球	"村TT"	激情飞扬，智慧无限	突出地域文化，结合民俗特色
	"涪江大桥杯"	用拍打击世界，乒乓球，用激情创造无限可能！	
	"熊猫之路杯"	智慧拼搏，快乐竞争	
羽毛球	"蜀羽之志"	创造辉煌，唯我最亮	强调选手风采，展现运动魅力
	"羽成都·同热爱"	舞动青春，谁"羽"争锋！	
	"瑞丰柠檬杯"	风羽同舟，羽爱同行	
	"泸州老窖·国窖1573崇德杯"	无"羽"伦比，谁"羽"争锋。白羽飞扬，我心激荡	
网球	"科创碚城杯"	运动无界，网球无限	注重赛事体验，营造高端氛围
	"郑洁杯"	网球，让你拥有全球视野！	
	"简阳杯"	赛场争霸，网球热血！	

成渝地区双城经济圈小球类（乒、羽、网）竞赛表演业的宣传特色体现了各项目在市场推广中的差异化策略。数据显示（见表5-31），乒乓球项目在宣传上突出地域文化和民俗特色。这种策略有助于增强赛事与当地文化的联系，扩大赛事的在地化影响力，吸引更多当地观众和外地游客关注。羽毛球项目强调选手的风采和运动的魅力。这种宣传策略能够吸引体育爱好者和粉丝，通过展示选手的高超技艺和竞技精神，提升赛事的观赏性和吸引力。网球项目注重赛事体验，营造高端氛围。这种宣传策略针对的是追求高品质赛事体验的观众，通过提供优质的赛事服务和营造高端的比赛环境，吸引高端观众群体。成渝地区双城经济圈乒、羽、网竞赛表演业在宣传特色上各有侧重，而乒乓球项目突出地域文化和结合民俗特色，羽毛球项目强调选手风采和展现运动魅力，网球项目注重赛事体验和营造高端氛围。

（二）成渝地区双城经济圈小球类（乒、羽、网）竞赛表演业的社会认知

1. 调查对象的基本特征

从表5-32的调查数据来看，在成渝地区双城经济圈小球类（乒、羽、网）竞赛表演业的调查对象的性别结构中，男性人数远高于女性，其中男性占比75%，女性占比25%。

表5-32　成渝地区双城经济圈小球类（乒、羽、网）
竞赛表演业的调查人群特征（n=100）

调查人群特征	类别	人数（人）	占比（%）
性别	男	75	75
	女	25	25
年龄（岁）	18以下	15	15
	18~25	45	45
	26~35	28	28
	36~50	12	12
教育程度	高中及以下	15	15
	大专/本科	72	72
	研究生及以上	13	13
月收入（元）	3500及以下	10	10
	3501~5500	21	21
	5501~8500	35	35
	8500以上	34	34

在年龄上，18岁以下的调查对象有15人，占比15%，18~25岁的有45人，占比45%，26~35岁的有28人，占比28%，36~50岁的有12人，占比12%。在教育程度上，高中及以下的占比15%，大专及本科的占比72%，研究生及以上的占比13%。月收入3500元及以下的占比10%，3501~5500元的占比21%，5501~8500元的占比35%，8500元以上的占比34%。

2. 调查对象对乒、羽、网竞赛表演业宏观条件重要性的认知

将成渝地区双城经济圈小球类（乒、羽、网）竞赛表演业竞争力提升研究的宏观条件分为地区条件、交通条件、资源条件、政策条件、经济条件。从图5-8调查数据可知，18岁以下认为地区条件重要的有7人，18~25岁的有22人，26~35岁的有13人，36~50岁的有2人。可见大部分人认为在宏观条件中，地区条件是更重要的。

（人）

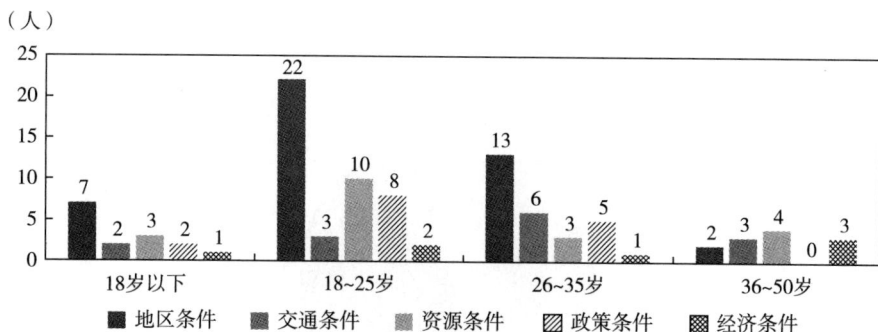

图5-8　不同年龄消费者对小球类（乒、羽、网）
竞赛表演业条件重要性的认知（n=100）

3. 调查对象对成渝地区双城经济圈承办小球类（乒、羽、网）赛事支持度

从图5-9可以看到，无论是高中及以下还是大专及本科或者研究生及以上的学历，大部分调查者都非常支持成渝地区乒、羽、网赛事承办。调查的100名对象支持承办的高达71人，一般的有23人，不支持的有6人。

（人）

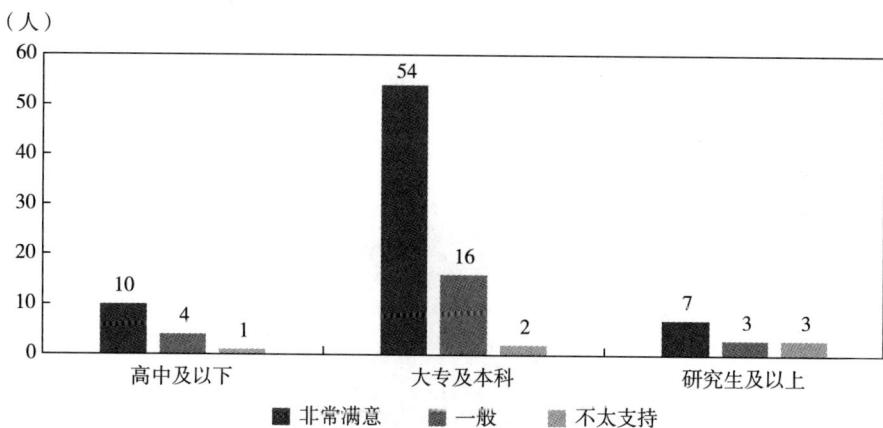

图5-9　不同文化程度消费者对小球类（乒、羽、网）
赛事承办的支持度（n=100）

4. 调查对象获取成渝地区双城经济圈小球类（乒、羽、网）赛事的信息渠道

根据调查数据（见图5-10）显示，大部分调查对象获取乒、羽、网信息的渠道来源于网络，占比59%，然后是电视，占比22%，而广告占比14%，报纸

占比5%。

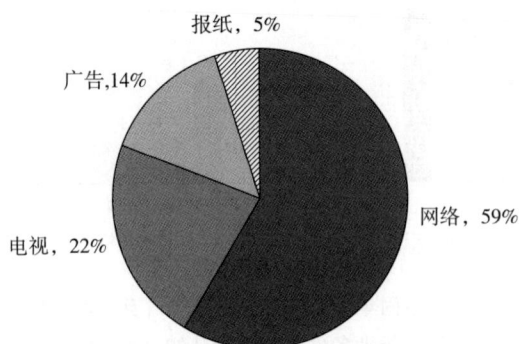

图 5-10　调查对象获取小球类（乒、羽、网）
竞赛表演业的赛事信息渠道（n=100）

5. 调查对象对成渝地区双城经济圈小球类（乒、羽、网）赛事的喜爱度

调查数据分析显示（见图 5-11），调查对象对成渝地区双城经济圈小球类（乒、羽、网）竞赛表演业的喜爱程度有所相同，其中，58%的调查对象喜欢乒乓球，26%的调查对象喜欢羽毛球，16%的调查对象喜欢网球。这组数据表明，乒乓球在成渝地区双城经济圈中的受欢迎程度最高，拥有较高的人气。同时，羽毛球也有较好的开展基础。

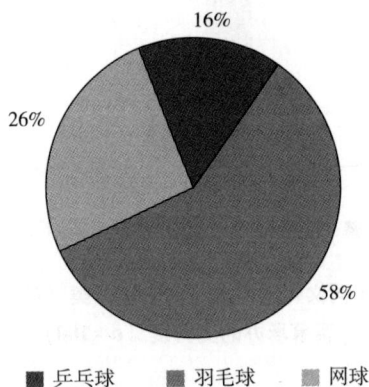

■ 乒乓球　　■ 羽毛球　　■ 网球

图 5-11　调查对象对成渝地区双城经济圈小球类（乒、羽、网）
赛事的喜爱度（n=100）

6. 调查对象对成渝地区双城经济圈小球类（乒、羽、网）竞赛表演业是否能带来经济效益的认知

调查数据显示（见表5-33），认为乒乓球"可以"提高经济收入的人占比87%，认为"不可以"的占比2%，11%的人"说不清楚"。79%的人觉得羽毛球"可以"提高经济收入，觉得"不可以"的人占比6%，有15%的人说"不清楚"。72%的人觉得网球"可以"提高经济收入，11%的人觉得"不可以"，17%的人"说不清楚"。

表5-33 调查对象对小球类（乒、羽、网）
竞赛表演业经济效益的认知 （n=100）

小球类别	可以（人）	比例（%）	不可以（人）	比例（%）	说不清楚（人）	比例（%）
乒乓球	87	87	2	2	11	11
羽毛球	79	79	6	6	15	15
网球	72	72	11	11	17	17

7. 调查对象对成渝地区双城经济圈小球类（乒、羽、网）竞赛表演业的就业机会认知

调查数据显示（见表5-34），91%的人认为乒乓球赛事"可以"增加就业人数，2%的人认为"不可以"，7%的人"说不清楚"。65%的人认为羽毛球赛事"可以"增加就业人数，15%的人认为"不可以"，20%的人"说不清楚"。71%的人认为网球"可以"增加就业岗位，5%的人认为"不可以"，25%的人"说不清楚"。

表5-34 调查对象对小球类（乒、羽、网）
赛事举办是否会增加就业情况的认知 （n=100）

小球类别	可以（人）	占比（%）	不可以（人）	占比（%）	说不清楚（人）	占比（%）
乒乓球	91	91	2	2	7	7
羽毛球	65	65	15	15	20	20
网球	71	71	5	5	25	25

（三）成渝地区双城经济圈小球类（乒、羽、网）竞赛表演业的人才体系

运动员、教练员和裁判员是竞赛表演业的赛事产业中重要的人才要素。在选拔和评估教练员时，应综合考虑其学历背景、执教经历、运动员成绩和综合评价

等因素。成渝地区加强教练员和裁判员队伍的建设及管理，通过培训和考核提高他们的专业素养和执裁能力。同时，加强教练员和裁判员的交流和合作，促进乒、羽、网运动的普及和发展。成渝地区双城经济圈小球类（乒、羽、网）竞赛表演业的教练员体系是保障该行业竞争力的重要基础。运动员是乒、羽、网赛事的核心人才类型，他们需要具备专项运动技能、竞技技能和心理素质。

从表5-35、表5-36和表5-37可以看出，成渝地区双城经济圈小球类（乒、羽、网）竞赛表演业的赛事运动员、教练员和裁判员在性别结构上，男性人数远远高于女性人数，占比较大。在学历结构上，运动员年龄集中在18～25岁和26～35岁的人群居多，分别占比50%和35.5%，青年群体运动员超过整体人数的半数。教练员和裁判员的年龄均主要集中在26～35岁，分别占比62.2%和66.6%，以中青年为主，年龄结构合理。此外，可以看到，运动员、教练员和裁判员三个群体当中的等级水平存在共性特点，即处于中级水平的人数占比较高。

表5-35 成渝地区双城经济圈小球类（乒、羽、网）的
赛事运动员的基本特征（n=90）

运动员基本特征	类别	人数（人）	占比（%）
性别	男	75	83.3
	女	15	16.6
年龄（岁）	18～25	45	50.0
	26～35	32	35.5
	36～50	13	14.4
教育程度	高中及以下	12	13.3
	大专及本科	69	76.6
	研究生及以上	9	10.0
运动员等级	国家一级	9	10.0
	国家二级	64	71.1
	国家三级	17	18.8

表5-36 成渝地区双城经济圈小球类（乒、羽、网）的
赛事教练员的基本特征（n=90）

教练员基本特征	类别	人数（人）	占比（%）
性别	男	78	86.6
	女	12	13.3

续表

教练员基本特征	类别	人数（人）	占比（%）
年龄（岁）	18~25	4	4.4
	26~35	56	62.2
	36~50	30	33.3
教育程度	高中及以下	2	2.2
	大专及本科	82	91.1
	研究生及以上	6	06.6
教练员等级	初级教练	43	47.7
	中级教练	25	27.7
	高级教练	22	24.4

表5-37　成渝地区双城经济圈小球类（乒、羽、网）的
赛事裁判员的基本特征（n＝30）

裁判员基本特征	类别	人数（人）	占比（%）
性别	男	26	86.6
	女	4	13.3
年龄（岁）	18~25	4	13.3
	26~35	20	66.6
	36~50	6	20.0
教育程度	高中及以下	0	0
	大专及本科	23	76.6
	研究生及以上	7	23.3
裁判员等级	国家一级	8	26.6
	国家二级	16	53.3
	国家三级	6	20.0

（四）成渝地区双城经济圈乒、羽、网竞赛表演业的品牌建设

成渝地区乒、羽、网运动项目具有较好的群众基础，2024年，成渝地区双城经济圈和美乡村乒乓球邀请赛（双城"村TT"）在石柱县中益乡光明村举行，作为川渝两地联动举办双城"村TT"首秀，充分展示了成渝地区在乒乓球

领域的合作与交流。参与的 20 支队伍中，有 7 支来自四川，13 支来自重庆，反映了成渝地区在乒乓球运动方面的广泛参与和深厚基础。成渝两地高新区联手举办羽毛球团体赛，吸引了 310 余名羽毛球爱好者参与，设置了甲组、乙组、公开组三大组别，其中，公开组由来自成渝两地的共计 11 支代表队组成。这些赛事活动首次开展就吸引了大批群众参与，展示了成渝地区在乒乓球和羽毛球运动方面的开展基础，体现了两地居民对小球类运动项目的热爱和参与度。此外，成渝地区的网球运动也得到群众广泛的参与和支持。2023 年，首届成渝双城经济圈八城市网球团体赛吸引了 260 余名运动员参加，为成渝双城经济圈八城市的运动员提供了参与平台。2023 年，全民健身成渝双城经济圈城市 "泸州老窖（国窖 1573）崇德杯" 网球联谊赛，更是吸引了成渝经济圈内的 15 个城市的网球爱好者共同参与。

品牌定位，简单来说是企业在消费者心中塑造的独特形象和位置。它不仅关乎产品的功能和品质，更关乎消费者对品牌的情感认同和价值观的共鸣。一个成功的品牌定位，需要清晰地表达出品牌的独特价值和核心竞争力。调查情况表明（见图 5-12），58% 的调查者认为非常需要，23% 的人认为需要，10% 的人认为一般，9% 的人认为不需要。

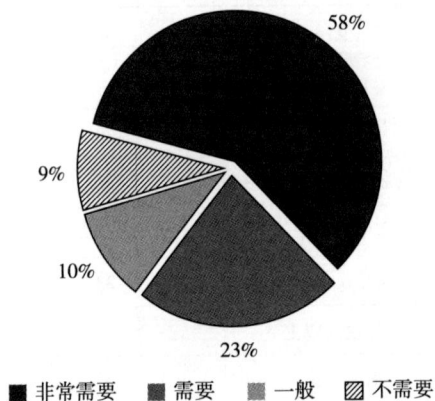

图 5-12　参与调查者对小球类（乒、羽、网）赛事品牌定位分析（n=100）

成渝地区双城经济圈的城市运动形象是赛事品牌建设的重要组成部分。成都一直拥有非常深厚的乒乓球基础，拥有多个国家级乒乓球训练基地和世界级培训中心，成都连续六年举办了世界高水平赛事，2022 年成功举办了第 56 届世乒赛。成都与 "国羽" 一向 "互动" 频繁，成都双流是全国最大的国家羽毛球训练基地，是羽毛球国家队每年的集训地，而且国内外多项羽毛球顶级赛事在成都陆续举办。自 2016 年成都首次举办成都网球公开赛（ATP 赛历中重要的一站全球巡回赛）以来一直持续至今，拥有多座国际标准的网球场馆和赛事。

重庆在乒乓球方面以"山城乒乓球"而闻名，独特的地理环境和乒乓球文化为其增添了特色。在羽毛球方面，重庆羽毛球运动发展迅速，拥有众多优秀的羽毛球运动员和俱乐部，被誉为"渝羽飞扬"。在网球方面，重庆致力于打造成为中国网球的重要城市之一，被称为"网球之都"。成渝地区双城经济圈小球类（乒、羽、网）竞赛表演业的城市形象各具特色，反映了各城市在相应运动项目上的优势和特点。这些城市形象有助于提升成渝地区双城经济圈小球类（乒、羽、网）竞赛表演业的知名度和吸引力，为行业竞争力的提升提供了有力支持。在此基础上，可以进一步塑造和推广城市形象，发挥城市特色，推动成渝地区双城经济圈小球类（乒、羽、网）竞赛表演业的持续发展。

第三节　成渝地区双城经济圈武术类竞赛表演业的核心竞争力

一、成渝地区双城经济圈武术类竞赛表演业的运行竞争力

（一）成渝地区双城经济圈武术类竞赛表演业的赛事规模

近年来，成渝地区双城经济圈武术类赛事表演活动精彩纷呈。通过举办武术赛事表演活动，促进了成渝区域间武术文化的交流与合作，推动了武术文化的转型升级，提升了成渝地区的文化软实力和推动经济发展。成渝地区双城经济圈的各类武术赛事吸引了来自重庆、成都、遂宁、雅安、泸州、自贡、资阳、南充等地的多支代表队参加，这些赛事提升了武术运动员的技能水平，激发了公众对武术运动的热情，促进了成渝地区武术运动的发展。川渝两地就健身气功事业协同发展签订了《推动成渝双城经济圈建设健身气功协同发展框架协议》，为双方业务开展、赛事组织、宣传推广、科研开发、经验交流等方面融合发展奠定了基础。2021 年 10 月，借重庆市第十届全民健身运动会健身气功比赛开赛之机，重庆市健身气功管理中心邀请四川省健身气功管理中心 3 支队伍进渝交流展示，实现了川渝健身气功项目的首次合作。仅 2023 年，川渝两地健身气功管理单位在短短一年时间研究工作多达 10 余次，相互调研站点 5 次。开展交流展示活动 7 次，互派 16 支队伍，如表 5-38 所示。

表5-38　2021~2024年成渝地区双城经济圈武术类竞赛表演活动举办场次统计

单位：场

赛事级别	2021年	2022年	2023年	2024年
地区小型赛事	11	12	21	23
省级大型赛事	5	6	9	9
国家级大型赛事	0	3	3	5
国际性大型赛事	1	0	1	2

　　川渝两地健身气功管理单位将继续共同策划创办具有川渝特色辨识度和影响力的全国性品牌赛事或活动，邀请站点队伍相互参加赛事活动交流展示并增加频次扩大规模，举办好首届全国全民健身大赛西南地区健身气功比赛。如表5-39、表5-40所示。

表5-39　成渝地区双城经济圈健身气功竞赛表演业的部分赛事

项目	赛事名称	规模	时间	级别
健身气功	"中国体育彩票杯"四川省第一届省直机关健身气功·八段锦比赛	145支队伍	2024年4月	省级
	"香港赛马会"杯第九届海峡两岸暨港澳地区健身气功交流比赛大会暨2023年全国百城千村交流展示系列活动	16支队伍	2023年11月	国家级
	四川省首届体育公园运动会成都主赛场健身气功展演比赛	10支队伍	2023年5月	省级
	2023年四川省青少年暨教职工健身气功锦标赛	66支队伍	2023年5月	省级
	2023年四川省青少年暨教职工健身气功锦标赛全国百城千村健身气功交流展示活动成都市健身气功比赛	24支队伍	2023年5月	市级
	成都中医药大学教职工健身气功交流赛	12支队伍	2022年6月	地区性
	四川省青少年健身气功网络视频大赛	107支队伍	2022年5月	省级
	青羊区第六届运动会暨第九届全民健身运动会健身气功·五禽戏比赛	16支队伍	2021年8月	地区性
	2021年四川省学校健身气功锦标赛	26支队伍	2021年4月	省级
	"重"情七运会"合"你共精彩	108人参赛	2024年5月	市级
	重庆市全民健身运动会健身气功比赛	260人参赛	2024年5月	市级
	"目"浴阳光成长，守护"睛"彩世界	271人参赛	2023年10月	区级

续表

项目	赛事名称	规模	时间	级别
健身气功	成渝地区双城经济圈首届中医药传统保健体育运动会	近700人	2023年9月	省级
	重庆市第十二届全民健身运动会健身气功比赛暨川渝健身气功交流展示活动	257人参赛	2023年5月	市级
	2022年首届川渝两地健身气功交流比赛	312支队伍	2022年12月	省级
	重庆市第十届健身气功比赛	196人参赛	2021年10月	市级
	重庆市第六届运动会健身气功比赛	85人参赛	2021年3月	市级

表5-40 成渝地区双城经济圈武术套路、散打竞赛表演业的部分赛事

项目	赛事名称	规模	时间	级别
套路	第18届传统武术套路锦标赛	22支队伍	2021年5月	市级
套路	中国大学生武术套路锦标赛	67支队伍	2021年6月	国家级
套路	中小学生武术套路锦标赛	40支队伍	2021年9月	市级
套路	成都市青少年武术锦标赛	33支队伍	2021年10月	市级
散打	成都市青少年武术比赛	42支队伍	2022年5月	市级
套路	世界大学生运动会武术比赛	34支队伍	2022年6月	国际级
套路	四川省大学生武术比赛	36支队伍	2022年11月	省级
套路	成都市中小学生武术比赛	60支队伍	2023年4月	市级
套路	第20届传统武术套路锦标赛	38支队伍	2023年5月	市级
套路	锦江区青少年武术套路比赛	14支队伍	2023年6月	区级
套路	高新区青少年武术套路选拔赛	32支队伍	2023年6月	区级
套路	成都市青少年武术交流赛	20支队伍	2023年6月	市级
套路	四川省大学生武术比赛	39支队伍	2023年10月	省级
散打	四川省武术散打公开赛	91支队伍	2023年10月	省级
套路	成都市双流区青少年武术比赛	25支队伍	2024年3月	区级
套路	武侯区青少年武术套路选拔赛	30支队伍	2024年4月	区级
套路	成都市青少年武术锦标赛	13支队伍	2024年5月	区级
套路	高新区青少年武术套路锦标赛	15位选手	2024年6月	区级
散打	成都市青少年武术散打比赛	49支队伍	2024年5月	市级
套路	重庆巴渝英雄汇武术套路比赛	200余人	2021年8月	市级
套路	重庆市中小学生武术比赛	41支队伍	2021年10月	市级

项目	赛事名称	规模	时间	级别
套路	重庆市青少年武术套路锦标赛	51 支队伍	2021 年 12 月	市级
套路	重庆市青少年武术套路锦标赛	27 支队伍	2022 年 2 月	市级
散打	全国武术散打锦标赛	300 多人	2022 年 7 月	国家级
散打	重庆武术散打擂台赛	500 人	2022 年 7 月	市级
套路	重庆市巴渝英雄武术套路比赛	100 余人	2022 年 7 月	市级
散打	重庆市青少年武术散打锦标赛	36 支队伍	2023 年 4 月	市级
套路	重庆市青少年武术套路锦标赛	41 支队伍	2023 年 10 月	市级
套路	重庆市传统武术套路锦标赛	83 支队伍	2023 年 10 月	市级
套路	重庆市北培区武术锦标赛	35 支队伍	2023 年 11 月	区级
套路	重庆市第十七届传统武术赛	89 支队伍	2023 年 12 月	市级
套路	重庆市中小学生武术比赛	123 支队	2024 年 4 月	市级
散打	四川省武术散打公开赛	91 支队伍	2023 年 10 月	市级
套路	重庆市 2024 年大学生武术比赛	37 支队伍	2024 年 5 月	市级
套路	重庆市第七届运动会太极拳赛	175 人	2024 年 5 月	市级
套路	重庆市青少年武术锦标赛	24 支队伍	2024 年 6 月	区级
散打	重庆市第七届运动会武术散打	827 名	2024 年 6 月	国家级

调查显示（见表5-41），对于当前成渝地区双城经济圈武术类竞赛表演业的赛事规模，参与者的看法较为分散。认为赛事规模"较小"的占比最高，达到45.16%，认为"适中"的占比33.87%，而认为"很小"和"非常大"的占比相近，分别为8.06%和12.90%。这表明当前赛事规模在不同参与者心目中的评价存在差异，但总体上反映出大家对"武术类"竞赛表演业赛事的喜爱，其规模仍需持续上升。

表 5-41 成渝地区双城经济圈武术类竞赛表演业的赛事规模情况（n=62）

评分	非常大	适中	较小	很小
人数（人）	8	21	28	5
占比（%）	12.90	33.87	45.16	8.06

（二）成渝地区双城经济圈武术类竞赛表演业的竞赛组别

成渝地区双城经济圈武术类竞赛表演业的竞赛组别设置不仅考虑了参赛者的年龄和技能水平，还考虑了武术类这一中国传统体育文化项目的普及性和竞技性，涵盖从儿童到成人的多个年龄段，确保从初学者到专业选手都能找到适合自己的比赛平台，满足不同年龄段参赛者的比赛需求。这有助于武术运动的社会推广和发展，也为不同年龄阶段的参赛者提供了展示自己技能和挑战自我的机会。各级各类的武术类赛事根据自身的赛事参与人群不同，也有所差异（见表5-42），以"成渝地·巴蜀情"2024年文武中国武林群英汇暨功夫少年精英赛的竞赛组别为例，以了解成渝地区双城经济圈武术类竞赛表演业的竞赛组别设置。

表5-42　成渝地区双城经济圈武术类竞赛表演业的赛事竞赛组别设置

项目	组别	年龄（岁）	竞赛内容
武术套路、太极拳、健身气功	儿童组	5~11 ①儿童丙组5~6 ②儿童乙组7~8 ③儿童甲组9~11	比赛分个人和集体两个竞赛单元，细分甲组、乙组、丙组三个年龄组别，设拳、刀、剑、棍、枪等62个项目，既有个人、对练展示，也有步型、腿法等内容的集体基本功展示
	少年组	12~14	比赛分为集体项目和个人全能项目两大项。其中个人项目内容十分丰富，分甲、乙两个组，涵盖自选套路全能、国际第三套竞赛套路、传统器械全能三大类，包括男女长拳+刀+棍、长拳+剑+枪、南拳+刀+棍、自选太极拳+剑，以及传统峨眉拳、九节鞭、双剑、峨眉刺、猴棍等共计16个小项
	青年组	15~39	含竞技、自选、传统套路项目、太极拳（含集体健身气功项目）
	中年组	40~59	含竞技、自选、传统套路项目太极拳（含集体健身气功项目）
	老年组	60~65	含竞技、自选、传统套路项目太极拳（含集体健身气功项目）
散打	少儿组	8以下（少儿A组）	男子组（千克）：20~22、22~24、24~26、26~28、28~30、30~32、32~34、34~36、36~38 女子组（千克）：20~22、22~24、24~26、26~28、28~30
		9~10（少儿B组）	男子组（千克）：25~27、27~29、29~31、31~33、33~35、35~37、37~39、39~41、41~43 女子组（千克）：25~27、27~29、29~31、31~33、33~35
		11~13（少儿C组）	男子组（千克）：32~34、34~36、36~38、38~40、40~42、42~44、44~46、46~48、48~50 女子组（千克）：30~33、33~36、36~39、39~42、42~45

续表

项目	组别	年龄（岁）	竞赛内容
散打	青少年组	14~15	男子组（千克）：40~43、43~46、46~49、49~52、52~55、55~58、58~61、61~64、64~67 女子组（千克）：38~41、41~44、44~47、47~50、50~53
	青年组	16~17	男子组（千克）：46~49、49~52、52~55、55~58、58~61、61~64、64~67、67~70、70~73 女子组（千克）：43~46、46~49、49~52、52~55、55~58
	成年组	18以上 （只设男子组）	男子组（千克）：50~54、54~58、58~62、62~66、66~70、74~78、78~82
太极推手	少儿组	8以下 （少儿A组）	男子组（千克）：20~23、23~26、26~29、29~32、32~35、35~38 女子组（千克）：20~24、24~28、28~32、32~36
		9~11 （少儿B组）	男子组（千克）：25~28、28~31、31~34、34~37、37~41、41~44 女子组（千克）：24~28、28~32、32~36、36~40
	少年组	12~14	男子组（千克）：31~34、34~37、37~41、41~44、44~47、47~50 女子组（千克）：32~36、36~40、40~44、44~448
	青少年组	15~17	男子组（千克）：40~43、43~46、46~49、49~52、52~55、55~58 女子组（千克）：38~42、42~46、46~50、50~54、58~61、61~64、64~67
武术短兵	儿童组	5~11 ①儿童丙组5~6 ②儿童乙组7~8 ③儿童甲组9~11	儿童个人竞技（丙、乙、甲） 儿童团体竞技（丙、乙、甲）
	少年组	12~14	少年个人竞技 少年团体竞技
	青年组	15~17	青年个人竞技（男/女） 青年团体竞技（男/女）
	成人组	18~40	成人个人竞技（男/女） 成人团体竞技（男/女）

具体组别设置分别有：①儿童组：主要面向12岁以下的儿童，具体年龄范

围可能因赛事而异，但通常包括 A 组（12 岁以下）和 B 组（12~17 岁）。②少年组：针对 12~17 岁的青少年，这个年龄段的孩子正处于成长发育的关键时期，武术训练对于他们的身体发展和技能提升有着重要作用。③青年组：面向 18~39 岁的年轻人，这个阶段的参赛者通常已经具备一定的武术基础，可以参与更高级别的比赛和训练。④中年组：针对 40~59 岁的成年人，这个组别的设置鼓励中年人参与体育活动，保持身体健康。⑤老年组：60 岁及以上的老年人也可以参与武术比赛，针对老年组的活动，主要包括练健身气功以及参与各类健身气功交流展示活动。老年组的组别设定是"武术类"竞赛表演业的赛事分组结合自身项目特色区别于其他项群运动分组的最大不同。这有助于促进老年人的身心健康，同时也是传承武术文化的重要途径。此外，还有一些特定年龄段的组别设置，如 U16 组（14~16 岁）、U13 组（11~13 岁）、U10 组（7~10 岁）、U6 组（6 岁及以下），以及更细致的分组如 U6 组中的集体拳（男女子合并），这些设置旨在鼓励更广泛的儿童参与武术运动，从小培养他们的体育精神和技能。

在竞赛组别设置方面，参与者的满意度呈现出较为明显的分化（见表 5-43）。表示"非常满意"和"非常不满意"占比没超过 10%，表示满意的占比 26%，而表示"一般"的占比最高（45%）、"不满意"的占比 16%，表明当前竞赛组别的设置可能存在一定的局限性，尚不能完全满足参与者的需求，无法满足所有参与者的需求，有进一步改进和优化的空间。增设或调整竞赛组别有望成为提升参与度和满意度的重要途径。

表 5-43　成渝地区双城经济圈武术类竞赛表演业的
赛事竞赛组别设置满意度（n＝62）

评分	非常满意	满意	一般	不满意	非常不满意
人数（人）	4	16	27	10	3
占比（%）	6	26	45	16	5

（三）成渝地区双城经济圈武术类竞赛表演业的经费来源

在武术类竞赛表演业的主要经费来源方面，调查结果显示了多元化的资金来源渠道（见表 5-44）。其中，运动员报名费居于首位，53.23% 的个案显示了其在经费筹集中的重要作用。社会、企业捐助以 50.00% 紧随其后，表明其是竞赛表演业经费的重要来源之一。门票收入和广告收入分别占据了 45.16% 和 46.77%，表明这两项收入对于维持竞赛表演业的运营同样不可或缺。

表5-44　成渝地区双城经济圈武术类竞赛表演业的赛事经费来源（n=62）

经费来源（多选）	计数（人）	占比（%）	有效百分比（%）
地方政府拨款	27	13.43	43.55
社会、企业捐助	31	15.42	50.00
赞助商赞助	25	12.44	40.32
运动员报名费	33	16.42	53.23
门票收入	28	13.93	45.16
广告收入	29	14.43	46.77
其他（请填写）	28	13.93	45.16
总计	201	100.00	324.19

　　值得注意的是，尽管政府拨款在个案数上占比不低（43.55%），但在所有经费来源中的百分比相对较低（13.43%），可能意味着政府拨款虽然对竞赛表演业有一定的支持作用，并非主要的经费来源。此外，赞助商赞助（40.32%）和其他来源（如版权收入、衍生品销售等，未具体列出但归类于"其他"）也为竞赛表演业提供了重要的资金支持。总的来说，这些数据表明"武术类"竞赛表演业的经费来源具有多样性和广泛性，这有助于降低对单一资金来源的依赖风险，并促进竞赛表演业的可持续发展。然而，也需要注意到不同经费来源之间的占比差异，以便更好地规划和管理经费使用，确保竞赛表演业的稳定运营和长期发展。

　　（四）成渝地区双城经济圈武术类竞赛表演业的运作机构

　　成渝地区双城经济圈武术类竞赛表演业的运作机构呈现出多元化的特点。从调查结果看，体育局有关政府部门、单项体育协会、举办本次比赛成立的组织机构、赛事专门运作机构以及体育文化公司都是重要的运作机构（见表5-45）。其中，单项体育协会以57.38%居首位，显示出其在竞赛表演业运作中的核心地位。体育文化公司紧随其后，以50.82%表明了其在商业化运作方面的活跃性。体育局有关政府部门作为官方机构占44.26%，表明政府在推动"武术类"竞赛表演业发展中扮演着重要角色。举办本次比赛成立的组织机构和赛事专门运作机构分别占40.98%，显示出赛事组织和运作的专业化和针对性。

表5-45　成渝地区双城经济圈武术类竞赛表演业的赛事运作机构（n=62）

运作机构（多选）	计数（人）	占比（%）	有效百分比（%）
体育局有关政府部门	27	15.08	44.26
单项体育协会	35	19.55	57.38

续表

运作机构（多选）	计数（人）	占比（%）	有效百分比（%）
举办本次比赛成立的组织机构	25	13.97	40.98
赛事专门运作机构	25	13.97	40.98
体育文化公司	31	17.32	50.82
其他	36	20.11	59.02
总计	179	100.00	293.44

此外，"其他"类别以59.02%居榜首，这可能是由于参与者对运作机构的认知多样，或者存在多个机构共同参与运作的情况。这进一步证明了成渝地区双城经济圈武术类竞赛表演业运作机构的多样性和复杂性。因此，从调查数据看，成渝地区双城经济圈武术类竞赛表演业的运作机构多元且丰富，既有官方机构的支持，也有专业组织和商业化公司的参与，共同推动着"武术类"竞赛表演业的发展。

（五）成渝地区双城经济圈武术类竞赛表演业的组织管理

成渝地区双城经济圈武术类竞赛表演的管理工作涉及多个方面，从制订赛事推广计划到赛后评估总结，形成了一套较为完整的管理体系。调查结果显示（见表5-46），预测赛事推广的社会影响力是参与者认为最重要的管理工作之一，以66.13%居首位，显示出赛事组织者对赛事社会影响力的高度重视。除预测社会影响力外，组成管理团队，加强分工协作（51.61%）；赛事结束后，对工作进行评估总结（50.00%）以及制订赛事推广计划与方案（45.16%）是参与者认为较为重要的管理工作。这些环节共同构成了赛事管理的核心部分，对于确保赛事的顺利进行和达到预期效果具有关键作用。选拔赛事参与人员，明确工作职责（40.32%）和全面监测赛事推广工作（41.94%）同样受到了参与者的关注，表明这些环节在赛事管理中的重要性不容忽视。此外，召开会议，解决疑难问题（45.16%）也是赛事管理中不可或缺的一环，有助于及时发现并解决问题，确保赛事的顺利进行。因此，成渝地区双城经济圈武术类竞赛表演的管理工作涉及多个方面，且每个环节都至关重要。通过加强这些环节的管理和协作，可以进一步提升赛事的组织水平和影响力，推动武术类竞赛表演业的可持续发展。

表5-46 成渝地区双城经济圈武术类竞赛表演业的组织管理工作（n=62）

组织管理工作（多选）	计数（人）	占比（%）	有效百分比（%）
制订赛事推广的计划与方案	28	13.27	45.16

续表

组织管理工作（多选）	计数（人）	占比（%）	有效百分比（%）
预测赛事推广的社会影响力	41	19.43	66.13
选拔赛事参与人员，明确工作职责	25	11.85	40.32
组成管理团队，加强分工协作	32	15.17	51.61
召开会议，解决疑难问题	28	13.27	45.16
全面监测赛事推广工作	26	12.32	41.94
赛事结束，对工作进行评估总结	31	14.69	50.00
总计	211	100.00	340.32

在组织情况满意度方面，参与者的评价普遍偏低（见表5-47）。"非常满意"和"满意"的参与者合计占比不足四成（40.32%），而"一般""不满意"和"非常不满意"的参与者占比则高达六成（59.68%）。"非常不满意"的占比达到了9.68%，显示出对组织情况的不满情绪较为强烈。这提示主办方在组织工作中存在较大的改进空间。

表5-47　成渝地区双城经济圈武术类竞赛表演业的组织管理满意度（n=62）

评分	非常满意	满意	一般	不满意	非常不满意
人数（人）	10	15	22	9	6
占比（%）	16.13	24.19	35.48	14.52	9.68

在组织管理效率方面，参与者的评价同样呈现出两极分化的趋势（见表5-48）。认为"非常高效"的参与者占比最高（37.10%），但认为"较为混乱"和"非常混乱"的参与者合计占比达到33.87%。这表明组织管理效率在不同参与者心目中的评价存在显著差异，既有认为高效有序的，也有认为混乱无序的。因此，提升组织管理的透明度和效率是增强参与者信任和满意度的重要举措。

表5-48　成渝地区双城经济圈武术类竞赛表演业的组织管理的效率（n=62）

效率	计数（人）	占比（%）
非常高效	23	37.10
较为高效	8	12.90
一般	10	16.13
较为混乱	8	12.90

续表

效率	计数（人）	占比（%）
非常混乱	13	20.97

（六）成渝地区双城经济圈武术类竞赛表演业的推广途径

成渝地区双城经济圈在武术类竞赛表演业的推广途径上展现出了多元化的策略。调查结果显示（见表5-49），打造体育赛事交流新平台是参与者认为最重要的推广途径之一，以63.79%居首位，表明通过搭建新的交流平台来促进赛事间的互动与合作，对于提升体育竞赛表演业的知名度和影响力具有显著作用。构筑创新协同新机制也受到了参与者的广泛关注，以58.62%位列第二，表明创新机制和协同合作被视为推动体育竞赛表演业发展的重要动力，通过机制创新和多方协同，可以更有效地整合资源，提升推广效果。

表5-49　成渝地区双城经济圈武术类竞赛表演业的赛事推广途径　（n=62）

推广途径（多选）	计数（人）	占比（%）	有效百分比（%）
构筑创新协同新机制	34	27.20	58.62
打造体育赛事交流新平台	37	29.60	63.79
共创人才培养与合作新高地	26	20.80	44.83
机制融合与赛事融合	28	22.40	48.28
总计	125	100.00	215.52

共创人才培养与合作新高地和机制融合与赛事融合有效百分比分别是44.83%和48.28%，显示出参与者在推广途径上对于人才培养、合作以及机制与赛事融合的重视。这些途径不仅有助于提升武术类竞赛表演业的专业水平和竞争力，还能够促进整个行业的可持续发展。成渝地区双城经济圈在武术类竞赛表演业的推广途径上采取了多元化的策略，包括打造体育赛事交流新平台、构筑创新协同新机制、共创人才培养与合作新高地以及机制融合与赛事融合等。这些策略共同构成了推动体育竞赛表演业发展的重要力量。

二、成渝地区双城经济圈武术类竞赛表演业的消费竞争力

（一）成渝地区双城经济圈武术类竞赛表演业的消费人群

随着消费者对中华传统文化养生健康意识的不断增强，武术类运动项目作为中国传统文化的重要载体，受到越来越多人的青睐，市场规模持续扩大。调查数

·127·

据统计（见表5-50），武术类竞赛表演业的消费人群广泛，消费者的性别、学历、月收入水平类型多样，涵盖了从2000元以下到6000元以上的不同收入水平的青少年、中年人、老年人不同年龄阶段的消费群体。

表5-50　成渝地区双城经济圈武术类竞赛表演业的消费人群特征（n=40）

消费人群特征	特征	计数（人）	占比（%）
性别	男	19	47.50
	女	21	52.50
年龄（岁）	18~27	13	32.50
	28~37	6	15.00
	38~47	4	10.00
	48~57	7	17.50
	58及以上	10	25.00
学历	初中及其以下	4	10.00
	高中（含中专、中技、职高）	3	50.0
	大学（含本科、专科、高职）	17	7.50
	研究生（含硕士、博士）	16	40.00
每月可支配收入（元）	2000及以下	14	35.00
	2001~3000	9	22.50
	3001~4000	6	15.00
	4001~5000	5	12.50
	5001~6000	4	10.00
	6000以上	2	5.00

　　消费者在男女性别比例上，人数相近，分别占47.5%和52.5%，女性人群消费者略高于男性群体。消费者的年龄以青年为主，18~27岁的人群占比32.50%，学历层次集中在大学和研究生层面，每月可支配收入2000元及以下，占比35%，表明虽然武术类竞赛表演业的消费者基础广泛，但参与主体多是高校学生，未来消费潜力巨大。

　　关于武术类竞赛表演业的主要消费人群的来源，调查结果显示出多元化的特点（见表5-51）。武术爱好者是这一领域的重要消费群体，以64.10%居首位，表明他们对武术类竞赛表演活动有着高度的兴趣和参与度。家庭观众也是不可忽视的消费群体，以61.54%紧随其后。反映出武术类竞赛表演活动在家庭娱乐中的受欢迎程度，以及家庭成员共同观看比赛或表演的习惯。体育迷和学生群体也占据了一定的比例，分别为 38.46% 和 35.90%。体育迷对各类体育赛事和表演活动都有较高的关注度，而学生群体可能因为对武术文化的兴趣或学校组织的活动而参与消费。值得注意的是，"其他"类别占据了 66.67%。这可能是由于参与者填写了多种身份或未明确列出的消费群体，如武术教练、武术学校学生等。武术类竞赛表演业的主要消费人群包括武术爱好者、家庭观众、体育迷和学生群体等多元化群体。为了更好地满足这些消费群体的需求，可以针对不同群体的特点和兴趣制定差异化的营销策略和服务方案。

表5-51　成渝地区双城经济圈武术类竞赛表演业的消费人群来源（n=40）

人群来源（多选）	计数（人）	占比（%）	有效百分比（%）
武术爱好者	25	24.04	64.10
体育迷	15	14.42	38.46
家庭观众	24	23.08	61.54
学生群体	14	13.46	35.90
其他（请填写）	26	25.00	66.67
总计	104	100.00	266.67

（二）成渝地区双城经济圈武术类竞赛表演业的消费频度

随着人们对健康生活方式的追求以及大运会等大型体育赛事的带动，武术类竞赛表演消费市场呈现出蓬勃的发展态势，越来越多的消费者愿意为"武术类"运动项目"买单"。武术类运动作为一种传统的体育项目，不仅具有锻炼身体、提高技能的作用，还能在一定程度上满足人们对文化传承的需求。从消费者的消费频率数据可以看出，每月至少消费 1 次的人数过半，占比 57.50%，从不消费的人为 0（见表5-52）。武术类竞赛表演业的消费频度在一定程度上反映了人们对传统文化的重视以及健康生活的追求。随着人们对健康生活方式的追求和对中华传统文化的认同，武术类竞赛表演业的相关消费市场也在不断扩大，其消费频度有望继续增长，武术类运动也因其独特的文化价值和健身效果，受到越来越多人的喜爱和追捧。

表5-52　成渝地区双城经济圈武术类竞赛表演业消费者的消费频度（n=40）

频次	计数（人）	占比（%）
每月至少 1 次	23	57.50
每年 3 次以上	16	40.00

频次	计数（人）	占比（%）
几年1次	1	1.61
从不	0	2.50

（三）成渝地区双城经济圈武术类竞赛表演业的消费金额

在武术类竞赛表演活动上的平均年度消费金额方面，如表5-53所示，武术类竞赛表演业的消费金额因个人情况而异，各消费段分布不均衡，500~1000元的消费人群占比5%，5000元以上的消费金额支出人群占比12.5%，消费支出呈现出两头大，中间小的趋势，但总体上消费水平持续上涨的发展趋势。年度消费支出在1001~3000元消费的人群占37.5%，45%的消费者的年消费额可达3001~5000元，反映了武术类运动项目的消费潜力。

表5-53　成渝地区双城经济圈武术类竞赛表演业消费者的年度消费支出（n=40）

金额（元）	计数（人）	占比（%）
500~1000	2	5.00
1001~3000	15	37.50
3001~5000	18	45.00
5000以上	5	12.50

（四）成渝地区双城经济圈武术类竞赛表演业的消费内容

武术类竞赛表演业的消费内容涉及多个方面，包括器械装备购置、鞋帽、专业培训、赛事观看、购买赛事周边商品和比赛报名等，在参与"武术类"竞赛表演活动时，消费者的消费内容偏好呈现出多样化的特点。

根据调查数据（见表5-54），购买服装、鞋、帽等体育用品是消费者最倾向的消费内容，以57.50%居首位，表明服装、鞋、帽基本消耗品是武术类竞赛表演业的消费者最为普遍的消费内容。专业培训的消费内容紧随其后，显示出消费者对提升武术技能的浓厚兴趣。参与互动体验同样受到消费者的青睐，位列第四。参与互动体验可能包括现场参与武术表演、与运动员互动合影、体验武术课程等，这些活动能够增强消费者的参与感和体验感，使他们更加深入地了解武术文化。赛事观看也是消费者重要的消费内容之一，这反映出消费者对武术类竞赛表演活动的观赏需求较高，他们希望通过观看比赛来感受武术的魅力、了解武术运动员的风采。此外，购买赛事周边商品占40%。可见，为吸引和满足消费者的需求，武术类竞赛表演活动组织者需要持续加强门票销售、丰富周边商品种类、提升比赛观赏性和互动性等方面的工作。同时，也可以关注消费者的其他需求和偏好，为他们提供更加多样化的消费选择。

表5-54 成渝地区双城经济圈武术类竞赛表演业的消费内容（n=40）

项目（多选）	计数（人）	占比（%）	有效百分比（%）
器械装备购置	20	16.95	50.00
服装、鞋、帽等	23	19.49	57.50
专业培训	22	18.64	55.00
赛事观看	18	15.25	45.00
购买赛事周边商品	16	13.56	40.00
参与互动体验	19	16.10	47.50

（五）成渝地区双城经济圈武术类竞赛表演业的门票购买

在购买武术类竞赛表演活动门票方面，调查结果显示出多元化的特点。朋友/家人转让是最常见的购票渠道，以56.41%居首位（见表5-55）。这表明在武术类竞赛表演活动中，口碑传播和人际关系网络对门票销售具有重要影响。人们更倾向于通过朋友或家人的推荐和转让而获取门票，可能是因为这种方式更加便捷、可靠，且可能伴随着社交互动的乐趣。

表5-55 成渝地区双城经济圈武术类竞赛表演业的赛事购票途径（n=40）

购票方式（多选）	计数（人）	占比（%）	有效百分比（%）
官方网站	15	17.05	38.46
售票点	18	20.45	46.15
第三方票务平台	15	17.05	38.46
朋友/家人转让	22	25.00	56.41
其他	18	20.45	46.15

售票点是一个重要的购票渠道。售票点通常设在活动现场或人流密集的地方，方便观众直接购买门票。这种购票方式具有即时性和直观性，能够满足观众的即时购票需求。官方网站和第三方票务平台也占据了相当比例，均为38.46%。官方网站作为活动的主办方或官方渠道，具有权威性和可靠性，能够提供最新的票务信息和便捷的购票服务。而第三方票务平台通过整合多家活动资源，提供多

样化的票务选择和便捷的购票体验,满足观众的不同需求。此外,"其他"占比46.15%。这可能是由于消费者选择了其他非传统或未明确列出的购票渠道,如社交媒体团购、内部员工福利等。综上所述,为了优化武术类竞赛表演活动的门票销售,主办方可以加强官方网站的建设和宣传,提高售票点的服务质量和效率,同时与第三方票务平台建立合作关系,拓宽购票渠道。此外,可以利用口碑传播和人际关系网络的力量,通过朋友/家人转让等方式促进门票销售。

(六)成渝地区双城经济圈武术类竞赛表演业的广告赞助

由于四川、重庆武术类竞赛表演业的赛事活动多以政府管理部门、体育协会为主导,如大学生武术比赛、青少年武术散打锦标赛、青少年武术套路锦标赛等知名竞赛表演活动都是由政府体育管理部门、武术运动管理中心、体育协会等机构主办或承办。成渝地区武术类竞赛表演业的赛事赞助商冠名的赛事较少。主要赞助商如表5-56所示。

表5-56　成渝地区双城经济圈武术类竞赛表演业的部分赞助商

冠名赞助商	其他赞助商
卓信实业杯	成都统一企业食品有限公司、海南椒王博击文化产业有限公司、绵阳卓信实业有限公司、绵阳老凤祥银楼、绵阳今日体育、四川万向投资、绵阳同立集团、绵阳医博口腔、绵阳喜得好汤泉、四川茶博士文化传播有限公司、绵阳远华文化传媒、编阳长阳传媒、四川水丰网络传媒

这些赞助商通过提供资金和资源支持,为成渝地区的武术类赛事注入了新的活力,促进了武术运动的发展和推广。而赛事活动的举办,不仅展示了成渝地区武术文化的魅力,也体现了赞助商对地区文化体育事业发展的重视和支持。通过这些赞助活动,赞助商与成渝地区的武术爱好者建立了更紧密的联系,进一步推动了武术文化的传播和发展。

三、成渝地区双城经济圈武术类竞赛表演业的人文竞争力

(一)成渝地区双城经济圈武术类竞赛表演业的赛事特色

由表5-57可以看出,成渝地区双城经济圈武术类竞赛表演业围绕"赛事"这一本体产业,展现了丰富、多样、富有创意的主题特色,这些主题口号引领成渝地区武术类竞赛表演活动在鼓励参赛者展现技艺水平,传承和发展传统武术文化的同时,更注重体育道德和精神文明的建设,有效地推动了地区间的文化交流与合作,促进了区域武术文化的融合与发展。

表 5-57　成渝地区双城经济圈武术类竞赛表演业的赛事主题口号

项目	赛事名称	主题词	特色
套路	成都传统武术名人明星争霸赛	奋勇拼搏，共创辉煌	健体魄强素质，促发展上水平
套路	四川省太极拳锦标赛	永攀高峰，超越自我	赛事分组、严格防控、裁判级别高、广泛参与、社会关注度高
套路	四川省第八届少儿武术大赛	青春风采、武术传承	互相学习，取长补短，再接再厉，勇攀高峰
套路	成都市 2022 年青少年武术套路友谊赛	竞技比赛，追求卓越	团结拼搏，争创伟绩，飞跃梦想，自强不息赛事分组
套路	2022 年全国武术散打锦标赛（成都赛区）	弘扬传统文化，绽放武术魅力	赛事分组、社会关注高
散打	成都市 2022 年武术散打擂台赛	振奋精神，展示风采	国际参与度高、级别丰富、明星选手、文化融合、社会影响广
套路	成都市 2022 年巴渝英雄汇武术套路比赛	传承和弘扬中华传统武术文化	规格高、项目丰富、社会影响力大、传承和保护传统武术
散打	成都市 2023 年青少年武术散打锦标赛	力拔山河，气贯长虹	扬体育精神，展青春风采
套路	四川省传统武术锦标赛	弘扬传统文化，绽放武术魅力	是重庆市第七届运动会的一部分，设置了多个竞赛项目
套路	成都市 2023 年传统武术套路锦标赛	弘扬传统文化，绽放武术魅力	赛事分组、文化传承、重要赛事意义、广泛参与、社会关注度高
套路	重庆市第六届运动会太极拳比赛	六运好运，相约永川	赛事规格高、首设太极拳项目、产生首枚金牌、严格疫情防控
套路	重庆市大学生武术比赛	响应全民健身，推动武术发展	赛事分组、严格防控、裁判配置高、广泛参与、社会关注度高
套路	重庆市青少年武术套路锦标赛	青春风采、武术传承	参赛人数众多、项目丰富、专业性强、竞技水平高、文化交流平台以及武术传承与教育结合
套路	巴渝英雄汇武术套路比赛	响应全民健身，推动武术发展	拳术、器械、集体项目，还涵盖了少林类、武当类、峨眉类等传统类别
套路	2023 年重庆市传统武术套路锦标赛	弘扬传统文化，绽放武术魅力	赛事分组、社会关注高
散打	"胥众堂杯"诸冕英雄功夫工争霸赛	决战铜梁城，武动大重庆	国际参与度高、级别丰富、明星选手、文化融合、社会影响广
套路	传统武术套路锦标赛	传承和弘扬中华传统武术文化	规格高、项目丰富、影响力大、传承和保护传统武术

项目	赛事名称	主题词	特色
散打	重庆市青少年武术散打擂台赛	拳力以赴，奔跑吧·少年	采用单败淘汰制，前四名的选手可申报国家二级运动员
套路	重庆高新区第三届中小学生武术比赛	弘扬传统文化，绽放武术魅力	文化传承与教育密切结合，社会关注高

赛事口号注重结合地方特色文化元素，如文艺展演中的"巴渝风"等，使比赛不仅是一场体育竞技，也是一次文化的盛会，吸引了众多观众的目光。通过这些特色，成渝地区的武术类竞赛表演业不仅展示了地区武术文化的魅力，也促进了地区间的文化交流与合作，为传承和发展中华武术文化做出了积极贡献。

（二）成渝地区双城经济圈武术类竞赛表演业的赛事认知

1. 参与调查者的基本情况

在本次调查中（见表5-58），参与者的性别分布相对均衡，女性参与者稍多于男性，占比54.90%，显示出女性对武术类竞赛表演业的关注度和参与度较高。年龄分布广泛，涵盖了从18岁及以下到60岁以上的各个年龄段。其中，19~30岁的年轻群体占比最高，达到26.47%，表明年轻人群是武术类竞赛表演业的重要观众和潜在参与者。同时，各年龄段均有涉及，说明武术文化具有跨年龄段的吸引力。职业分布多样，退休人员占比最高，达到26.47%，表明退休后的人们有更多的时间和兴趣参与此类活动。然后是学生、企业员工和政府/事业单位员工，显示了不同职业背景的人群对武术类竞赛表演的不同程度的关注和参与。在文化程度方面，硕士研究生及以上学历的参与者占比最高，达到29.41%，表明高学历人群对武术文化的兴趣和认可度较高。

表5-58　成渝地区双城经济圈武术类竞赛表演业认知的
参与调查人群特征（n=102）

参与调查人群特征	特征	计数（人）	占比（%）
性别	男	46	45.09
	女	56	54.90
年龄（岁）	18及以下	23	22.55
	19~30	27	26.47
	31~45	20	19.61
	46~60	19	18.63
	60以上	13	12.75

参与调查人群特征	特征	计数（人）	占比（%）
职业	学生	18	17.65
	企业员工	17	16.67
	自由职业者	12	11.76
	政府/事业单位员工	17	16.67
	退休人员	27	26.47
	其他	11	10.78
学历	高中及以下	25	24.51
	专科	27	26.47
	本科	20	19.61
	硕士研究生及以上	30	29.41
月收入（元）	3500 以下	21	20.59
	3500～5500	31	30.39
	5501～8500	26	25.49
	8500 以上	24	23.53

同时，专科和本科学历的参与者也占据了相当比例，显示出武术文化在不同教育水平人群中的普及度。在收入水平方面，收入水平分布相对均匀，3500～5500 元的参与者最多，占比 30.39%，表明不同收入水平的人群均对武术类竞赛表演保持了一定的兴趣和参与度，武术文化并不局限于某一特定的经济阶层。

2. 参与调查者对成渝地区双城经济圈武术类竞赛表演业宏观条件的认知

在探讨哪些宏观条件对武术类竞赛表演业的发展最为重要时，调查结果显示了四个关键因素的显著影响（见表 5-59），这些因素的个案百分比均超过了 20%，且总计百分比超过了 100%（达到 201.04%），反映出每个受访者可能选择了多个他们认为重要的条件。①文化氛围居首位，显示出文化氛围对于武术类竞赛表演业发展的至关重要性。武术作为中国传统文化的重要组成部分，其传播和发展离不开良好的文化氛围。一个充满武术文化底蕴和热情的社会环境，能够激发更多人的兴趣和参与，从而促进该行业的繁荣。②经济发展水平（48.96%）紧随其后，表明其是推动武术类竞赛表演业发展的重要因素。经济水平的提高意味着人们有更多的可支配收入用于文化娱乐消费，同时也为赛事的举办和产业的运营奠定了坚实的物质基础。③基础设施建设位列第三，说明完善的基础设施对于该行业的发展同样重要。这包括场馆建设、交通网络、通信设施等多个方面。良好的基础设施能够提升赛事的举办质量和观众的观赛体验，从而吸引更多的观众和投资者。④政府政策支持排在第四位，是不可忽视的重要因素。政府政策的支持和引导能够为"武术类"竞赛表演业提供法律保障、资金扶持和市场规范，有助于降低行业风险，提升行业整体竞争力。因此，文化氛围、经济发展水平、基础设施建设和政府政策支持是推动武术类竞赛表演业发展的四大宏观条件。为了促进该行业的持续健康发展，需要社会各界共同努力，营造良好的文化氛围，提升经济发展水平，完善基础设施建设，并争取更多的政府政策支持。

表 5-59　调查对象对武术类竞赛表演业的宏观条件的内容选择（n=102）

宏观条件（多选）	计数（人）	占比（%）	有效百分比（%）
政府政策支持	44	22.80	45.83
经济发展水平	47	24.35	48.96
文化氛围	52	26.94	54.17
基础设施建设	50	25.91	52.08
总计	193	100.00	201.04

结合调查数据（见表 5-60），针对成渝地区双城经济圈"武术类"竞赛表演业发展的最重要宏观条件，调查结果显示了五个关键因素，这些因素的个案百分比均较为接近，且总计百分比超过了 100%（达到 272.73%），表明每个受访者可能选择了多个他们认为重要的条件。其中，地域条件（60.61%）位列第一，显示出地域条件对于成渝地区双城经济圈"武术类"竞赛表演业发展的重要性。这可能与该地区的地理位置、自然环境、文化底蕴等因素有关，为武术类竞赛表演活动提供了独特的背景和条件。交通条件（54.55%）、资源条件（54.55%）并列第二，表明交通和资源的便利性是促进该行业发展的关键。良好的交通条件能够方便观众和参赛者的出行，提升活动的可达性和影响力；而丰富的资源条件包括人才、资金、场地等多个方面，为活动的举办和产业的发展提供了有力支持。政策条件（51.52%）、经济条件（51.52%）并列第四，显示出政策和经济环境对于行业发展的重要性。政策条件包括政府的支持和引导、法律法规的完善等，能够为行业提供法律保障和政策支持；而经济条件涉及地区经济发展水平、消费能力等多个方面，直接影响市场的规模和潜力。因此，成渝地区双城经济圈"武术类"竞赛表演业发展的最重要宏观条件包括地域条件、交通条

件、资源条件、政策条件和经济条件。这些因素相互关联、相互影响，共同构成了推动该行业发展的宏观环境。为了促进该行业的持续健康发展，需要综合考虑这些因素，制定科学合理的发展规划和政策措施。

表 5-60　调查对象对武术类竞赛表演业的宏观发展条件重要性的认知（n=102）

条件（多选）	计数（人）	占比（%）	有效百分比（%）
地域条件	60	22.22	60.61
交通条件	54	20.00	54.55
资源条件	54	20.00	54.55
政策条件	51	18.89	51.52
经济条件	51	18.89	51.52
总计	270	100.00	272.73

3. 参与调查者对成渝地区双城经济圈承办武术类竞赛表演业能否增加就业的认知

关于武术类竞赛表演活动是否能带动其他产业发展的问题，受访者意见相对均衡（见表5-61），36.27%的受访者认为可以，30.39%的受访者认为不可以，同样比例（33.33%）的受访者表示说不清楚。这表明该领域对其他产业的潜在带动作用尚未达成广泛共识。

表 5-61　调查对象对承办武术类竞赛表演活动能否增加就业的认知（n=102）

认知度	计数（人）	占比（%）
可以	37	36.27
不可以	31	30.39
说不清楚	34	33.33

4. 参与调查者对成渝地区双城经济圈承办武术类竞赛表演活动的支持度

对于成渝地区双城经济圈承办武术类竞赛表演活动的支持度，受访者意见较为分散（见表5-62）。23.53%的人表示非常支持，18.63%的人表示支持，但也有相当一部分人（19.61%）表示不太支持或非常不支持。这反映出公众对该活动的看法存在差异。

表 5-62 调查者对成渝地区双城经济圈承办武术类
竞赛表演活动的支持度 （n=102）

支持度	计数（人）	占比（%）
非常支持	24	23.53
支持	19	18.63
一般	19	18.63
不太支持	20	19.61
非常不支持	20	19.61

5. 参与调查者对成渝地区双城经济圈武术类竞赛表演活动的喜爱度

在武术类竞赛表演活动的喜爱度方面（见表 5-63），25.49%的受访者表示非常喜欢，17.65%的受访者表示喜欢，但同样有 20.59%的受访者表示非常不喜欢。这表明该领域在吸引和保留观众方面仍需努力提升活动的质量和吸引力。成渝地区双城经济圈的武术类竞赛表演业在促进经济、增加就业、提升城市知名度等方面具有一定的潜力，但同时也面临着诸多挑战和不确定性。为了充分发挥其积极作用，需要政府、企业和社会各界共同努力，加强政策支持、资金投入、市场推广和品牌建设等方面的工作。同时，应关注公众的需求和反馈，不断优化活动内容和服务质量，提升观众的参与度和满意度。

表 5-63 调查对象对成渝地区双城经济圈武术类
竞赛表演活动的喜爱度 （n=102）

喜爱度	计数（人）	占比（%）
非常喜欢	26	25.49
喜欢	18	17.65
一般	23	22.55
不太喜欢	14	13.73
非常不喜欢	21	20.59

6. 参与调查者进行成渝地区双城经济圈武术类竞赛表演业消费影响因素

在探讨影响参与调查者武术类竞赛表演业消费的因素时，调查结果显示了多方面的影响因素（见表 5-64），反映出消费者在选择参与武术类竞赛表演活动时考虑的多样性。

表5-64　影响调查对象进行武术类竞赛表演活动消费的因素（n=102）

影响因素（多选）	计数（人）	占比（%）	有效百分比（%）
体育生活方式的影响	53	8.29	51.96
观看赛事的兴趣爱好程度	54	8.45	52.94
赛事举办的时间、级别、规模等影响力	45	7.04	44.12
赛事期间举行的其他重大活动或特殊事件	38	5.95	37.25
观看赛事的便利程度	47	7.36	46.08
不同运动项目及其赛事的组织形式与创新	46	7.20	45.10
赛事环境与门票销售价格	49	7.67	48.04
赛事推广力度与媒介宣传效果	49	7.67	48.04
现代社会生活节奏加快的影响	50	7.82	49.02
休闲娱乐方式日益多元氛围的影响	44	6.89	43.14
参赛明星、名人代言与现场专家解说的效应	55	8.61	53.92
城市经济发展的总体水平	53	8.29	51.96
其他	56	8.76	54.90
总计	639	100.00	626.47

参赛明星、名人代言与现场专家解说的效应（53.92%）居榜首，表明参赛明星、名人的影响力和现场专家解说的专业性对吸引观众参与具有重要作用。明星效应和专家解说能够提升赛事的吸引力和观赏性，从而增加观众的参与意愿。观看赛事的兴趣爱好程度（52.94%）、体育生活方式的影响（51.96%）、城市经济发展的总体水平（51.96%），这三个因素以相近的个案百分比位列第二梯队，显示出兴趣爱好、体育生活方式和城市经济发展水平对消费者参与武术类竞赛表演活动的重要影响。兴趣爱好是驱动消费者参与的重要因素，体育生活方式的改变则反映了社会文化的变迁，而城市经济发展水平直接关联到消费能力和市场需求。赛事推广力度与媒介宣传效果（48.04%）、赛事环境与门票销售价格（48.04%）这两个因素并列第三，表明赛事的推广和媒介宣传对于提高知名度和吸引力至关重要，而赛事环境和门票价格则直接影响到消费者的实际购买决策。观看赛事的便利程度（46.08%）、不同运动项目及其赛事的组织形式与创新（45.10%）、现代社会生活节奏加快的影响（49.02%）、休闲娱乐方式日益多元氛围的影响（43.14%），这些因素反映了消费者对参与武术类竞赛表演活动的多方面考虑，包括便利性、创新性、社会节奏和休闲娱乐方式的多样性。这些因素共同作用于消费者的决策过程，影响其参与意愿和行为。赛事举办的时间、级别、规模等影响力（44.12%），赛事期间举行的其他重大活动或特殊事件

（37.25%），这两个因素虽然个案百分比相对较低，但显示出一定的影响力。赛事的举办时间、级别和规模等因素能够影响赛事的知名度和影响力，而赛事期间的其他重大活动或特殊事件则可能吸引更多关注和参与。其他（54.90%）表明除上述列举的因素外，还可能存在其他未明确列出的因素影响着消费者的参与决策。

7. 参与调查者对成渝地区双城经济圈武术类竞赛表演业发展优势的认知

成渝地区双城经济圈在发展武术类竞赛表演业方面具有多方面的优势。从调查结果来看（见表5-65），政策支持、武术文化底蕴深厚、观众基础广泛以及地理位置优越是受访者普遍认可的主要优势。政策支持（53.00%）居前列，显示出政策环境对于推动该领域发展的重要作用。政府通过出台相关政策，为武术类竞赛表演业提供了有力的制度保障和扶持措施，有助于吸引更多的投资和参与者。武术文化底蕴深厚也是不可忽视的优势之一，占比达到52.00%。

表5-65　调查对象对成渝地区武术类竞赛表演业的发展优势的认知（n=102）

发展优势（多选）	计数（人）	占比（%）	有效百分比（%）
政策支持	53	19.70	53.00
武术文化底蕴深厚	52	19.33	52.00
观众基础广泛	60	22.30	60.00
地理位置优越	54	20.07	54.00
其他（请填写）	50	18.59	50.00
总计	269	100.00	269.00

成渝地区作为中国武术的重要发源地之一，拥有悠久的历史和深厚的文化底蕴，为武术类竞赛表演业的发展提供了丰富的资源和灵感。观众基础广泛（60.00%）是受访者最为看重的优势。这得益于武术运动在成渝地区的广泛普及和深厚群众基础，使武术类竞赛表演业拥有庞大的观众群体和市场需求。地理位置优越同样是一个重要的优势，占比54.00%。成渝地区地处中国西南地区，交通便利，辐射范围广，有利于吸引周边地区乃至全国的观众和参与者前来观看和参与武术类竞赛表演活动。此外，其他因素如经济发展水平、市场潜力、人才储备等也被部分受访者提及，这些因素共同构成了成渝地区双城经济圈发展"武术类"竞赛表演业的综合优势。

（三）成渝地区双城经济圈武术类竞赛表演业的人才体系

1. 成渝地区双城经济圈武术类赛事教练员的基本情况

根据调查数据可以看出（见表5-66），在成渝地区双城经济圈武术类竞赛表演业的赛事教练员的等级分布中，B 级教练员（高级）占比最高，达到 32.35%，显示出在该领域内，高级别的教练员占据了主导地位。同时，A 级教练员（国家级）和 C 级教练员（中级）的占比相当，均为 23.53%，表明教练员队伍在等级上呈现出较为均衡的分布。而 D 级教练员（初级）虽然占比较低，但仍是构成整个教练团队不可或缺的一部分。执教年限的分布显示出教练员的执教经验差异较大。有 2 年以下和 2~4 年经验的教练员占比较大，分别为 23.53% 和 21.57%，表明有相当一部分教练员是相对较新的。然而，有 7~10 年经验的教练员占比也达到了 25.49%，显示出该领域不乏经验丰富的教练。同时，有 10 年以上经验的教练员占比 17.65%。年执教 3 次和 4~8 次是两个主要的集中区间，分别占比 23.53% 和 32.35%，说明大多数教练员每年会带队参加多次比赛。

表5-66　成渝地区双城经济圈武术类竞赛表演业的赛事教练员基本特征（n=102）

教练员基本特征	基本情况	计数（人）	占比（%）
教练员等级	D 级教练员（初级）	21	20.59
	C 级教练员（中级）	24	23.53
	B 级教练员（高级）	33	32.35
	A 级教练员（国家级）	24	23.53
执教年限（年）	2 以下	24	23.53
	2~4	22	21.57
	5~7	12	11.76
	7~10	26	25.49
	10 以上	18	17.65
年执教次数（次）	3	24	23.53
	4~8	33	32.35
	9~12	24	23.53
	12 以上	21	20.59
指导成绩	国家级前三	23	22.55
	省级前三	27	26.47
	省级前八	31	30.39
	其他	21	20.59

　　带队次数在 9~12 次和 12 次以上的占比也相当大，分别占 23.53%、20.59%，显示出有部分教练员在比赛参与上更加积极和频繁。在球队取得的最好成绩方面，省级前三和省级前八的占比较高，分别为 26.47% 和 30.39%，表明

多数球队在省级比赛中取得了不错的成绩。同时，国家级前三的占比也达到了22.55%，显示出有部分球队在全国范围内也具备了一定的竞争力。

2. 成渝地区双城经济圈武术类赛事运动员的基本情况

根据调查数据分析看（见表5-67），成渝地区双城经济圈武术类竞赛表演业的赛事运动员的等级分布呈现出一定的梯度发展现状。国际武英级（国际级运动健将）和武英级（运动健将）的占比较高，分别为27.45%和15.69%，表明在运动员队伍中，高水平运动员占据了一定比例。同时，一级武士至三级武士的占比相对稳定，而武童（少年运动员）的占比相对较低，但仍是运动员队伍中的重要组成部分。太极拳以35.29%的占比成为运动员最集中的运动专项，显示出太极拳在该领域的普及度和受欢迎程度。传统器械和传统拳术也占据了较大比例，分别为27.45%和17.65%。健身气功的占比虽然较低，但反映出运动员在运动专项选择上的多样性。运动年限的分布显示出运动员的经验差异较大。其中，年限在1年以下的运动员占比较高，达到34.31%，这可能与新运动员的加入有关。而1~3年和4~6年的运动员占据相当比例，分别为29.41%和19.61%。

表5-67 成渝地区双城经济圈武术类竞赛表演业的赛事运动员基本特征（n=102）

运动员基本特征	基本情况	计数（人）	占比（%）
运动员等级	国际武英级（国际级运动健将）	28	27.45
	武英级（运动健将）	16	15.69
	一级武士（一级运动员）	11	10.78
	二级武士（二级运动员）	17	16.67
	三级武士（三级运动员）	17	16.67
	武童（少年运动员）	13	12.75
专项	传统拳术	18	17.65
	传统器械	28	27.45
	太极拳	36	35.29
	健身气功	20	19.61
运动年限（年）	1以下	35	34.31
	1~3	30	29.41
	4~6	20	19.61
	7及以上	17	16.67
	从未参加过	12	11.76

运动员基本特征	基本情况	计数（人）	占比（%）
年参赛次数（次）	1~3	23	22.55
	4~6	20	19.61
	7~9	21	20.59
	10及以上	26	25.49
取得成绩	国际级	28	27.45
	国家级	24	23.53
	省级	27	26.47
	市级	23	22.55

运动年限在 7 年及以上的运动员占比较低，但他们的长期训练经验对武术类竞赛表演业的发展具有重要价值。在参加省级以上大型赛事的次数上，运动员呈现出较为均衡的分布。从未参加过的运动员占比较低，而参加过 1~3 次、4~6 次、7~9 次和 10 次及以上的运动员占比均相当，表明多数运动员都有机会参与到高级别的赛事中，提升自己的竞技水平。在竞赛中取得的最好成绩方面，国际级、国家级和省级的占比均较高，分别为 27.45%、23.53% 和 26.47%，表明运动员在各级别赛事中均有一定的竞争力。市级占比也达到了 22.55%，显示出运动员在地方赛事中的良好表现。

3. 成渝地区双城经济圈武术类赛事裁判员的基本情况

裁判员等级的分布显示出裁判员队伍的专业性和高水平（见表 5-68）。国际级和国家级裁判员占比较高，分别为 27.45% 和 28.43%，表明在裁判员队伍中，具备国际和国家级资质的裁判员占据了主导地位。一级和二级裁判员的占比相当，为裁判员队伍奠定了坚实的人才基础。执裁年限的分布反映出裁判员的经验差异。4~6 年经验的裁判员占比最高，达到 32.35%，表明有相当一部分裁判员在这个时间段积累了丰富的执裁经验。

表 5-68　成渝地区双城经济圈武术类竞赛表演业的赛事裁判员基本特征（n=102）

裁判员基本特征	基本情况	计数（人）	占比（%）
等级	国际级	28	27.45
	国家级	29	28.43
	一级	18	17.65
	二级	27	26.47

续表

裁判员基本特征	基本情况	计数（人）	占比（%）
执裁年限（年）	1 以下	22	21.57
	1~3	18	17.65
	4~6	33	32.35
	7 及以上	29	28.43
省级以上大型赛事的执裁次数（次）	1~3	22	21.57
	4~6	23	22.55
	7~9	30	29.41
	10 及以上	27	26.47

同时，制裁年限在 1 年以下、1~3 年和 7 年及以上的裁判员占据了相当比例，分别占比 21.57%、17.65%和 28.43%，显示出裁判员队伍在执裁经验上的多样性和均衡性。在执裁省级以上大型比赛的次数上，裁判员呈现出较为均衡的分布。执裁过省级以上大型赛事 1~3 次、4~6 次和 10 次及以上的裁判员占比相当，分别占比 21.57%、22.55%、29.41%和 26.47%，其中，执裁 7~9 次的裁判有 30 人，占比 29.41%，居第一位，表明多数裁判员都有机会参与到高级别的赛事执裁中，提升自己的专业水平和执裁经验。

（四）成渝地区双城经济圈武术类竞赛表演业的品牌赛事

成渝地区双城经济圈在武术类竞赛表演业的发展过程中，面临着多方面的挑战。从调查结果来看（见表5-69），缺乏知名品牌赛事、市场竞争加剧、观众兴趣减弱、赛事宣传不足以及其他因素是当前最为突出的挑战。缺乏知名品牌赛事是受访者普遍提到的一个问题，占比 43.43%。知名品牌赛事的缺失意味着该领域在吸引观众、提升影响力和竞争力方面存在不足。缺乏具有标志性的赛事不仅难以吸引高水平运动员和教练员的参与，也难以激发观众的观看热情和兴趣。市场竞争加剧也是一个重要的挑战，占比 51.52%。随着武术类竞赛表演业的不断发展，越来越多的地区和城市开始加大对该领域的投入和扶持，导致市场竞争日益激烈。成渝地区需要在激烈的市场竞争中寻找自身的特色和优势，以提升竞争力和影响力。观众兴趣减弱同样是一个需要关注的问题，占比 52.53%。观众是武术类竞赛表演业发展的重要基础，如果观众对赛事的兴趣减弱，将直接影响到赛事的票房收入和影响力。因此，如何保持和提升观众的兴趣成为一个亟待解决的问题。赛事宣传不足也是当前面临的一个挑战，占比 44.44%。赛事宣传是吸引观众和提升赛事知名度的关键手段之一。赛事宣传不足，将导致观众对赛事的了解不足，进而影响到赛事的参与度和关注度。

表5-69　参与调查者认为武术类竞赛表演业的品牌赛事建设中
存在的问题（n=102）

存在问题（多选）	计数（人）	占比（%）	有效百分比（%）
缺乏知名品牌赛事	43	17.77	43.43
市场竞争加剧	51	21.07	51.52
观众兴趣减弱	52	21.49	52.53
赛事宣传不足	44	18.18	44.44
其他（请填写）	52	21.49	52.53
总计	242	100.00	244.44

　　因此，加强赛事宣传对于推动成渝地区双城经济圈武术类竞赛表演业的发展具有重要意义。其他因素如资金短缺、人才匮乏、基础设施不完善等也被部分受访者提及为当前面临的挑战。这些因素共同构成了成渝地区双城经济圈"武术类"竞赛表演业发展的复杂环境和多重挑战。因此，武术的市场化运作在品牌建设的发展中仍需要政府、企业和社会各界支持。

　　成渝地区双城经济圈在武术类竞赛表演业的发展过程中，尽管已取得一定成就，但在多个方面有待进一步提升。从调查结果来看（见表5-70），赛事组织、表演水平、观众体验、宣传推广、市场化运作以及赛事产品产业链等方面是当前最为需要改进的领域。赛事组织（48.51%）显示出其在提升中的重要地位。一个成功的赛事不仅需要高水平的运动员和教练员，更需要专业的组织团队来确保赛事的顺利进行。因此，提升赛事组织能力，包括赛事策划、执行、管理等方面的水平，是成渝地区双城经济圈武术类竞赛表演业发展的关键。表演水平（57.43%）是需要重点关注的方面，占比达到16.20%。表演水平的高低直接影响到观众对赛事的满意度和认同感。因此，加强运动员和教练员的培训，提升他们的技艺水平和表演能力，是提升表演水平的重要途径。观众体验（44.55%），包括改善观赛环境、提供优质的观赛服务、增加观众互动等方面。通过提升观众体验，可以吸引更多的观众参与到赛事中，进而提升赛事的影响力和商业价值。宣传推广（14.25%），有效的宣传推广能够扩大赛事的知名度和影响力，吸引更多的人的关注和参与。因此，加大宣传推广力度，创新宣传方式，强化宣传效果，是成渝地区双城经济圈武术类竞赛表演业发展的关键。市场化运作（42.57%），其有助于提升赛事的商业价值和市场竞争力。通过引入市场机制，加强赛事的商业化运作，可以吸引更多的人投资和企业参与，为赛事的持续发展提供有力支持。赛事产品产业链的完善（56.44%），包括赛事相关产品的开发、生产、销售等环节。通过完善产业链，可以进一步挖掘赛事的商业价值，提升赛事的整体效益。此外，其他方面如场馆设施、人才培养、政策支持等也被部分受访者提及为当前需要提升的领域。这些方面的提升将有助于全面推动成渝地区双城经济圈"武术类"竞赛表演业的发展。为了实现这些提升，需要政府、企业和社会各界的共同努力和支持。

表 5-70　参与调查者对武术类竞赛表演业的品牌赛事提升内容的选择（n=102）

内容（多选）	人数（人）	占比（%）	有效百分比（%）
赛事组织	49	13.69	48.51
表演水平	58	16.20	57.43
观众体验	45	12.57	44.55
宣传推广	51	14.25	50.50
市场化运作	43	12.01	42.57
赛事产品产业链	57	15.92	56.44
其他（请填写）	55	15.36	54.46
总计	358	100.00	354.46

第四节　成渝地区双城经济圈操舞类竞赛表演业的核心竞争力

一、成渝地区双城经济圈操舞类竞赛表演业的运行竞争力

(一) 成渝地区双城经济圈操舞类竞赛表演业的赛事规模

在成渝地区双城经济圈中，操舞类竞赛表演业呈现出蓬勃发展的态势。这一领域不仅为成渝地区双城经济圈的人民群众提供了丰富多彩的文体娱乐活动，也为成渝地区双城经济圈的经济发展注入了新的活力。统计数据分析显示（见表 5-71），近年来成渝地区双城经济圈操舞类竞赛表演业的数量规模呈现出稳步增长的趋势。从参赛队伍数量看，越来越多的中小学、高校和社区开始组建操舞团队，积极参与成渝地区双城经济圈内各类竞赛表演赛事，为成渝地区双城经济圈操舞类竞赛表演业不断注入新鲜血液，同时也为成渝地区双城经济圈的整个社会的体育氛围提供了良好的典范。随着"操舞类"竞赛表演赛事级别的提升，整

个成渝地区双城经济圈参赛队伍的整体水平也在不断提高，呈现出更加专业化、规范化的特点。

表5-71　四川省操舞类竞赛表演业的部分赛事活动

时间	地点	赛事名称	级别
2021年5月	成都	CEFA体育舞蹈（国际标准舞）"哇赛舞王"全国大奖赛	国家级
2021年9月	德阳	"川体集团杯"四川省第三届全民健身运动会暨"我要上全运"社区运动会体育舞蹈（国标舞）	省级
2022年5月	成都	2022年成都市锦江区中小学生健美操（啦啦操）比赛	市级
2022年6月	成都	"奥运之星"2022年成都市青少年体操锦标赛展示大会	市级
2022年6月	成都	2022年温江区青少年健美操、啦啦操、街舞公开赛	市级
2022年6月	成都	"东安杯"2022年龙泉驿区体育展示大赛	市级
2022年7月	成都	"奔跑吧·少年"2022年川渝幼儿快乐体操展示活动	省级
2022年7月	遂宁	遂宁市第三届体育舞蹈锦标赛暨首届中国舞锦标赛	国家级
2022年11月	成都	成都市第九届全民健身运动会第九套广播体操比赛	市级
2022年12月	成都	2022年成渝双城经济圈暨成德眉资同城化青少年艺术体操邀请赛	省级
2023年3月	成都	2023年锦江区中小学生健美（啦啦操）韵律操比赛暨第三届成都市青少年（学生）运动会健美韵律操比赛	市级
2023年4月	成都	2022年全国体操冠军赛	国家级
2023年4月	都江堰	2023年全国体操、蹦床、艺术体操项目体能测试赛	国家级
2023年4月	成都	2023中国体操精英挑战赛（成都站）	国家级
2023年5月	南充	四川省第三十二届体育舞蹈（国标舞）锦标赛	省级
2023年5月	成都	2023年成都市青少年体操锦标赛	市级
2023年5月	绵阳	第十六届中国大学生体育舞蹈锦标赛	国家级
2023年6月	成都	武侯区第十届全民健身运动会暨2023年武侯区校园体操、艺术体操比赛	市级
2023年8月	南充	"星火杯"2023年四川省青少年艺术体操锦标赛	省级
2023年9月	成都	第十一届世界体育舞蹈节	国际级
2023年10月	成都	武侯区第十届全民健身运动会广播体操和工间操比赛	市级

资料来源：四川省体育局官网、成都市体育局官网。

在竞赛表演活动的组织方面，成渝地区双城经济圈两地政府和相关机构积极举办各个层级、不同人群、不同类型的操舞类比赛和演出活动，为参赛队伍提供了广阔的展示平台（见表5-72）。这些活动也吸引了众多国内国际的观众前来观看，进一步推动了成渝地区双城经济圈操舞类竞赛表演业的发展。

表 5-72　重庆市操舞类竞赛表演业的部分赛事活动

举办时间	举办地点	赛事名称	赛事级别
2021 年 5 月	沙坪坝区	2020 年重庆市排舞比赛	市级
2021 年 10 月	沙坪坝区	"中国体育彩票" 2021 年成渝街舞公开赛	省级
2021 年 12 月	涪陵区	重庆市青少年艺术体操锦标赛	市级
2022 年 7 月	万州区	重庆市体育舞蹈全国公开赛	省级
2022 年 7 月	巴南区	"奔跑吧·少年" 重庆第十二届体育舞蹈锦标赛	省级
2023 年 3 月	沙坪坝区	2022 年全国艺术体操锦标赛	国家级
2023 年 4 月	万州区	2022 年重庆市青少年艺术体操锦标赛	省级
2023 年 4 月	彭水县	中国·重庆国际标准舞巡回赛彭水站暨彭水首届国际标准舞（体育舞蹈）锦标赛	省级
2023 年 4 月	巴南区	2023 中国重庆体育舞蹈公开赛	省级
2023 年 8 月	大足区	2023 年全民健身日老年人第九套广播体操比赛	省级
2023 年 10 月	九龙坡区	2023 年中国广场舞大赛（重庆站）	国家级
2023 年 10 月	双桂城区	2023 中国·重庆国际标准舞巡回赛——梁平站暨重庆市梁平区首届国际标准舞（体育舞蹈）锦标赛	国家级
2023 年 11 月	合川区	2023 年重庆市青少年艺术体操锦标赛	省级
2023 年 12 月	江津区	2023 年重庆市老年人广场舞比赛	省级
2023 年 12 月	万盛经开区	"奔跑吧·少年" 2023 年川渝青少年操舞交流赛暨重庆市青少年操舞苗子赛	省级

资料来源：重庆市体育局官网。

通过对成渝地区双城经济圈近三年举办的操舞类竞赛表演活动举办的时间、地点、主题进行分析，不难看出成渝地区所举办的操舞类赛事的规模与数量是逐年增长的，并且所举办的赛事整体的级别也有所提高，从 2021 年大部分举办操舞类竞赛表演活动级别为市级，到 2023 年举办比赛大多为省级还有多个国家级赛事的支持。赛事活动的种类也越来越丰富，反映了当下成渝地区双城经济圈操舞类竞赛表演业的发展情况越来越好。操舞类竞赛表演活动办赛水平的不断提高，是成渝地区双城经济圈操舞类竞赛表演业竞争力提升的体现。同时，随着成渝地区双城经济圈建设的深入推进，操舞类竞赛表演业有望继续保持快速发展的势头，两地政府和相关机构将加大对这一领域的支持力度，推动其向更高水平、更广领域发展。

（二）成渝地区双城经济圈操舞类竞赛表演业的竞赛组别

成渝地区双城经济圈操舞类竞赛表演业的赛事组别设置涵盖了从儿童到成年人等多个年龄段，包括大众健身操舞、竞技健美操、啦啦操、体育舞蹈和艺术体操等多种项目（见表5-73）。这些组别的设置既体现了对参赛选手技术水平的全面展示，也强调了赛事参与的广泛性和趣味性，以满足不同年龄和技能水平的参赛者。

表5-73　成渝地区双城经济圈操舞类竞赛表演业的赛事竞赛组别

类别	竞赛组别（岁）		项目内容
啦啦操	儿童组（6~12）		爵士风格 花球风格 街舞风格
	青少年组（12~18）		
	公开组（18以上）		
	社会组（18~35）		
健美操	全国锦标赛（成都、重庆站）	成年组18以上（含18）	健将级 精英级	①竞技项目：男子单人操、女子单人操、混合双人操、三人操、五人操； ②成年组设有氧舞蹈（8人）和有氧踏板（8人）； ③少年组：有氧舞蹈（6~8人）和有氧踏板（6~8人）；少年组、预备组、少儿组只设有氧舞蹈（6~8人）
		青年组（15~17）	一级 精英级	
		少年组（12~14）	二级 精英级	
		预备组（9~11）	精英级	
		少儿组（6~8）	精英级	
	大学生健美操比赛	高水平组		①规定套路 ②自编套路 ③校园健美操运动明星争霸赛
		体育专业组		
		普通大学生组		
体育舞蹈	专业组			A/B/C/D/E/F组拉丁舞、 A/B/C/D/E/F组标准舞、 全能两支舞、全能四支舞、全能六支舞、单人两项、三项、四项拉丁舞、 单人两项标准舞、单人三项标准舞、 六人队列（专业组）、团体舞（专业组）
	普通组			A/B/C/D/E组拉丁舞 单人单项拉丁舞R/C 单人两项拉丁舞、单人三项拉丁舞 A/B/C/D/E/F组标准舞 单人两项标准舞、单人三项标准舞 全能两支舞、全能四支舞、 六人队列（普通组）、团体舞（普通组）

类别	竞赛组别（岁）		项目内容	
艺术体操	青少年组	青年组 （17 及以下）	个人	二级 A 组：规定动作（绳、圈） 三级 A 组：规定动作（徒手、圈）
			集体	规定动作（5 人圈）
		少年组 （10 及以下） 二级精英级	个人	精英组： 规定动作（徒手、绳、圈、棒） 甲组：二级 B 组 规定动作（绳、圈、球） 乙组：三级 B 组 规定动作（徒手、圈、棒） 丙组：规定动作（徒手、绳、球）
			集体	规定动作（徒手、5 人圈）
	成年组		个人	规定动作（圈、球、棒、带）
			集体	规定动作（5 圈、3 带、2 球）

（三）成渝地区双城经济圈操舞类竞赛表演业的经费来源

调查结果显示（见表 5-74），赞助商赞助（86.46%），运动员报名费（79.17%），社会、企业捐助（66.67%），这些数据充分表明了成渝地区双城经济圈"操舞类"竞赛表演业的赛事市场化运作取得了显著成效。以赞助商为主要资金来源来赞助支持成渝地区操舞类赛事的举办，有效地稳定和确保了赛事资金来源的可持续性。

表 5-74　成渝地区双城经济圈操舞类竞赛表演业的赛事经费来源（n=96）

经费来源（多选）	计数（人）	占比（%）	有效百分比（%）
地方政府拨款	57	14.65	59.38
社会、企业捐助	64	16.45	66.67
赞助商赞助	83	21.34	86.46
运动员报名费	76	19.54	79.17
门票收入	53	13.62	55.21
广告收入	33	8.48	34.38
其他（请填写）	23	6.68	23.96

（四）成渝地区双城经济圈操舞类竞赛表演业的运作机构

调查数据分析显示（见表5-75），单项体育协会、体育局有关政府部门和体育文化公司是主要的赛事运作机构。其中，单项体育协会（87.50%）显示出单项体育协会作为非官方的组织，能够在政府和国际单项体育组织间发挥桥梁和纽带作用，协调处理各种关系，确保赛事顺利进行的作用和功效得到了广泛认可，也反映出体育竞赛表演业未来的发展运作趋势。

表5-75 成渝地区双城经济圈操舞类竞赛表演业的赛事运作机构（n=96）

运作机构（多选）	计数（人）	占比（%）	有效百分比（%）
体育局有关政府部门	78	25.19	81.25
单项体育协会	84	27.45	87.50
举办本次比赛成立的组织机构	32	10.46	33.33
赛事专门运作机构	21	6.86	21.87
体育文化公司	76	24.84	79.16
其他	15	4.90	20.11

体育文化公司占比79.16%，表明其在商业化运作方面的活跃性。体育局有关政府部门作为官方机构占比81.25%，表明政府仍是推动操舞类竞赛表演业的赛事运作的重要部门。此外，赛事专门运作机构占比21.87%，这可能是由于调查者认为"操舞类"赛事的精彩程度和吸引力不足，营销策略和手段也不足，导致赛事的知名度和影响力有限，难以吸引人们足够的关注和参与。

（五）成渝地区双城经济圈操舞类竞赛表演业的组织管理

组织管理对于成渝地区双城经济圈操舞类竞赛表演业竞争力的提升起着中枢调控的作用，就操舞类竞赛表演业的产业运行而言，在开展操舞类竞赛表演活动时，需要一个管理团队统筹整个活动的运营，从活动的策划、物资的准备、活动的宣传推广到活动的举办、活动的总结及二次宣传等。

此外，操舞类竞赛表演业在其他的产业活动中也需要组织者或管理层对每项工作做全局方面的统筹规划，所以，成渝地区双城经济圈操舞类竞赛表演业竞争力的提升离不开组织管理的参与，这样才能为操舞类竞赛表演产业的高效运行提供保障。通过专家问卷调查了解到（见表5-76），在开展成渝地区双城经济圈操舞类竞赛表演活动的组织管理工作中，专家问卷反馈结果认为"制订赛事活动开展的计划与方案"对于成渝地区双城经济圈操舞类竞赛表演活动的开展是必备的。而对于"组成若干团队,加强分工协作""定期召开工作会议,解决疑难问题""开设赛事活动宣传部门,明确工作职责"也有极高的认同度,由此可见,一个成熟的操舞类竞赛表演活动的开展,除在活动前要制订赛事活动开展的计划与方案外,还要重视团队、分工、协作等赛事活动宣传部门,明确工作。此外,对于"赛事活动的风险管理"和"赛事结束,对全程工作进行评估总结"认为同等重要,前者保证了操舞类竞赛表演活动顺利运作的抗风险能力,后者通过每次开展操舞类竞赛表演活动进行经验总结,是整个操舞类竞赛表演业向前发展的动力源泉。因此,成渝地区双城经济圈操舞类竞赛表演业在发展过程中,开展有关活动时,要把组织管理的工作做好做牢。

表5-76　成渝地区双城经济圈操舞类竞赛表演活动的组织管理工作 (n=96)

组织管理工作	计数 (人)	占比 (%)	有效百分比 (%)
制订赛事活动开展的计划与方案	96	20.47	100.00
组成若干团队,加强分工协作	87	18.55	90.63
定期召开工作会议,解决疑难问题	74	15.78	77.08
开设赛事活动宣传部门,明确工作职责	67	14.29	69.79
赛事结束,对全程工作进行评估总结	56	11.94	58.33
赛事活动的风险管理	57	12.15	59.38
赛事活动全程的监督与运营	32	6.82	33.33
其他	0	0	0

(六) 成渝地区双城经济圈操舞类竞赛表演业的推广途径

成渝地区双城经济圈操舞类竞赛表演业的赛事推广途径多种多样,调查结果显示(见表5-77),互联网/社交媒体是操舞类赛事推广的主要途径之一,占比36.46%,表明现代新媒体传播在推广操舞类竞赛表演活动中具有重要地位。户外广告也是一个非常重要的信息来源,占比34.38%。这充分表明数字化媒体和户外广告在信息传播方面的广泛覆盖及影响力。

朋友/家人推荐占比33.33%,显示出人际传播在推广操舞类竞赛表演活动中的强大力量,口碑效应对于吸引观众和参与者至关重要。报纸/杂志、其他和电视/广播等推广途径分别占比32.29%、31.25%和27.08%,虽然此三类途径占比相对较低,但仍是赛事推广不可忽视的重要途径。

表5-77 成渝地区双城经济圈操舞类竞赛表演业的赛事推广途径 （n=96）

推广途径（多选）	计数（人）	占比（%）	有效百分比（%）
电视/广播	26	13.90	27.08
互联网/社交媒体	35	18.72	36.46
报纸/杂志	31	16.58	32.29
户外广告	33	17.65	34.38
朋友/家人推荐	32	17.11	33.33
其他	30	16.04	31.25

二、成渝地区双城经济圈操舞类竞赛表演业的消费竞争力

（一）成渝地区双城经济圈操舞类竞赛表演业的消费人群

消费者的消费水平直接影响着成渝地区双城经济圈操舞类竞赛表演业的发展，此次研究采用问卷调查法和专家访谈法相结合。问卷采用线上发放的形式，回收有效问卷349份，问卷主要发放人群为成都高校体育专业学生、高校体育教师、体校、俱乐部人员以及赛事观看群众。

如表5-78所示，男性人数为113人，占比32.4%，女性人数为236人，占比67.6%，可见，成渝地区双城经济圈操舞类竞赛表演业的消费人群中女性消费者高于男性；消费人群中，17~23岁的有229人，占比65.6%，24~29岁的有81人，占比23.2%，30岁及以上的有39人，占比11.2%，表明青年人在操舞类竞赛表演的消费中是主力消费群体。操舞类消费人群的学历结构中高中及以下的有16人，占比4.6%，大专、本科的有278人，占比79.6%，硕士及以上的有55人，占比15.8%，主要集中在大学生群体中。操舞类消费人群的月收入在3000元及以下的有168人，占比48.1%，3001~6000元的有67人，占比19.2%，6001~10000元的有77人，占比22.1%，10000元以上的有37人，占比10.6%。

表5-78 成渝地区双城经济圈操舞类竞赛表演业的消费人群基本特征统计 （n=349）

消费人群基本特征	分类	人数（人）	占比（%）
性别	男	113	32.4
	女	236	67.6
年龄（岁）	17~23	229	65.6
	24~29	81	23.2
	30及以上	39	11.2

消费人群基本特征	分类	人数（人）	占比（%）
受教育程度	高中及以下	16	4.6
	大专、本科	278	79.6
	硕士及以上	55	15.8
月收入（元）	3000及以下	168	48.1
	3001~6000	67	19.2
	6001~10000	77	22.1
	10000以上	37	10.6

（二）成渝地区双城经济圈操舞类竞赛表演业的消费频度

随着人们对健康和娱乐需求的增加，操舞类竞赛表演业的发展吸引了越来越多的消费者参与（见表5-79）。在调查者的年度消费频度的调查中，选择消费频次一季度1次的人数有90人，占比25.8%。半年1次的人数有84人，占比24.1%，1个月1次的有48人，占比13.8%。随机购买、活动促销和一年1次的分别占比13.2%、11.7%和11.4%。这反映了在特定消费行为中，有相当一部分人群的消费频度呈现出稳步增长的态势。因此，企业和市场应进一步了解消费者的消费习惯和偏好，指导产品或服务的推广策略，以满足消费者的消费需求。

表5-79 成渝地区双城经济圈操舞类竞赛表演业消费者的消费频度（n=349）

消费频度	人数（人）	占比（%）
随机购买	46	13.2
1个月1次	48	13.8
一季度1次	90	25.8
半年1次	84	24.1
一年1次	40	11.4
活动促销	41	11.7
总计	349	100.0

（三）成渝地区双城经济圈操舞类竞赛表演业的消费金额

从现实的数据来看（见表5-80），成渝地区双城经济圈操舞类竞赛表演业消费者的年度消费支出在500~1000元的占比13.5%，5000元以上的占比22.1%。一方面，由于操舞类竞赛表演项目自身的属性，其对日常训练、表演和比赛的场地、服装、器械、道具、师资、彩妆造型等要求较高，运动损耗较大，消费成本相对较高；另一方面，反映出得益于操舞类竞赛表演市场空间的扩大、资金投入的加大，相关企业发展的迅速以及网络技术的融入，"操舞类"竞赛表演产业呈现出强劲的发展势头，社会需求量推动其整体消费水平发生不断改变。

表 5-80　成渝地区双城经济圈操舞类竞赛表演业消费者的年度消费支出（n=349）

消费金额（元）	人数（人）	占比（%）
500~1000	47	13.5
1001~3000	136	38.9
3001~5000	76	21.8
5000 以上	77	22.1

（四）成渝地区双城经济圈操舞类竞赛表演业的消费内容

在成渝双城经济圈操舞类竞赛表演业的消费内容的调查中（见表 5-81），专业培训占比 93.98%，位居第一，表明专业培训的消费是操舞类竞赛表演业的消费者最重要的消费内容。购买服装、鞋、帽等占比 91.69%，说明作为基本消耗品，体育用品也是"操舞类"竞赛表演业消费者的必备消费内容。赛事观看占比 87.39%。这是由于操舞类所具有竞赛和表演二者完美结合的共通点，通过观赛能让操舞类消费者、学习者从技术和艺术层面受益，意识到"操舞类"项目的竞争性，从而在日常生活和训练中更加注重技巧和表现力的提升。参与互动体验占比 82.23%。而购买赛事周边商品占比 51.29%，充分表明"操舞类"竞赛表演市场的消费潜力和多样化的消费需求。

表 5-81　成渝地区双城经济圈操舞类竞赛表演业的消费内容（n=349）

项目（多选）	人数（人）	占比（%）	有效百分比（%）
器械装备购置	298	17.36	85.39
服装、鞋、帽等	320	18.64	91.69
专业培训	328	19.10	93.98
赛事观看	305	17.76	87.39
购买赛事周边商品	179	10.43	51.29
参与互动体验	287	16.72	82.23

（五）成渝地区双城经济圈操舞类竞赛表演业的门票购买

门票对操舞类竞赛表演业来说是操舞类竞赛表演活动开展的重要组成部分，通过门票价格和销售情况可以在一定程度上反映区域操舞类竞赛表演业发展的现状。通过对成渝地区近五年所举办的赛事门票价格进行分析，大部分操舞类赛事，如体操、体育舞蹈、艺术体操、广场舞等赛事的门票价格都较低。

从相关数据内容整理分析可以看出（见表5-82），操舞类竞赛表演活动的门票价格相较于三大球、三小球等传统项目动辄几百上千元的门票价格而言，操舞类赛事的门票价格非常亲民。在整理相关数据时发现，许多操舞类赛事除正常的销售门票外，还通过一些宣传推广活动进行免费赠票。

表5-82　成渝地区双城经济圈部分操舞类竞赛表演活动门票价格整理表

时间	地点	赛事名称	门票价格（元）
2022年3月	沙坪坝区	2022年全国艺术体操锦标赛	40/70/90
2022年4月	成都市	2022年全国体操冠军赛	69起
2022年7月	重庆万州	重庆市体育舞蹈全国公开赛暨第三届重庆三峡体育舞蹈赛	79~399
2023年4月	重庆巴南	2023中国重庆体育舞蹈公开赛	88/138
2023年5月	成都市	成都2023全国艺术体操锦标赛	99/129
2023年9月	成都市	第十一届世界体育舞蹈节	200~1580

以2022年在成都市东安湖举办的全国体操冠军赛的门票价格举例，该场冠军赛的门票为69元一张，同时赛事运营商还通过朋友圈集赞活动送出一批票。这种方式极大地刺激了成渝地区居民观赏操舞类竞赛表演活动的热情，从而更好地带动操舞类竞赛表演产业的消费与繁荣，提升了成渝地区双城经济圈操舞类竞赛表演业的竞争力。

（六）成渝地区双城经济圈操舞类竞赛表演业的广告赞助

广告赞助对于经济活动的开展来说是资金来源的重要一环，为企业或单位提供了宣传自身的平台。在一定程度上，广告赞助的数量和质量可以从侧面体现该经济活动的发展情况。在分析成渝地区双城经济圈操舞类竞赛表演业这一经济活动时，可以通过对成渝地区双城经济圈操舞类竞赛表演活动的广告赞助的数量、质量等维度的分析，把握和了解成渝地区双城经济圈操舞类竞赛表演业市场接纳度和企业对该项目的青睐程度。根据表5-83可以看出，大部分操舞类竞赛表演活动的赞助商的数量较多、实力较强，如四川体育产业集团有限公司、农夫山泉等。同时，随着操舞类赛事级别的提升，其赞助商的数量将增加，操舞类赛事的开办与赞助商的赞助二者相辅相成，成渝地区双城经济圈操舞类竞赛表演业通过办赛次数和经验的积累，有利于操舞类竞赛表演活动数量和质量的提高，推动操舞类竞赛表演业的发展壮大，从而吸引更多的广告赞助和社会资本的投入，不断提升成渝地区双城经济圈操舞类竞赛表演业的竞争力。

表 5-83　成渝地区双城经济圈部分操舞类赛事赞助商统计

时间	赛事名称	级别	赞助商
2021 年 5 月	CEFA 体育舞蹈（国际标准舞）"哇赛舞王"全国大奖赛	国家级	德瑞克体育文化传播公司 哇体育文化科技有限公司
2021 年 9 月	"川体集团杯"四川省第三届全民健身运动会	省级	四川体育产业集团有限公司
2022 年 7 月	遂宁市第三届体育舞蹈锦标赛暨首届中国舞锦标赛	国家级	舍得酒业、农夫山泉、SZ 舞蹈、中华舞蹈网、今日头条、西南油气田分公司
2022 年 7 月	重庆市第十二届体育舞蹈锦标赛	省级	康尔美体育、农夫山泉
2022 年 12 月	2022 年成渝双城经济圈暨成德眉资同城化青少年艺术体操邀请赛	省级	成都市锦冠青少年体育俱乐部 成都和众体育发展有限责任公司
2023 年 4 月	2022 年全国体操冠军赛	国家级	成都经开文旅发展有限公司 山东泰山体育器材有限公司
2023 年 4 月	2022 年重庆市青少年艺术体操锦标赛	省级	中国体育彩票

数据来源：四川省体育局、重庆市体育局、中国新闻网。

三、成渝地区双城经济圈操舞类竞赛表演业的人文竞争力

（一）成渝地区双城经济圈操舞类竞赛表演业的赛事特色

操舞类主题口号反映了操舞类赛事的办赛目的和文化内涵，提升操舞类赛事的办赛品质，让参赛运动员和观众感受到操舞类竞赛表演赛事的文化属性和区域文化的内涵，同时提升成渝地区双城经济圈操舞类竞赛表演业的文化积累。从表5-84 可以看出，成渝地区双城经济圈操舞类竞赛表演业的赛事口号与该操舞类竞赛表演赛事主题进行结合，具有独特的操舞类竞赛表演活动的气质，字里行间透露出一种文化自信。并且部分赛事的口号还会与举办地进行结合，如"舞动三峡，情系万州""世界苗乡，养心彭水"等，在宣传操舞类竞赛表演赛事的同时，起到宣传举办城市的作用。

表5-84　成渝地区双城经济圈部分操舞类竞赛表演活动的主题口号整理表

举办时间	赛事名称	主题口号
2021年5月	CEFA体育舞蹈（国际标准舞）"哇赛舞王"全国大奖赛	高级的"不凡"舞台，为逐梦的国标舞者发光
2022年7月	2022年川渝幼儿体操展示活动	"奔跑吧·少年"
2022年7月	遂宁市第三届体育舞蹈锦标赛暨首届中国舞锦标赛	喜迎二十大，舞动新征程
2022年7月	2022重庆市体育舞蹈公开赛暨第三届重庆三峡体育舞蹈锦标赛	舞动三峡，情系万州
2023年4月	中国·重庆国际标准舞巡回赛彭水站暨彭水首届国际标准舞（体育舞蹈）锦标赛	世界苗乡，养心彭水
2023年9月	第十一届世界体育舞蹈节	运动成都，世界共舞

（二）成渝地区双城经济圈操舞类竞赛表演业的赛事认知

根据调查数据显示（见表5-85），对于成渝地区双城经济圈操舞类竞赛表演活动是否可以增加当地居民经济收入，受访者意见较为分散，33.23%的人认为可以，36.96%的人认为不可以，29.79%的人表示说不清楚。

表5-85　参与调查者对成渝地区双城经济圈操舞类竞赛表演业的赛事认知（n=349）

认知内容	选项	人数（人）	占比（%）
操舞类竞赛表演活动是否可以增加当地居民经济收入	可以	116	33.23
	不可以	129	36.96
	说不清楚	104	29.79
操舞类竞赛表演活动是否可以增加社会就业人数	可以	131	37.53
	不可以	107	30.65
	说不清楚	111	31.80
操舞类竞赛表演活动举办期间是否会购买与相关的赛事表演产品	会	125	35.81
	不会	102	29.22
	不知道，视情况而定	122	34.95
操舞类竞赛表演活动是否需要吸纳更多社会资源	非常需要	103	29.51
	需要	85	24.36
	不太需要	70	20.06
	不需要	91	26.07

认知内容	选项	人数（人）	占比（%）
操舞类竞赛表演活动 是否可以迅速提高城市知名度	可以	238	81.08
	不可以	32	9.16
	说不清楚	79	22.63
操舞类竞赛表演活动 是否能带动其他产业的发展	可以	124	35.53
	不可以	108	30.95
	说不清楚	117	33.52
是否支持成渝地区双城经济圈承办 操舞类竞赛表演活动	非常支持	75	21.49
	支持	69	19.77
	一般	71	20.34
	不太支持	65	18.62
	非常不支持	69	19.77
对操舞类竞赛表演活动的喜爱度	非常喜欢	88	25.21
	喜欢	62	17.77
	一般	70	20.06
	不太喜欢	58	16.61
	非常不喜欢	71	20.34

在成渝地区双城经济圈举办操舞类竞赛表演活动是否可以增加社会就业人数的问题上，37.53%的受访者认为可以，略高于认为不可以的（30.65%），而31.80%的人表示说不清楚。这表明多数人对操舞类竞赛表演活动对社会就业情况持认可态度，认为操舞类竞赛表演业的发展不仅为参与者提供了一个展示才能的平台，也为相关行业提供了就业机会。

在操舞类竞赛表演活动举办期间，35.81%的受访者表示会购买相关赛事表演产品，34.95%的受访者表示不知道，视情况而定，而29.22%的受访者表示不会购买。这组数据揭示了受访者对购买相关赛事表演产品的不同态度和意愿。市场可以根据不同人群的态度提供更多的产品选择和优惠活动，加强产品宣传和推荐，增强消费者对赛事和体育产品的关注和兴趣。

对于吸纳更多社会资源进入成渝地区双城经济圈的操舞类竞赛表演活动，53.87%的受访者表示非常需要或需要，而20.06%的人认为不太需要，26.07%的人表示不需要。

对于举办操舞类竞赛表演活动是否可以迅速提高城市知名度，81.08%的受访者认为可以，22.63%的受访者表示说不清楚，仅有9.16%的受访者表示不可以。这表明多数受访者看好操舞类竞赛表演活动对城市知名度的提升作用。

关于操舞类竞赛表演活动是否能带动其他产业的发展问题，受访者意见相对均衡，35.53%的受访者认为可以，30.95%的受访者认为不可以，33.52%的受访者表示说不清楚。这表明该领域对其他产业的潜在带动作用尚未达成广泛共识。

对于成渝地区双城经济圈承办操舞类竞赛表演活动的支持度，21.49%的受访者表示非常支持，19.77%的受访者表示支持，但也有18.62%和19.77%表示不太支持或非常不支持。这反映出公众对该活动的看法存在差异。

在操舞类竞赛表演活动的喜爱度方面，25.21%的受访者表示非常喜欢，17.77%的受访者表示喜欢，但同样有20.34%的受访者表示非常不喜欢。这表明该领域在吸引和保留观众方面仍需努力提升活动的质量和吸引力。

成渝地区双城经济圈的操舞类竞赛表演业在促进经济、增加就业、提升城市知名度等方面具有一定的潜力，但同时面临着诸多挑战和不确定性。为了充分发挥其积极作用，不但需要政府、企业和社会各界共同努力，加强政策支持、资金投入、市场推广和品牌建设等方面的工作，也应关注公众的需求和反馈，优化活动内容。

（三）成渝地区双城经济圈操舞类竞赛表演业的人才体系

1. 成渝地区双城经济圈操舞类竞赛表演业的赛事教练员基本情况

本书通过发放《成渝地区双城经济圈"操舞类"竞赛表演业教练员问卷》并收集有关数据，回收有效问卷35份，将数据整理得出表5-86～表5-89。操舞类竞赛表演专业的教练员队伍建设直接关系到操舞类竞赛表演活动运动员的培养质量，而教练员的执教能力通常与该教练员的学历、项目等级证书、运动经历、执教年限有关。成渝地区双城经济圈操舞类竞赛表演业教练员的年龄、学历、从业时间的人口结构特征。从教练员年龄结构看，成渝地区双城经济圈操舞类竞赛表演业教练员的年龄集中在26～35岁、36～50岁，分别占总人数的比例为34.29%、42.86%。结合教练员从业时间表来看，从业时间长的教练员，大多数年龄都比较大。因此，综合来看，成渝地区双城经济圈操舞类竞赛表演业的教练员队伍的建设中年人多意味着操舞类竞赛表演业教练员的从业时间较长，能够在操舞类项目训练时提供更丰厚的经验，有利于成渝地区双城经济圈操舞类竞赛表演业运动员的培养。

表5-86　成渝地区双城经济圈操舞类竞赛表演业的赛事教练员的
年龄结构（n=35）

年龄（岁）	人数（人）	占比（%）	有效百分比（%）	累计百分比（%）
18～25	5	14.29	14.29	28.58

续表

年龄（岁）	人数（人）	占比（%）	有效百分比（%）	累计百分比（%）
26~35	12	34.29	34.29	68.58
36~50	15	42.86	42.86	85.72
>50	3	8.56	8.56	17.12
总计	35	100	100	200

表5-87 成渝地区双城经济圈操舞类竞赛表演业的赛事教练员的
学历结构（n=35）

学历	人数（人）	占比（%）	有效百分比（%）	累计百分比（%）
专科	5	14.29	14.29	28.58
本科	13	37.14	37.14	74.28
研究生及以上	17	48.57	48.57	97.14
总计	35	100	100	200

表5-88 成渝地区双城经济圈操舞类竞赛表演业的赛事教练员的
从业时间（n=35）

从业时间（年）	人数（人）	占比	有效百分比	累计百分比
≤1	4	11.43	11.43	22.86
2~4	5	14.29	14.29	28.58
5~7	9	25.71	25.71	51.42
8~10	13	37.14	37.14	74.28
>10	4	11.43	11.43	22.86
总计	35	100	100	200

表5-89 成渝地区双城经济圈操舞类竞赛表演业的赛事教练员的
运动经历（n=35）

运动经历	人数（人）	占比（%）
业余训练	3	8.6
体育院校操舞类专业	12	34.3
操舞类职业队	20	57.1

从教练员学历结构看，成渝地区双城经济圈操舞类竞赛表演业教练员的学历

结构主要集中在本科、研究生及以上两个区间内，分别占总人数的 37.14%、48.57%。一方面，反映了操舞类竞赛表演业对于教练员而言需要一定的学历水平；另一方面，反映了成渝地区双城经济圈操舞类竞赛表演业教练员的整体学历水平比较高；并且结合教练员的运动经历看，成渝地区双城经济圈操舞类竞赛表演业的教练员大多数来自体育院校操舞类专业，或者职业队运动员退役下来并且进入学校进行学习，这为操舞类竞赛表演业运动员的培养体系的更新迭代提供了教练员学识基础，有利于成渝地区双城经济圈操舞类竞赛表演业的人才培养。

2. 成渝地区双城经济圈操舞类竞赛表演业的赛事运动员基本情况

运动员是操舞类竞赛表演业相关活动开展的直接参与者，运动员队伍的建设直接关系到运动产品供给的水平与质量，与市场消费紧密相连。本书通过发放运动员问卷，收集有关数据，回收有效问卷 120 份，数据梳理如表 5-90~表 5-92 所示。从成渝地区双城经济圈操舞类竞赛表演业运动员的年龄结构分析，体操类运动员因为其运动项目的特殊性，所以在整体上运动员年龄偏小，主要集中在 12~17 岁与 18~25 岁，分别占总人数的 31.5%、47.9%。体育舞蹈类运动员也具有类似的年龄分布特征，12~17 岁与 18~25 岁的人数较多，分别占总人数的40.4%、25.5%。

表 5-90　成渝地区双城经济圈操舞类竞赛表演业的赛事运动员的
年龄结构（n=120）

年龄（岁）	体操类运动员（n=73）		体育舞蹈类运动员（n=47）	
	人数（人）	占比（%）	人数（人）	占比（%）
12~17	23	31.5	19	40.4
18~25	35	47.9	12	25.5
26~35	12	16.5	9	19.2
35~40	3	4.1	7	14.9
总计	73	100	47	100

从成渝地区双城经济圈操舞类竞赛表演业运动员年龄结构偏小看，除项目本身的特殊要求外，一方面反映了成渝地区双城经济圈操舞类竞赛表演业对运动员后备人才的培养比较重视，另一方面是操舞类项目在年轻人中的普及度和受欢迎程度高的体现，为成渝地区双城经济圈操舞类竞赛表演业注入了新鲜血液，不断地推动操舞类竞赛表演业竞争力的提升。

对成渝地区双城经济圈操舞类竞赛表演业运动员的性别结构进行分析（见表 5-91），因为体操类运动对身体柔韧度要求高的特点，所以女性在对操舞类项目的练习和接受程度上往往比男性更为容易，从数据上看，无论是体操类运动员还是体育舞蹈类运动员，女性的占比都比男性高。未来随着操舞类竞赛表演业影响力在成渝地区双城经济圈的进一步扩大，相信会有越来越多的男性运动员参与其中。

表5-91　成渝地区双城经济圈操舞类竞赛表演业的赛事运动员的
性别结构（n=120）

性别	体操类运动员（n=73）		体育舞蹈运动员（n=47）	
	人数（人）	占比（%）	人数（人）	占比（%）
男	29	39.7	22	46.8
女	44	60.3	25	53.2
总计	73	100	47	100

从成渝地区双城经济圈操舞类竞赛表演业运动员的收入结构看，大部分运动员的收入分布在5万~15万元/年、15万~30万元/年，反映了成渝地区双城经济圈操舞类运动员的收入是比较可观的，运动员的收入水平直接关系到他们能否维持专业训练和生活质量。较高的收入水平可以为运动员提供更好的训练条件、营养补充和恢复设备，从而提高操舞类运动员的技术水平。同时，较高的收入水平也可以吸引更多的人才加入操舞类运动，促进成渝地区双城经济圈操舞类竞赛表演业的发展（见表5-92）。

表5-92　成渝地区双城经济圈操舞类竞赛表演业的赛事运动员的
收入结构（n=120）

年收入（万元）	人数（人）	占比（%）
≤5	14	11.9
5~15	43	35.8
15~30	37	30.8
≥30	21	17.5

3. 成渝地区双城经济圈操舞类竞赛表演业的赛事裁判员基本情况

操舞类赛事裁判员是操舞类竞赛表演业相关活动开展的秩序维护者和赛事活动运行的支撑者，反映了成渝地区双城经济圈操舞类竞赛表演业相关工作人员的培养，以及成渝地区双城经济圈操舞类竞赛表演业相关活动开展的质量水平。

从表5-93、表5-94可以看出，成渝地区双城经济圈操舞类竞赛表演业裁判员的年龄大部分分布在26~35岁和35~50岁，分别占到总数的40%、26.7%，这反映了操舞类竞赛表演业教练员需要有较长的时间积累后才能胜任裁判员这一工作。结合操舞类竞赛表演业裁判员执裁年限表，大部分的裁判员执裁年限都比较长，集中分布在2~4年与5~7年，这反映了成渝地区双城经济圈操舞类竞赛表演业裁判员队伍的整体执裁经验比较充足，有助于操舞类竞赛活动的开展，从裁判员的层面助力成渝地区双城经济圈操舞类竞赛表演业竞争力的提升。

表5-93 成渝地区双城经济圈操舞类竞赛表演业的赛事裁判员的
年龄结构（n=90）

年龄（岁）	人数（人）	占比（%）	累计百分比（%）
18~25	18	20	20.0
26~35	36	40	60.0
35~50	24	26.7	86.7
>50	12	13.3	100.0

表5-94 成渝地区双城经济圈操舞类竞赛表演业的赛事裁判员的
执裁年限（n=90）

执裁年限（年）	人数（个）	占比（%）	累计百分比（%）
≤1	13	10.8	10.8
2~4	39	32.5	43.3
5~7	47	39.2	82.5
8~10	13	10.8	93.3
>10	8	6.7	100.0

（四）成渝地区双城经济圈操舞类竞赛表演业的品牌建设

对于成渝地区双城经济圈操舞类竞赛表演业来说，赛事举办是竞赛表演产业兴旺发达的根基，而操舞类赛事品牌的打造决定着赛事举办的质量，影响了成渝地区双城经济圈操舞类竞赛表演业赛事上座率和赛事文化的打造。可以看出，成渝地区双城经济圈对操舞类品牌赛事打造有较强的意识，推出了如四川省青少年体操锦标赛、中国重庆体育舞蹈公开赛等一系列优质的操舞类赛事（见表5-95）。尤其是"世界体育舞蹈大赛"，此赛事作为成都自创品牌大型国际体育舞蹈赛事，自2010年创办以来，已连续举办12年，推动了成都体育舞蹈运动的飞速发展。

表 5-95　成渝地区双城经济圈操舞类竞赛表演业的品牌赛事

赛事名称	赛事等级	举办届数（届）
川渝联盟杯体育舞蹈公开赛	省级	4
全国青年体操 U 系列冠军赛	国家级	1
四川省青少年体操锦标赛	省级	6
四川省青少年艺术体操锦标赛	省级	6
2023 年川渝青少年体操嘉年华	省级	3
四川省体育舞蹈（国标舞）锦标赛	省级	32
中国重庆体育舞蹈公开赛	省级	14
世界体育舞蹈大赛	国际级	12

资料来源：中国新闻网、重庆市体育局、四川省体育局。

据统计，目前成都体育舞蹈运动爱好者超 40 万人，年均带动相关产业产值超过 20 亿元，带动中国体育舞蹈运动兴盛发展。[1] 而且成渝地区双城经济圈打造的知名的体育舞蹈赛事品牌还有"川渝联盟杯体育舞蹈公开赛"，该赛事是 2021 年由四川省体育舞蹈（国标舞）协会和重庆市体育舞蹈协会联合创立，是区域性的体育舞蹈品牌赛事。赛事由四川和重庆交替举办，旨在推动川渝两地体育舞蹈项目的普及和提高。成渝地区操舞类品牌赛事主要聚焦青少年群体，从侧面体现了成渝地区双城经济圈操舞类竞赛表演业非常重视后备人才的选拔与锻炼，通过操舞类品牌赛事举办的形式，在成渝地区双城经济圈形成了青少年喜欢操舞类运动、积极参与操舞类运动的体育氛围，提高了广大市民对体育舞蹈的认知度，进而推动成渝地区双城经济圈操舞类竞赛表演业竞争力的提升。

第五节　成渝地区双城经济圈健身健美类竞赛表演业的核心竞争力

一、成渝地区双城经济圈健身健美类竞赛表演业的运行竞争力

（一）成渝地区双城经济圈健身健美类竞赛表演业的赛事规模

成渝地区的健身健美产业得到了积极发展，相关赛事越来越多，如黄金健美

---

[1]　成都市人民政府．成都获亚洲"体育舞蹈卓越贡献城市"［EB/OL］. http：//www.chengdu.gov.cn.

超级联赛和吉成之夜三亚国际沙滩先生比基尼小姐大赛等，为健身爱好者提供了体验赛场。

以 2021~2023 年的健身健美类比赛为例，全国范围内计划举办的健身健美比赛有 150 场，成渝地区举办的赛事有 7 场（见表 5-96），占比 5%。2021~2023 年，成渝地区共举办了 12 场健身健美比赛，其中成都举办了 6 场，而重庆举办了 4 场。值得注意的是，乐山和绵阳作为四川除成都外举办健身健美比赛的城市，在赛事举办方面贡献了独特的力量。尽管川渝地区在近些年的健身健美赛事方面取得了优异的成绩，但相较于全国其他地区，缺乏"百家争鸣"的竞争氛围。成都作为四川的省会城市，其健身健美产业的发展速度和水平领先，而作为成渝双城经济圈的核心城市——重庆，在健身健美产业方面的发展不是太好。这一现象不仅反映出健身健美产业发展的现状，也映射出城市体育文化和氛围的差异。为了促进川渝地区健身健美产业的均衡发展，重庆作为成渝双城经济圈的重要组成部分，应加强与成都的赛事合作，合理规划和发展健身健美产业，推动成渝地区健身健美产业的共同繁荣。

表 5-96　成渝地区双城经济圈健身健美类竞赛表演业的部分赛事

赛事名称	时间	地点	举办方	级别
2021 年第一届"山城之美"健美先生比基尼小姐大赛	2021 年 1 月	重庆	重庆吉成健身有限公司	地级
2022 年自然健美赛西南精英赛	2022 年 10 月	重庆	重庆市北碚区文化和旅游发展委员会	省级
CBBA PRO 中国健美健身精英职业联赛（成都站）	2022 年 10 月	成都	中国健美协会	国级
第二届巅峰之战健美健身比赛	2022 年 11 月	重庆	杨家将、淘熙文化	地级
2022 川渝健身俱乐部超级联赛暨四川省大学生健身冠军赛	2022 年 11 月	乐山	四川省体育产业联合会及乐山市体育局	省级
"启美健身杯"2022 绵阳市第七届健美健身锦标赛	2022 年 11 月	绵阳	绵阳市涪城区启美健身俱乐部	地级
2023DMS 经典赛（成都站）	2023 年 5 月	重庆	DMS 冠军杯组委会	国级
2023Musclemania 亚洲邀请赛 X 熊猫联赛（成都站）	2023 年 5 月	成都	Muscleman 与 IFE 广州国际健身博览会	国级
2023Musclemania 亚洲邀请赛（成都站）	2023 年 5 月	成都	美国 Musclemania 与 IFE 广州国际健身博览会	国级
2023 训练怪兽·寰际冠军赛奥赛资格站（成都站）	2023 年 8 月	成都	训练怪兽	国级

续表

赛事名称	时间	地点	举办方	级别
越涯系列健身嘉年华（成都站）	2023年8月	成都	健美赛事网	国级
2023年四川省健身健美锦标赛	2023年12月	成都	四川省健美健美操协会	省级

资料来源：MusclePro 健身与健美。

（二）成渝地区双城经济圈健身健美类竞赛表演业的竞赛组别

健身健美类竞赛根据竞赛项目不同，分组略有差异。男子竞赛项目包括古典健美、传统健美、健体、健身模特和健身等项目。而女子竞赛项目有健身比基尼、形体、健身模特和健身等项目。比赛分为两个赛道，分别是青年组和大学生组，每个赛道内按照规定的身高（厘米）和体重（千克）标准，再细分为不同级别的小组。在运动员报到时，裁判组会使用 Borek（1963）改良的公式对体脂率进行目测测量，以确定是否适合参赛。对于男子，体脂率不得超过 18%（含）；对于女子，体脂率不得超过21%（含）。体脂率计算办法：

男子体脂率＝｛4.57/［1.0913-0.00116×（肩胛骨下角下皮脂厚度+肱二头肌前皮脂厚度）］-4.142｝×100

女子体脂率＝｛4.57/［1.0897-0.00133×（肩胛骨下角下皮脂厚度+肱二头肌前皮脂厚度）］-4.142｝×100

比赛采用中国健美协会最新版《健美健身竞赛规则》，男子竞赛分组及规则如表 5-97 所示，女子竞赛分组及规则如表 5-98 所示。

表 5-97　成渝地区双城经济圈健身健美类竞赛表演业男子竞赛规则

比赛项目	竞赛规则
传统健美比赛	侧边应长于 5 厘米。禁止使用填充物。着不透明单色短裤赛裤须盖住臀部的 3/4 及以上
古典健美项目	比赛取消四个转向动作。运动员需身着任意单色、不透明短裤。侧边至少为 15 厘米，盖住全部臀部及前侧部位，不允许使用填充物
男子健体比赛	着黑色非紧身齐膝短裤 半决赛和决赛着自选非紧身沙滩齐膝短裤
男子健身模特	体格匀称健康和俊俏的视觉风格 形体轮穿单一颜色平角裤，不允许佩戴装饰物及填充物 前 10 名进入第二轮休闲西服展示。上身着修身的休闲西服，露出上身和腹肌，下身着休闲裤，光脚不穿鞋

续表

比赛项目	竞赛规则
男子健身比赛	预赛、半决赛进行形体比赛
	决赛进行运动特长（90秒）、形体比赛

资料来源：中国健美协会。

表5-98　成渝地区双城经济圈健身健美类竞赛表演业女子竞赛规则

比赛项目		项目规则
健身比基尼比赛		预赛穿自选比基尼展示形体
		决赛穿自选比基尼走Ⅰ路线展示形体
		自选比基尼只允许在比基尼上片有拼接，下片不可以有拼接并至少盖住1/3臀部
女子健身模特		身形、视觉效果良好
		第一轮（连体健身泳衣），前10名入第二轮（晚礼服）
		第一轮穿紧身连体健身模特泳衣做四个转向，第二轮穿晚礼服走模特步按T路线展示自然身形
女子形体比赛		预赛（黑色后交叉式比基尼）
		半决赛、决赛（后交叉式比基尼）
女子健身比赛	艺术健身	预赛进行形体比赛
		半决赛、决赛进行形体、运动特长（90秒）
		艺术表现力作为评判重点
女子健身比赛	技巧健身	服装同女子健身比基尼
		预赛进行形体比赛
		半决赛、决赛进行形体、运动特长（90秒）
		力量、灵活、体操运动特征作为评判重点
		服装同女子形体

资料来源：中国健美协会。

　　具体的竞赛组别设置可能会根据赛事的级别、规模以及主办方的办赛目的等因素而有所不同。这些组别共同构成了健身健美类赛事丰富的竞赛内容，吸引川渝两地乃至全国各地众多优秀健美健身运动员参与。运动员结合自己的实际，选择适合自己的参赛组别，通过展示自己的身体线条、肌肉力量以及整体形象，获得荣誉和奖项。此外，健身健美赛事的分组方式主要包括按年龄和按项目两种方式。①成年组：男子21~45周岁，女子21~35周岁，其中又细分为羽量级、雏量级、轻量级、次轻中量级、轻中量级、中量级、轻重量级和重量级。②青年组，男子21周岁（含21周岁）以下，女子21周岁（含21周岁）以下，其中，又细分为轻量级和重量级。③元老组，A组男子45~50周岁，女子35~40周岁；B组男子50周岁以上，女子40周岁以上。④混合双人（不分体重级别）。

（三）成渝地区双城经济圈健身健美类竞赛表演业的经费来源

在成渝地区，健身健美类竞赛表演业的资金主要依赖于几个关键渠道，包括地方政府拨款、主办单位拨款、冠名赞助商资助以及推广带来的广告收入。根据对行业管理者进行的调查（见图5-13），结果显示，冠名赞助商的资助被22位管理者视为最重要的资金来源，这一选项占44%。这反映出在成渝地区，健身健美类赛事的财务支持很大程度上依赖于企业的赞助。有13位管理者选择了地方政府拨款，另外10位选择了主办单位拨款。这表明除了企业赞助外，政府及主办单位的财政投入也是支持这些赛事的重要资金来源。仅有5位管理者认为赛事推广中的广告收入是重要的资金来源，这一比例仅为10%。这个数据凸显了成渝地区在健身健美类竞赛表演业的市场推广和广告收入方面的不足。广告不仅对于赛事的宣传至关重要，也是增加赛事收入的重要渠道，能提升赛事的整体品质和影响力。

（%）

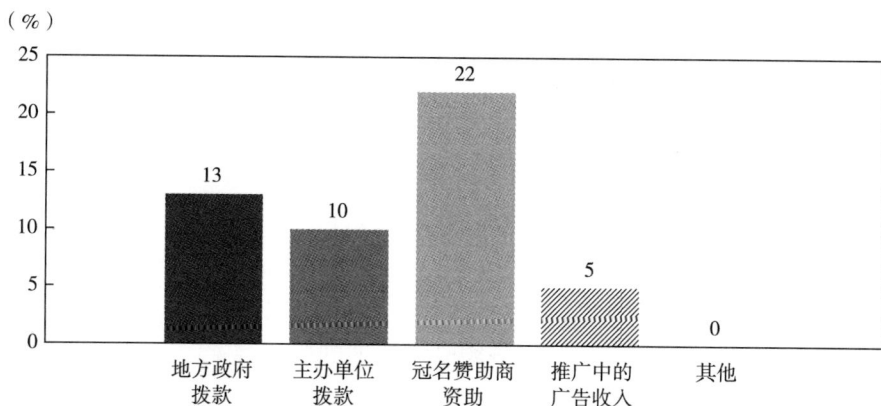

图5-13　成渝地区双城经济圈健身健美类竞赛表演业的经费来源占比（n=50）

（四）成渝地区双城经济圈健身健美类竞赛表演业的运作机构

成渝地区双城经济圈健身健美类竞赛表演活动的运作机构涉及多个层面，主要包括政府指导部门、主办单位、承办单位以及相关的体育组织、健身俱乐部以及健身器材生产企业等。政府指导部门主要是重庆市体育局、四川省体育局、成都市体育局等省市体育管理部门，这些部门共同协作、相互配合，共同推动川渝地区"健身健美类"竞赛表演业的规范化和专业化健康发展。有关成渝地区健身健美竞赛表演业的运作机构如表 5-99 所示。

表 5-99　成渝地区双城经济圈健身健美类竞赛表演业的赛事运作机构

机构属性	机构名称			
政府部门	四川省体育局	重庆市体育局	成都市体育局	重庆市九龙坡区体育局
健身健美协会	四川省健身健美操协会	重庆市健身健美协会	成都市健身健美协会	
健身俱乐部	威斯汀健身中心（Weston Fitness）	威尔士健身（Wilson Fitness）	力美健身俱乐部（Liv-Fit）	浩沙健身（Hosa Fitness）
健身供应商	舒华	康比特	李宁	外星人
赛事组织机构	四川省体育局下属的体育竞赛管理中心	重庆市体育局下属体育竞赛管理中心	成都会展中心	重庆国际会议展览中心

（五）成渝地区双城经济圈健身健美类竞赛表演业的组织管理

1. 竞赛表演活动的机构管理

确保赛事顺利进行的基本条件是具备完善且合理的赛事体系。成渝地区健身健美赛事建立了以成渝赛区筹委会为赛事总指挥中心，成渝赛区竞赛副总指挥、现场竞赛、赛区竞赛和竞赛组的分级指挥协调组织机构，如图 5-14 所示。

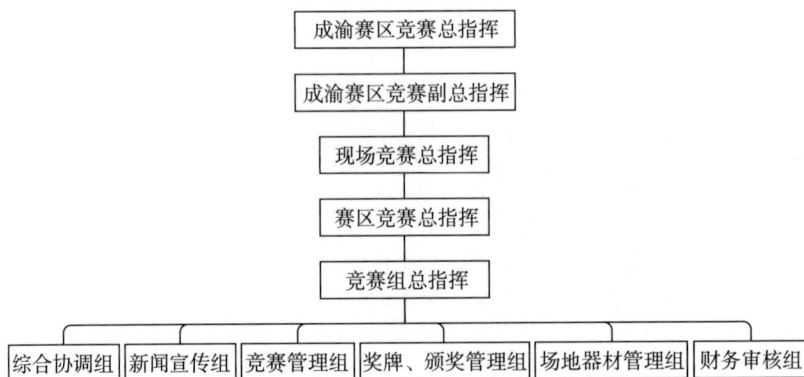

图 5-14　成渝地区双城经济圈健身健美类竞赛表演业的赛事组织机构

健身健美类竞赛表演业的赛事组织管理由多部门全力配合，以保证最佳的赛事环境和比赛的顺利完成。每个部门机构各司其职，按照岗位的功能和性质，实施各自职责和权限，有效落实赛事。总指挥对所有部门负责，注重协调各机构、各部门的关系，推动赛事管理资源的合理配置，以完全发挥系统功能。

2. 竞赛表演活动的报名流程

成渝地区健身健美类竞赛表演业的赛事报名流程如图5-15所示。

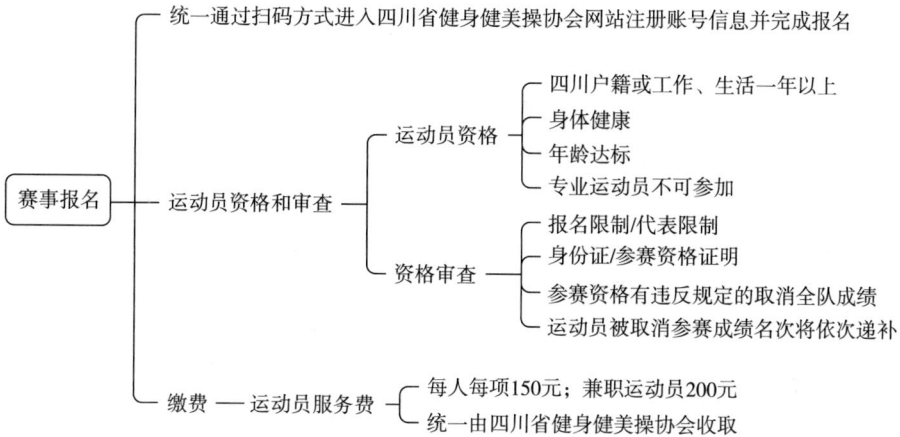

```
                  ┌─ 统一通过扫码方式进入四川省健身健美操协会网站注册账号信息并完成报名
                  │
                  │                      ┌─ 四川户籍或工作、生活一年以上
                  │          ┌─ 运动员资格 ┤ 身体健康
                  │          │            │ 年龄达标
                  │          │            └─ 专业运动员不可参加
           赛事报名 ┼─ 运动员资格和审查 ┤
                  │          │            ┌─ 报名限制/代表限制
                  │          │            │ 身份证/参赛资格证明
                  │          └─ 资格审查   ┤ 参赛资格有违反规定的取消全队成绩
                  │                        └─ 运动员被取消参赛成绩名次将依次递补
                  │
                  └─ 缴费 ─ 运动员服务费 ┬─ 每人每项150元；兼职运动员200元
                                        └─ 统一由四川省健身健美操协会收取
```

图5-15　成渝地区健身健美类竞赛表演业的赛事报名流程

3. 竞赛表演活动的后勤保障

如图5-16所示，为赛事参赛者、工作人员等提供接待、运输、安全、医疗，以及与赛事相关的物资运输等管理活动是成渝地区双城经济圈健身健美类竞赛表演活动后勤保障的重要内容。此外，健身健美类赛事活动多与体育会展一同展开，涉及物流管理各个方面。赛事表演活动的后勤保障是赛事活动开展评价的重要组成因素，其发展关系到赛事推广、组织、开展的效果和参与者的体验感。

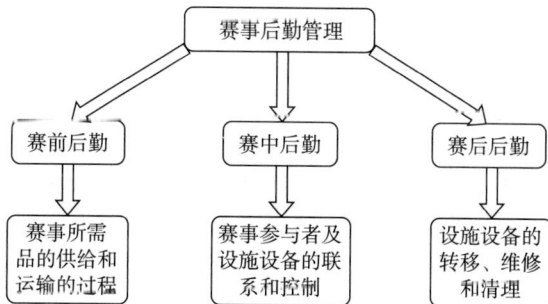

图5-16　成渝地区双城经济圈健身健美类竞赛表演业的赛事后勤内容

4. 竞赛表演活动的奖项设置

竞赛表演活动的奖项设置通常包括多个层次和类别的奖项，合理的奖项设置主要是鼓励在表演和竞赛中表现出色的个人和团队，体现了对参赛者努力和创新的认可。在健身健美类竞赛表演活动中，奖项设置的名次仅限于前10名，其中前8名的运动员可以获得成绩积分。竞赛的奖项分为团队奖和个人单项奖，以及特殊奖项。团队奖的评定依据各队伍运动员在各项比赛中前8名的成绩，按照9、7、6、5、4、3、2、1的积分标准计算，即第一名得9分，第二名得7分，以此类推。如果积分相同，则依据获得第一名次数最多的队伍名次列前。如果仍然相同，则依据获得第二名次数最多的队伍名次列前。排名前8的队伍将获得牌匾。单人奖项的设置如表5-100所示。

表5-100 成渝地区双城经济圈健身健美类竞赛表演业的赛事单人奖项设置

竞赛级别	奖项设置	比赛组别
青年组	完美体格奖	古典健美
	最佳肌肉奖	传统健美
	最佳风采奖	健身比基尼
	最佳魅力奖	健体
	最佳形体奖	形体
	最佳表演奖	男子、女子健身
	最佳模特奖	男、女健身模特比赛
大学生组	最佳美臀奖	健身比基尼
	最佳风度奖	健体
	最佳形体奖	形体
	最佳表演奖	男子、女子健身比赛
	最佳名模奖	男、女健身模特比赛

健身健美类竞赛表演业的赛事设有单人奖金。分为古典健美、传统健美、健身比基尼、健身模特、女子形体、健身这几个项目。个人奖金的设置如表5-101所示。

表5-101 成渝地区双城经济圈健身健美类竞赛表演业的赛事单人奖金设置

比赛组别	第一名（元）	第二名（元）	第三名（元）
古典健美	7000	4000	2000

比赛组别	第一名（元）	第二名（元）	第三名（元）
传统健美	7000	4000	2000
健体（男子、女子）	7000	4000	2000
健身比基尼	7000	4000	2000
男子健身模特	7000	4000	2000
女子健身模特	7000	4000	2000
女子形体	5000	3000	2000
男子健身、女子健身	2500	1000	500

（六）成渝地区双城经济圈健身健美类竞赛表演业的推广工作

根据调查显示（见表5-102），在成渝地区双城经济圈健身健美类竞赛表演业的赛事推广管理工作中，最受管理者认可的是"制订赛事推广的计划与方案"，在50名受访者中，100%的管理者都选择了这一项，强调了健身健美类赛事前期工作的重要性。选择比例超过九成的还有"定期召开会议，解决疑难问题"和"全面检测赛事推广工作"，占比分别为94%和92%，表明一个成功的赛事推广需要及时解决问题并全面跟进工作。宣传部门的内部分工明确有助于保证外部宣传的有效性，在"选定赛事推广参与人员，明确工作职责"一项中，有42名管理者选择了此项，占比84%。"组成若干团队，加强分工协作"被认为是提高工作效率的有效方式，有40名调查者认为在健身健美类竞赛表演业中有推广机构采取这种方式，占比80%。然而，在"预测赛事推广的社会影响"和"赛事结束，对推广工作进行评估总结"方面选择人数相对较少。尽管赛事组织管理部门对健身健美赛事进行了应有的管理流程和采取了有效的管理措施，但似乎缺乏对推广效果的分析和赛事后的总结，从选择"只成立赛事推广运作机构，但缺少以上组织管理工作"的人数看，有40%的人认为运作机构没有进行实质性的工作。

表5-102 成渝地区双城经济圈健身健美类竞赛表演业的赛事推广工作（n=50）

赛事推广工作（多选）	人数（人）	占比（%）	排序
制订赛事推广的计划与方案	50	100	1
定期召开会议，解决疑难问题	47	94	2
全面监测赛事推广工作	46	92	3
选定赛事推广参与人员，明确工作职责	42	84	4
组成若干团队，加强分工协作	40	80	5

赛事推广工作（多选）	人数（人）	占比（%）	排序
预测赛事推广的社会影响力	35	70	6
赛事结束，对推广工作进行评估总结	34	68	7
只成立赛事推广运作机构，但缺少以上组织管理工作	20	40	8
其他	3	6	9

二、成渝地区双城经济圈健身健美类竞赛表演业的消费竞争力

（一）成渝双城经济圈健身健美类竞赛表演业的消费者特征

根据调查显示（见表5-103），成渝地区健身健美类竞赛表演业的主要消费群体集中在26~35岁，人数达到33人，占比37%，位居各年龄段之首。紧随其后的是19~25岁的群体，占比31%，以及36~50岁的年轻群体，占比16%。这些数据反映出成渝地区"健身健美类"竞赛表演业的消费者年龄分布广泛，尤其在近几年全民健身等政策的推动下，参与健身健美的人数日益增多。为了更好地满足不同年龄段消费者的需求，赛事组织者可以考虑推出多样化的赛事活动，针对不同年龄段的消费者提供定制化的服务和体验。同时，可以通过社交媒体等渠道，加大对健身健美类运动的宣传力度，扩大消费群体，推动健身健美产业持续健康发展。

表5-103　成渝地区双城经济圈健身健美类竞赛表演业消费人群的
年龄结构（n=90）

年龄（岁）	人数（人）	占比（%）
≤18	9	10
19~25	29	31
26~35	33	37
36~50	14	16
>50	5	6

根据调查数据（见表5-104），女性消费人群数量已经超过了男性消费人群，其中女性人数达到47人，占比52%，而男性人数为43人，占比48%。这一趋势表明，越来越多的女性开始积极参与到健身健美运动中，健身健美运动变得越来越大众化和多元化。《2022年中国健身行业数据报告》显示，中国健身市场女性

健身数量已经超过了男性健身者。女性正逐渐成为健身健美市场的主力军，为产业发展带来了新的可能性。因此，健身健美产业需要注重男女平衡发展，才能实现更好的发展。赛事组织者可以推出更多针对女性消费者的健身健美活动，以满足她们的需求。另外，通过社交媒体等渠道加大对健身健美运动的宣传力度，以吸引更多女性参与其中，共同推动健身健美产业的可持续发展。

表5-104 成渝地区双城经济圈健身健美类竞赛表演业消费人群的
性别结构（n＝90）

性别	人数（人）	占比（%）
男	43	48
女	47	52

根据调查结果（见表5-105），成渝地区双城经济圈健身健美类竞赛表演业消费人群中，具有大学本科学历的人占比达54.44%，具有研究生及以上学历的人占比15.56%，专科学历占比16.67%，中专、高中及以下学历的消费人群分别占比7.78%和5.56%。这一组数据反映了随着成渝地区经济发展和教育水平的不断提升，人们对健身健美类产品的消费观念和消费意识逐渐增强，而学历水平是影响健身健美类消费的重要因素。受教育水平较高的群体通常对新事物的学习接受能力更强，学历高的人通常对健身健美类竞赛表演业的产品有更加深入的认知和了解，更能够理解和欣赏健身健美类竞赛表演产品的理论和实用价值，从而愿意加入其中。学历高的消费人群更容易接受健身健美类竞赛表演活动产品，并成为消费者。因此为了进一步推动健身健美运动的发展，可以针对高学历人群的特点，开展更多科学化、专业化的训练和教育活动，满足他们对健康和健身的高层次需求。如表5-105所示。

表5-105 成渝地区双城经济圈健身健美类竞赛表演业消费人群的
学历结构（n＝90）

学历	人数（人）	占比（%）
研究生及以上	14	15.56
大学本科	49	54.44
专科	15	16.67
中专	7	7.78
高中及以下	5	5.56

根据数据显示（见表5-106），健身健美类竞赛表演业的消费人群的年收入主要集中在 5 万~15 万元和 15 万~30 万元，合计占比达到 69%。这一数据表明，"健身健美类"竞赛表演业的主要消费群体是中产阶层。随着川渝地区的经济快速发展，健身健美消费结构也在发生变化，这一运动项目逐渐从小众化走向大众化。年收入在 5 万元以下的消费人群占比 12%，反映了健身健美运动的普及性，即使是收入相对较低的人群，也在积极参与健身健美活动。另外，年收入在 30 万元以上的消费人群占比 19%，说明高收入人群中参与健身健美运动的比例在增加，进一步证明了健身健美运动的大众化趋势。消费人群收入结构的变化，意味着健身健美产业正在向更高端的市场迈进，并吸引了来自不同收入阶层的消费者。随着健身健美产业的不断发展和成熟，预计未来将会有更多不同社会经济背景的人群加入健身健美运动中来，从而推动产业的多元化发展。

表 5-106　成渝地区双城经济圈健身健美类竞赛表演业消费人群的
收入情况（n=90）

年收入（万元）	人数（人）	占比（%）
<5	11	12
5~15	34	38
15~30	28	31
>30	17	19

（二）成渝双城经济圈健身健美类竞赛表演业的消费频度

根据数据调查（见表5-107），成渝地区双城经济圈健身健美类竞赛表演业的消费者一周消费 3 次及以上的人占比达 54.44%。消费频度在 1 个月 3 次及以上的人占比 35.56%。相比于前面两项，消费频度在半年 2~3 次和一年 3 次的人分别占比 5.56% 和 4.44%。这组数据反映了成渝地区双城经济圈健身健美类竞赛表演业消费者的消费行为的积极性，虽然消费频次可能因个人健身习惯、经济状况及时间管理而异，但定期（如一周 3 次及以上、1 个月 3 次及以上）参与健身活动的消费者占多数。一方面，成渝地区双城经济圈的健身健美消费频度的频繁且活跃离不开两地频繁举办各类"健身健美类"赛事活动，吸引了大量参与者，显示出该地区对健身健美的热情和投入。不仅展示了"健身健美类"消费活动的普及程度，也反映了社会对健康生活方式的重视和追求。

表5-107　成渝地区双城经济圈健身健美类竞赛表演业消费者的消费频度（n=90）

频次	人数（人）	占比（%）
一周3次及以上	49	54.44
1个月3次及以上	32	35.56
半年2~3次	5	5.56
一年3次	4	4.44

（三）成渝双城经济圈健身健美类竞赛表演业的消费金额

健身健美类竞赛表演业的消费金额因消费者的个人选择和消费习惯的不同而有所差异。但总体来看，成渝地区双城经济圈健身健美类大部分人的年消费在几千元到上万元不等，主要集中在以下四个消费区间，如表5-108所示。

5-108　成渝地区双城经济圈健身健美类竞赛表演业消费者的年度消费支出（n=90）

金额（元）	人数（人）	占比（%）
500~1000	2	2.22
1001~3000	17	18.89
3001~5000	33	36.67
5001~10000	38	42.22

成渝双城经济圈健身健美类竞赛表演业的消费模式正在不断地发生变化，市场产品不断细化，满足了不同消费能力、不同健身习惯的消费群体的不同需求，展现出多元化和包容性。如表5-108所示，健身健美类竞赛表演业的年度消费金额因个人情况而异，各消费段分布不均衡，500~1000元的消费人群占比2.22%，占比较少，5001~10000元的消费金额支出人群占比42.22%，表明健身健美类运动涵盖健身装备、膳食补充和私教课程等消费内容，是一项花费较高的运动项目。年度消费支出在1001~3000元的消费人群，占比18.89%，36.67%的消费者年消费金额可达3001~5000元，反映了健身健美类运动项目的消费潜力。

（四）成渝双城经济圈健身健美类竞赛表演业的消费内容

随着居民收入水平的提高和消费观念的变化，成渝地区健身健美类竞赛表演业发展迅速成为居民运动消费的重要组成部分。居民在健身健美消费中需要考虑众多因素，在众多消费因素中选择了最主要的四项内容进行了调查（见表5-109）。其中，绝大多数健身健美消费者都会选择营养产品，在健美消费结构里占比94.44%。服装鞋类和日常饮食分别占比86.67%和82.22%，说明健身健美消费者在服装鞋类和日常饮食上的消费较为普遍。健身器械占比 42.22%。结合对市场的调研发现，目前成渝地区双城经济圈健身健美器械的消费呈现出家用化、智能化和女性主导的趋势，同时在市场竞争格局中，国内外品牌各有优势。

表 5-109　成渝地区双城经济圈健身健美类竞赛表演业消费者的
消费内容（n=90）

消费类型（多选）	人数（人）	占比（%）	有效百分比（%）
营养产品	85	30.91	94.44
服装鞋类	78	28.36	86.67
日常饮食	74	26.91	82.22
器械	38	13.82	42.22

（五）成渝双城经济圈健身健美类竞赛表演业的门票购买

根据调查数据（见图 5-17），观众获取健身健美赛事门票的主要途径为网上购票，占总人数的 41.7%。"朋友赠与"和"活动赠与"的观众分别有 6 人和 12 人，"赠与"类获票总占比 38%。"现场购票"的有 9 人，"其他"因素的有 1 人。这些数据反映出，虽然观众主要是通过自行购票获取门票，但赠与类获票途径也占据相当大的比例，表明门票销售效率还有提升空间。在赠与类获票途径中，活动赠与是较为常见的形式，如通过社交媒体转发活动，提前扫码预订即可免费获得门票。这种形式的赠票不仅能够为赛事带来更多的关注和流量，还能吸引更多的人参与健身健美运动。

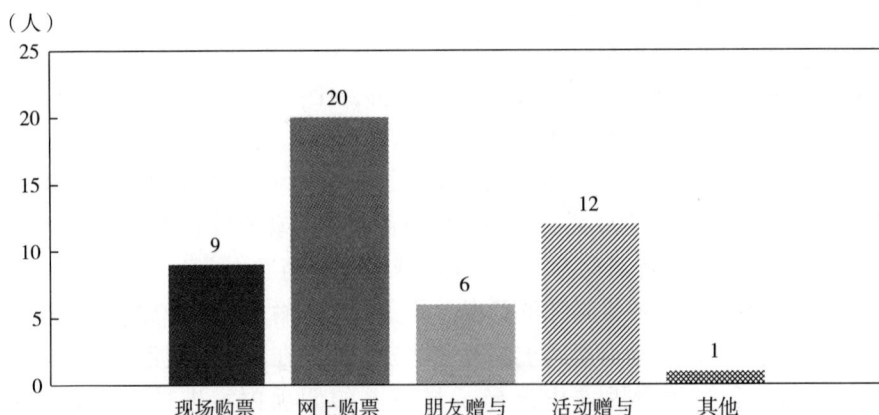

图 5-17　成渝双城经济圈健身健美类竞赛表演业的赛事门票获得途径（n=48）

因此，赛事组织者可以考虑通过社交媒体和线上活动等方式增加赠票的曝光度和参与度，以吸引更多观众关注和参与健身健美赛事。同时，应该继续优化网上购票流程，提高门票销售效率，以满足观众购票需求。社交媒体在健身健美赛事的宣传中扮演着至关重要的角色。利用社交媒体平台，赛事得以提升知名度，吸引赞助商的注意，扩大观众基础，并提升运动员和品牌的曝光度。成渝地区健身健美赛事的门票价格普遍偏高，根据问卷调查数据（见表5-110），4%的观众认为门票价格设置合理，73%的观众能接受这个价格，27%的观众认为价格设置不合理。这表明，门票价格是消费者进行健身健美类竞赛表演业消费时的重要考量因素，门票价格直接影响着消费者的观赛决策，合理的定价策略能够吸引更多观众，增强赛事的经济效益，促进体育赛事产业的发展。为了提高门票收入，赛事组织者需要合理设置门票价格，既要考虑赛事的价值，也要兼顾不同收入阶层的居民购买能力。另外，也可以通过提供多种门票套餐，吸引更多的观众购票。

表5-110　成渝地区双城经济圈健身健美类竞赛表演业的赛事门票价格满意度（n=48）

满意程度	合理	较好	偏贵但能接受	不合理
选择频率（人）	2	7	26	13
百分比（%）	4	15	54	27

（六）成渝双城经济圈健身健美类竞赛表演业的广告赞助

在成渝地区双城经济圈规划成立之前，健身健美行业已经拥有了众多战略合作伙伴。以康比特为例，自2018年与中国健美协会建立合作关系以来，一直保持着密切的合作，并在众多比赛中成为健身健美行业最大的合作伙伴。随着成渝双城经济圈的成立，川渝地区的健身健美产业迎来了快速发展期，吸引了众多赞助商的投资，进一步推动了行业的发展，如表5-111所示。

表5-111　成渝地区双城经济圈健身健美类竞赛表演业的赛事主要赞助商

年份	主要赞助商	其他
2015	舒华	安踏、利郎、浩沙、厦门航空等
2018	康比特	MUSCLETECH等
2019	李宁	MUSCLETECH等
2022	Keep	万达体育等
2024	四川爱卡卡集团	万达体育、不得了赛事等

三、成渝地区双城经济圈健身健美类竞赛表演业的人文竞争力

（一）成渝地区双城经济圈健身健美类竞赛表演业的赛事特色

健身健美类运动项目有着深厚的人文内涵，是一项演绎人体健美、促进身心健康，并涉及日常饮食等自律性管理的运动。随着人们对身体塑型和健康身体形象的追求，健身健美类竞赛表演活动以其时尚、阳光的运动特质受到越来越多的人喜爱。为吸引更多消费者的参与，带动健身健美类竞赛表演产品的相关消费市场，成渝地区健身健美类竞赛表演活动不断创新，积极打造全新的赛事IP，注重宣传推广举办城市的同时，立足赛事本质，积极融入科技元素，与体育会展相结合，实现科技与自然的完美融合，以健身健美类赛事活动为载体，促进全民健身的全面开展。

成渝地区双城经济圈健身健美竞赛表演业的赛事口号主要突出"健身、美感与力量"三大主题，有助于提高赛事品牌的识别度（见表5-112）。个别赛事以"健身追梦"为主题，鼓励健身健美参赛者挑战自我，结合"健身健美类"活动的运动特质，发扬健身健美永不言败的竞技精神。健身健美赛事口号的多样化旨在传递积极向上的生活态度和健康理念，对社会产生积极影响，激发大众对健身运动的兴趣，促进全民健身运动的发展。具有地域特色的宣传口号有利于打造属于成渝IP的健身健美赛事，促进了健身健美竞赛表演业的传播与发展。

表5-112 成渝双城经济圈健身健美类竞赛表演业的部分赛事主题口号

赛事名称	主题口号
2021年第一届"山城之美"健美先生比基尼小姐大赛	"力与美"的碰撞
2022年炽龙自然健美赛西南精英赛	较量"力与美"
CBBA PRO中国健美健身精英职业联赛（成都站）	时尚力量，健美中国
第二届巅峰之战健美健身比赛	2022寅虎之战！
2022川渝健身俱乐部超级联赛暨四川省大学生健身冠军赛	力与美舞台，你是最亮的光芒
"启美健身杯"2022年绵阳市第七届健美健身锦标赛	"力"与"美"
2023DMS经典赛（成都站）	热血征途来袭，勇士锋芒何在
2023Musclemania亚洲邀请赛（成都站）	有梦当燃，亮出光芒
2023训练怪兽·寰际冠军赛奥赛资格站（成都站）	以专业力量，为强者助力
越涯系列健身嘉年华（成都站）	不断超越，无畏天涯
2023年四川省健身健美锦标赛	不得了·放飞杯

（二）成渝地区双城经济圈健身健美类竞赛表演业的赛事认知

1. 参与调查者的基本特征

根据调查数据（见表5-113），在参与调查的对象中，19~25岁的年轻人群体较多，占比32%，其次是26~35岁的人群，占比25%。18岁及以下的年轻人和36~50岁的中老年人群体数量非常接近，分别占比18%和17%。50岁以上参与调查的人群较少，占比8%。这一年龄分布充分体现了"健身健美类"赛事观众中各年龄段的人都有参与，其中以年轻人居多，主要集中在19~35岁，表明随着健康意识的提升和健身文化的普及，健身健美逐渐成为年轻人热门喜爱的项目。

表5-113　成渝双城经济圈健身健美类竞赛表演业调查对象的年龄结构（n=48）

年龄（岁）	人数（人）	占比（%）
≤18	9	18
19~25	15	32
26~35	12	25
36~50	8	17
>50	4	8

根据调查数据显示（见表5-114），健身健美类调查对象在性别结构和消费群体性别结构结果非常接近，男女性别占比分别是44%和56%，表明有越来越多的女性注重身材管理，将时间、精力、金钱投入到健身健美运动中，女性正成为健身健美类竞赛表演活动的主要观众群体。

表5-114　成渝双城经济圈健身健美类竞赛表演业调查对象的性别结构（n=48）

性别	人数（人）	占比（%）
男	21	44
女	27	56

根据调查数据显示（见表5-115），健身健美产业的群众学历结构与消费人群人体相近，尤其是以大学本科学历的调查参与的人数最多，占比65%。研究生及以上学历的人数也有所提升，占比19%。本科以下的参与人员共5人，其中，大专及中专学历的人，占比6%，高中及以下人数占比4%。呈现出高学历占比高。由此可见，健身健美类竞赛表演业消费者的学历结构趋于高学历，这些数据

表明，群众对健身健美认知、参与意识与其受教育程度有一定的紧密关系。因为健身健美类赛事活动需要一定的专业知识来欣赏，可能与高学历人群对健康和自我提升的重视有关，他们更愿意对健美运动持更为包容和深入的认知，对健身健美活动的专业性和科学性有更为理性的认知，在消费意愿上也更为突出。

表 5-115　成渝双城经济圈健身健美类竞赛表演业调查对象的学历结构（n=48）

学历	人数（人）	占比（%）
研究生及以上	9	19
大学本科	31	65
大学专科	3	6
大专及中专	3	6
高中及以下	2	4

根据调查研究统计（见表 5-116），健身健美群众的收入结构与消费群体的结构几乎一模一样，进一步印证了上文中所说：在健身健美产业中，中产阶级是产业的消费主流。其中，5 万～15 万元和 15 万～30 万元的收入人群合计占比 71%。这表明健身健美产业的主要消费群体是中产阶级。此外，选择 30 万元以上的收入人群有 9 人。这表明健身健美产业正逐步走向高端市场，吸引更多高收入人群的参与。

表 5-116　成渝地区双城经济圈健身健美类竞赛表演业调查对象的收入结构（n=48）

年收入（万元）	人数（人）	占比（%）
≤5	5	10
5～15	19	40
15～30	15	31
>30	9	19

2. 参与调查者对成渝地区双城经济圈健身健美类竞赛表演活动举办的重视程度

根据调查显示（见表 5-117），成渝地区对健身健美赛事的举办重视程度普遍偏高，选择重要的占比 36%；选择比较重要的占比 56%。这表明成渝地区双城经济圈的消费者对举办大型赛事的看法主要是持积极认可的态度。随着赛事经济在全球的蔓延，人们对健康生活方式的追求，以及体育作为一种生活方式的确立，成渝地区消费者对健身健美类竞赛表演活动的认知不断提升。在调查中很多人认为，健身健美类赛事活动能够提升健康意识、促进经济发展和文化传播，成渝地区消费者消费思想较为前卫，对赛事的认可度较高，在思想观念和经济消费理念等方面都有超前消费的认知。在成渝地区，健身俱乐部的数量和种类不断增加，健身健美消费市场活跃，健身设施和服务种类丰富。以此，消费者对健身健美赛事举办的内在价值和实际意义的认可度较高。随着健康意识的增强，越来越多的人加入到健身行列，健身健美类消费者的人群比例逐渐提高。

表5-117　调查对象对成渝地区双城经济圈健身健美类竞赛表演活动举办的
重视程度（n=48）

重视程度	人数（人）	占比（%）
重要	72	36
比较重要	111	56
一般重要	17	8
不重要	0	0

3. 参与调查者对成渝地区双城经济圈健身健美类竞赛表演业宏观条件的认知

根据调查结果（见表5-118），经济发展水平占比66.7%。由于经济发展水平的提升，人们的物质生活得到了极大的满足，这为追求健身健美塑型等健康生活方式的形成打下了坚实的物质基础，同时也为产业的运营和赛事的举办提供了参与人群。健身健美氛围占比56.25%，表明社会良好的健身氛围是推动健身健美类竞赛表演业发展的要素之一。基础设施建设占比43.75%，表明完善的基础设施建设是健身健美类市场消费发展的保障。为了吸引更多的观众和投资者，赛事的举办质量和观众的观赛体验尤为重要，良好的基础设施是提升这两方面的重要举措。政府政策支持占比37.5%，只有对政府政策有了解和应用，才能对健身健美类竞赛表演提供法律保障、资金扶持和市场规范，帮助其降低行业风险，提升行业整体竞争力。

表5-118　调查对象对健身健美类竞赛表演业的宏观条件的
内容选择（n=48）

条件（多选）	人数（人）	占比（%）	有效百分比（%）
政府政策支持	18	18.37	37.5
经济发展水平	32	32.65	66.7

条件（多选）	人数（人）	占比（%）	有效百分比（%）
健身健美氛围	27	27.55	56.25
基础设施建设	21	21.43	43.75
总计	98	100	204.2

（三）成渝地区双城经济圈健身健美类竞赛表演业的人才体系

1. 成渝地区双城经济圈健身健美类运动员的基本情况

根据调查数据（见表5-119），运动员参赛选手的性别分布相对均匀，男性与女性的人数大致相等。具体来看，男性占比51.02%，而女性占比48.98%。这一数据反映出在成渝地区健身健美竞赛领域中，尽管女性参赛者的数量逐年增加，但目前仍以男性为主导。这一现象可能与多种因素有关，包括社会文化背景、健身健美运动的普及程度以及参与者的个人兴趣等。尽管女性逐渐成为健身健美市场的主流，但男性在健身健美竞赛领域的参与度和影响力依然显著。未来随着健身健美运动的进一步推广和发展，预计女性参赛者的数量将继续增加，性别比例将更加均衡。社会各界应加大对女性参与健身健美运动的宣传和鼓励，提高女性在健身健美竞赛领域的参与度和表现，促进性别平等在健身健美运动中的实现。

表5-119　成渝地区双城经济圈健身健美类竞赛表演业的
赛事运动员基本特征（n=98）

运动员基本特征	属性	人数（人）	占比（%）
性别	男	50	51.02
	女	48	48.98
年龄（岁）	≤18	5	5.10
	19~25	30	30.61
	26~35	49	50
	36~50	12	12.24
	>50	2	2.04
学历	研究生及以上	34	34.69
	大学本科	27	27.55
	大学专科	21	21.43
	中专	15	15.31
	高中及以下	1	1.02

运动员基本特征	属性	人数（人）	占比（%）
运动年限（年）	1 以下	33	33.67
	1~3	27	27.55
	4~6	19	19.39
	7 及以上	8	8.16
	从未参加过	11	11.22
运动等级	健美大师（国际级运动健将）	31	31.63
	健美先生/小姐（运动健将）	19	19.39
	一级健美士（一级运动员）	12	12.24
	二级健美士（二级运动员）	18	18.37
	三级健美士（三级运动员）	18	18.37
年参赛次数（次）	1~3	25	25.51
	4~6	20	20.41
	7~9	21	21.43
	10 及以上	32	32.65
取得的成绩	国际级	20	20.41
	国家级	26	26.53
	省级	28	28.57
	市级	24	24.49

成渝地区双城经济圈健身健美类竞赛表演业的参赛运动员年龄结构呈现出明显的年轻化趋势。其中，26~35 岁的参赛者数量最多，占总参赛人数的一半，显示出该年龄段人群对健身健美运动的浓厚兴趣和积极参与。紧随其后的是 19~25 岁的年轻群体，进一步证明了健身健美运动在青年中的普及度和受欢迎程度。36~50 岁的参赛者占比 12.24%。这表明，即使是在中年阶段，健身健美运动依然拥有坚实的支持者基础，并且这个年龄段的参赛者可能更注重运动与健康的结合，以及通过健身来保持身体的活力和健康。50 岁以上的参赛者占比 2.04%，这不仅体现了健身健美运动对于各个年龄段人群的普及性，也显示了该运动在促进全民健康方面的积极作用。运动员等级的分布呈现出一定的梯度。健美大师（国际级运动健将）和健美先生/小姐（运动健将）的占比较高，分别为 31.63% 和 19.39%，表明在运动员队伍中，高水平运动员占据了一定比例。同时，一级健美士至三级美士的占比相对稳定，是运动员队伍的主要组成部分。运动年限的分布显示出运动员的经验差异较大，1 年以下的运动员占比较高，达到 33.67%，

而1~3年和4~6年的运动员也占据了相当比例，分别为27.55%和19.39%。7年及以上的运动员占比较低，他们大多不再以选手的身份参加赛事。但需注意的是，仍然有11.22%的运动员从未参加过比赛。在参加省级以上大型赛事的次数上，运动员呈现出较为均衡的分布。参加过1~3次、4~6次、7~9次和10次及以上的运动员占比均相当。在竞赛中取得的最好成绩方面，在国际级、国家级和省级均有不错的占比，分别为20.41%、26.53%和28.57%，表明运动员在各级别赛事中均有一定的竞争力，而市级占比也达到了24.49%。

2. 成渝地区双城经济圈健身健美类教练员的基本情况

根据对成渝地区双城经济圈健身健美教练员年龄分布的调查数据显示（见表5-120），19~25岁的年轻教练员在成渝地区占比最多，占总教练员人数的50%。这一数据表明，成渝地区的健身健美教练队伍呈现出年轻化的特点，年轻的教练员不仅充满活力和创新精神，而且能够更好地与年轻健身爱好者沟通和互动。26~35岁的教练员占比20%；36~50岁的教练员占比17%；50岁以上的教练员占比13%。这些年龄段的教练员在成渝地区同样占据一定比例，显示出成渝地区教练队伍的年龄结构相对均衡。经验丰富的教练员为成渝地区的健身健美运动员提供了宝贵的指导，是成渝地区该项目运动员水平提升的重要保障。

表5-120 成渝地区双城经济圈健身健美类竞赛表演业的赛事教练员的
年龄结构（n=30）

年龄（岁）	人数（人）	占比（%）
≤18	0	0
19~25	15	50
26~35	6	20
36~50	5	17
>50	4	13

根据调查数据显示（见表5-121），成渝地区健身健美教练员中，男性教练员占据了绝大多数，占比高达90%。而女性教练员在教练员领域相对较少，占比仅为10%。这一数据显示，成渝地区健身健美教练队伍在性别结构上存在显著差异，男性教练员占据主导地位。在健身健美领域，女性教练员的培养和发展对于推动行业多元化、全面化发展具有重要意义。女性教练员在运动训练、营养指导、心理辅导等方面具有独特的优势，能够为健身爱好者提供更加全面和细致的服务。因此，在未来成渝地区，应多注重女性教练员的培养，提高女性教练员在健身健美教练队伍中的比例。通过加强女性教练员的培训和选拔，鼓励更多的女

性参与到健身健美教练队伍中，可以丰富教练队伍的性别结构，提升教练队伍的整体素质。

表5-121　成渝地区双城经济圈健身健美类竞赛表演业的赛事教练员的性别结构（n=30）

性别	人数（人）	占比（%）
男	27	90
女	3	10

根据调查显示（见表5-122），该地区的教练员整体学历水平较高。在所有调查者中，大学本科占比60%，而具有研究生及以上学历的教练员占比17%，这一数据表明，成渝地区健身健美教练队伍的学历水平普遍较高，高学历教练员数量正在逐年增多。尽管如此，与发达地区相比，成渝地区健身健美教练员的学历水平仍有差距。调查中显示，有23%的教练员持有大学专科学历，表明在成渝地区，高学历教练员的比例仍有提升的空间。高学历教练员数量的增多，不仅提升了教练队伍的整体素质，也为健身健美运动的普及和发展提供了人才支持。

表5-122　成渝地区双城经济圈健身健美类竞赛表演业的赛事教练员的学历结构（n=30）

学历	人数（人）	占比（%）
研究生及以上	5	17
大学本科	18	60
大学专科	7	23
中专	0	0
高中及以下	0	0

根据调查数据（见表5-123），成渝地区健身健美教练员的从业时间分布较为均匀，各个职教年限都有所涉及。从事1~2年的教练员占比30%。这一现象与健身健美产业迎来高速发展的趋势密切相关。特别是最近两年，随着健身健美热潮的兴起，成渝两地对健身健美教练的需求大幅增加，所以有7名教练员从事健身健美不到一年，占比23%。从事3~5年的教练员占比10%；从事6~9年的教练员占比23%；从事10年及以上的教练员占比14%。这些从业时间较长的教练员为健身健美行业提供了丰富的经验和专业的指导，对成渝地区健身健美的发

展起到了积极的推动作用。从成渝地区健身健美教练员的角度看，从业时间的长短不仅反映了教练员的经验和技能水平，也体现了他们对健身健美行业的热爱和执着。

表5-123　成渝地区双城经济圈健身健美类竞赛表演业的赛事教练员的
从业时间　（n=30）

从业时间（年）	人数（人）	占比（%）
<1	7	23
1~2	9	30
3~5	3	10
6~9	7	23
≥10	4	14

对于新入行的教练员来说，他们可能更注重技术和动作的准确性，以及对健身爱好者的个性化指导。而对于从业时间较长的教练员来说，他们更注重健身健美运动的整体规划和长远发展，以及如何更好地提升健身爱好者的身体素质和心理健康。根据对成渝地区健身健美教练员技术等级的调查数据显示（见表5-124），成渝地区运动员的技术等级结构主要以高级为主，占比60%。国家级教练占比26.67%。这表明该行业对赛事教练员的整体要求是偏高的，而高要求也表明行业对表演的重视，行业的发展有着广阔的场景。同时，还有一名国际级教练，对行业内教练员的发展有着指导性作用，提高了健身健美行业发展的水平。教练员的技术等级对运动员的科学训练效果和竞赛表演成绩具有重要影响，有了这些优秀教练员的带领，成渝双圈健身健美类竞赛表演业能展现出更强的活力与更快速的发展。

表5-124　成渝地区双城经济圈健身健美类竞赛表演业的赛事教练员的
技术等级　（n=30）

等级	人数（人）	占比（%）
初级	0	0
中级	3	10
高级	18	60
国家级	8	26.67
国际级	1	3.33

3. 成渝地区双城经济圈健身健美类裁判员的基本情况

根据调查数据（见表5-125）揭示了成渝地区健身健美裁判员年龄呈现"金字塔"形分布。具体来看，19~25岁的年轻裁判员占比10%。而26~35岁和36~50岁的裁判员构合计占比高达90%。分析可得，成渝地区的裁判员群体有年轻化的倾向，这为地区健身健美类竞赛表演产业的发展注入新活力，带来了更多可能性。

表5-125　成渝地区双城经济圈健身健美类竞赛表演业的赛事裁判员的
年龄结构（n=30）

年龄（岁）	人数（人）	占比（%）
≤18	0	0
19~25	3	10
26~35	15	50
36~50	12	40
>50	0	0

中年裁判员人群占比较大，反映了成渝地区健身健美类赛事裁判存在年轻化与经验丰富的并存状态，为成渝地区的体育赛事提供了有力的人才保障，确保了比赛的高水平和公正性。

调查结果显示（见表5-126）反映了成渝地区双城经济圈的健身健美类赛事裁判员性别比例情况，其中，男性裁判员，占比70%，而女性裁判员，占比30%。尽管男性裁判员在数量上占据优势，但女性裁判员队伍的逐渐壮大是不可忽视的趋势。近年来，女性裁判员的不断涌现不仅为健身健美赛事增添了多样性和包容性，也反映了成渝地区健身健美产业正朝着更加多元化和全面化的方向发展。女性裁判员的增加不仅丰富了裁判员队伍的性别构成，也为行业带来了新的视角和活力。

表5-126　成渝地区双城经济圈健身健美类竞赛表演业的赛事裁判员的
性别结构（n=30）

性别	人数（人）	占比（%）
男	21	70
女	9	30

调查结果表明（见表5-127），成渝地区健身健美裁判员的学历水平普遍较高，这一趋势对于推动产业的进步和创新具有重要意义。在调查样本中，拥有本科学历的裁判员占比67%，研究生及以上学历的裁判员占比30%。大学专科学历占比3%。高学历裁判员群体的存在，不仅提升了成渝地区健身健美裁判员队伍的整体素质，也为行业的发展注入了更多的专业知识和创新能力。他们能够更好地理解运动的科学原理，运用专业知识对比赛进行更为准确和公正的评判，同时能够在健身健美教学中提供更为科学和系统的指导。

表5-127　成渝地区双城经济圈健身健美类竞赛表演业的赛事裁判员的
学历结构（n=30）

学历	人数（人）	占比（%）
研究生及以上	9	30
大学本科	20	67
大学专科	1	3
中专	0	0
高中及以下	0	0

调查数据显示（见表5-128），成渝地区健身健美裁判员的执裁经验分布呈现出明显的特点。大多数裁判员拥有中等程度的执裁经验，其中6~9年执裁时间的裁判员占比43%。3~5年执裁经验的裁判员占比27%。有5人拥有10年及以上的丰富执裁经验，占比17%，表明尽管成渝地区缺少较高年龄段的裁判员，但资深经验的裁判员仍然在行业中发挥着重要作用。执裁时间两年以内的裁判员有4人，占比13%，这一数据说明成渝地区的裁判员队伍正在不断补充新的人才。

表5-128　成渝地区双城经济圈健身健美类竞赛表演业的赛事裁判员的
执裁年限（n=30）

执裁年限（年）	人数（人）	占比（%）
<1	1	3
1~2	3	10
3~5	8	27
6~9	13	43
≥10	5	17

调查数据显示（见表5-129），成渝地区裁判员的技术等级主要以国家级为主，占比43.33%。三级裁判员占比30%。二级裁判员占比23.33%。一级裁判员占比10%。国际裁判员占比3.33%，表明国际级裁判的要求和选拔标准较高，需要经过严格的培训和考核。成渝地区健身健美类竞赛表演活动多是区域性和全国性的赛事，国际赛事有待进一步开发。

表5-129　成渝地区双城经济圈健身健美类竞赛表演业的赛事裁判员的
技术等级（n=30）

等级	人数（人）	占比（%）
一级裁判员	3	10
二级裁判员	7	23.33
三级裁判员	9	30
国家级裁判员	13	43.33
国际级裁判员	1	3.33

（四）成渝地区双城经济圈健身健美类竞赛表演业的品牌赛事

成渝地区健身健美运动在全国起步较早，有较为长期的发展时间和有质量的发展水平。从表5-130可以看出，2024年重庆和成都两地相继举办了一系列的高水平、国家级"健身健美类"品牌赛事，如重庆举办的成渝双城经济圈"汇达柠檬"黄金健美超级联赛，该赛事作为国内健美赛事顶级IP，已成功举办18届，是目前国内最具影响力的专业健美赛事之一。该项赛事于2021年首次落户重庆，是重庆举办的高水平健身健美类品牌赛事。相继推出了成渝双城经济圈2021年、2023年、2024年"汇达柠檬"黄金健美超级联赛重庆精英赛等重磅赛事，充分融入重庆特色，为选手提供最酷炫、最专业的展示舞台，全面提升了选手参赛体验感，推动成渝地区体育竞赛表演产业的发展。

表5-130　成渝地区双城经济圈健身健美类竞赛表演业的品牌赛事

	赛事名称	影响力
"不得了系列杯"	"不得了·放飞杯"2024年全国健美锦标赛暨世界健美锦标赛选拔赛	由国家体育总局社会体育指导中心、中国健美协会主办，每年举办一次，是全国健美最高水平赛事
	"不得了·綦美杯"2024年CBBA全国青年健身健美锦标赛暨世界青年健身健美锦标赛选拔赛	除中国大陆选手外，同时吸引了来自法国、捷克、马来西亚和中国台北队等百余名选手前来参赛

赛事名称		影响力
"不得了系列杯"	"不得了·西域浡杯" 2024 年 CBBA PRO 全国健身健美精英职业联赛（成都站）	除女子健身模特以外的各项目全场赛前三名运动员均有资格入选 2024 年国家健身健美集训队 B 队，参加世界健身健美锦标赛 以"一起向健康"为主题的 2024 年（第 41 届）中国国际体育用品博览会
	"不得了·青峪杯" 四川省健身健美锦标赛	每年一次，四川省健身健美操协会年度系列赛事的重要一站，是四川省级 A 类赛事，增补了运动超模项目，走在全国的前列
	"不得了·放飞杯" 2024 年 IFBB 宇宙先生中国资格赛	在传统健美、古典健美、古典健体、健身比基尼、男子健体全场冠军赛前三名及女子形体冠军的运动员均获 IFBB 精英职业卡
2024 聚力健美新人大学生赛西南赛区（重庆站）		初登健美赛场的新人、大学生和高水平运动员同台竞技
Musclemania 熊猫联赛成都站健美比赛		除女子健康小姐外，其余项目的全场总冠军均颁发来自 Musclemania 总部的职业卡，并直通拉斯维加斯参加总决赛 通过引进国际赛事落户温江，进一步高效赋能温江体育产业品牌塑造
"峨眉传奇"肌肉大会健身健美冠军联赛		力拔山兮气盖世，健身健美是力量与美结合的完美体现。融入地方特色，比赛场馆设在地势陡峭、风景绚丽的峨眉山上
"汇达柠檬"黄金健美超级联赛重庆精英赛		国内规模最大的健美赛事之一，每年一次，健身健美运动顶级 IP 赛事

成都地区的健身健美类赛事在 2024 年全面铺开，如由中国健美协会、四川省健身健美操协会、四川爱卡卡集团有限公司共同组织，四川不得了集团有限公司独家冠名，四川不得了集团有限公司、四川乾坤搏健体育发展有限公司共同运营的不得了杯·国赛荣耀赛事名城运动成都 2024 健身健美系列赛事重磅健美赛事落地成都。同时，"不得了·放飞杯" 2024 年 IFBB 宇宙先生中国资格赛、"不得了·慕美杯" 2024 年 CBBA 全国青年健身健美锦标赛暨世界青年健身健美锦标赛选拔赛、"不得了·西域浡杯" 2024 年 CBBAPRO 中国健身健美精英职业联赛（成都站）、"不得了·青峪杯" 2024 年四川省健身健美锦标赛四项重要赛事相继成功举办。这些品牌赛事为成渝地区"健身健美类"竞赛表演业的发展注入了崭新的活力，也昭示着越来越多的群众投身到这项运动中。成渝地区双城经济圈"健身健美类"竞赛表演品牌赛事的经营，不仅提升了健身健美运动的普及率、参与度和运动水平，也促进了成渝地区双城经济圈的体育文化交流和体育事业协同发展。

第六章　成渝地区双城经济圈体育竞赛表演业核心竞争力的六条提升路径

一、整合产业资源要素，走分类、升级、革新优势之路

（一）专精特新的分类优势之路

专：大力发展职业赛事。借助成渝地区双城经济圈已举办的国内外大型体育赛事的办赛经验和影响力，推动双城经济圈"共办赛事、共促消费、共强基建"，在继续挖掘三大球（足、篮、排）、三小球（乒、羽、网）职业赛事市场的基础上，着力引进和培育新兴运动项目等品牌知名度高、市场前景广的国际、洲际、国内高水平职业赛事，探索适应川渝特色的职业赛事市场管理制度，打造职业体育赛事中心城市。

精：充分发挥"重庆成都"双核城市体育品牌赛事的辐射功能，注重对眉山、乐山、德阳、绵阳、宜宾、内江等城市圈内城市的精品赛事建设规划，提出硬性建设指标，要求各城市结合区域历史文化底蕴和自然生态资源，做大做强体育精品赛事，创新培育富有地方特色的时尚体育、城市体育、民间体育等赛事活动，赋能地方赛事产业链的建设和发展。

特：积极开展全民健身活动，推进全民健身群众性赛事进机关、进企业、进农村、进社区、进学校、进网络。鼓励各区县广泛开展具有川渝传统文化特色的全民健身活动，因地制宜举办形式多样的乡村赛事活动，创新社会力量举办业余体育赛事的组织方式，大力开展登山、攀岩、徒步穿越、露营、漂流、滑水、垂钓、滑雪、滑冰、攀冰、马拉松、极限运动等户外运动项目赛事，并积极探索这些赛事活动与文化、旅游等其他产业领域的结合。

新：结合城市发展实际，改良传统运动项目规则，适应城市化发展特征，在山地运动、水上运动、冰雪运动等赛事活动上不断优化升级，释放体旅融合、体育休闲、体育服务等与体育相关的第三产业价值，推动文体旅产业联动，体育场景与生活场景相融合。

（二）多措并举的升级优势之路

在技术创新方面，充分发挥成渝两地在新媒体技术、人工智能和大数据监控等现代信息科学技术上的领先优势，积极地将新技术运用到体育竞赛表演活动的参赛报名、赛事观看、赛事服务、媒体发布、观众互动等方面，扩大到相关链接产业的消费中，不断加强体育竞赛表演业的数字化和智能化，提升体育竞赛表演业的科技含量和观赏体验。利用这些技术为观众提供更加沉浸、互动式的观赛体验，同时为运动员提供更加科学的训练和竞技环境。在产品升级方面，结合川渝地区群众喜闻乐见的形式，以城市形象等核心文化传递信息为依托，培育成渝地区特色具有自主知识产权和核心竞争力的体育竞赛表演产品。通过赛事产品升级建设，提升成渝地区双城经济圈体育竞赛表演业的市场吸引力，吸引更多国内外观众和赞助商的关注。鼓励体育企业积极拓展与融合，加大资金和政策力度，支持企业产品和服务升级，结合体育竞赛表演活动这一核心产品，在此基础上延伸和开发优质关联产品，拓展无形产业资源，注重企业品牌打造，扩容产业链和利润链，形成具有核心竞争力和行业带动力的体育企业集团，实现企业生产、管理和运作的垂直、细分、专业化发展。

（三）市场驱动的革新优势之路

首先，充分认识成渝地区双城经济圈体育竞赛表演业的市场发展规律，通过持续的行政机制和管理机制创新，使企业作为市场参与主体，注重对体育社会企业的支持力度，为其发展创造良好的市场环境，让企业真正成为体育竞赛表演产业良性运行、协调发展和繁荣壮大的主体力量，激发企业在体育竞赛表演业的生产、策划、运营、组织、管理、推广和营销中发挥更大的作用及价值，激发体育市场活力，营造公平、有序和良性竞争的市场发展环境。

其次，要推动体育竞赛表演业的市场化改革，引入更多社会资本和民间力量参与体育赛事的策划、组织和运营。通过市场化运作，推动体育赛事活动与其他产业的发展融合。提高体育赛事的商业价值和盈利能力，为体育竞赛表演业的持续发展提供有力保障。拓展体育竞赛表演业的发展领域和范围，不仅关注传统的竞技体育项目，还要关注新兴时尚休闲体育项目。通过多元化发展，满足不同人群的体育消费需求，以提升体育竞赛表演业的整体规模和水平。

最后，政府应充分了解体育竞赛表演活动的关联市场，大力推进体育服务业的专业化，为赛事发展提供高水平、高质量的服务沟通和运营理念。如中介服务作为体育竞赛表演活动产品和市场的重要沟通平台，在赛事信息、赛事技术指导、人员培训、法律咨询、产品市场拓展等方面发挥着积极作用，相关配套服务业的发展不仅能反映出成渝地区的经济发展等级水平和与其他地区的竞争优势，而且能对双城经济圈体育竞赛表演业的运行、治理、行为提供有效的市场发展保障。

二、强化政府引领效应，走快速、健康、持续发展之路

（一）软硬兼施的快速发展之路

体育竞赛表演业的成功与繁荣，很大程度上依赖于广泛的群众体育基础和全民体育参与度。为充分调动全民的体育参与，政府应充分发挥各类资金使用效益，支撑和带动成渝地区双城经济圈全民健身活动的开展，加大对体育场馆、训练基地等基础设施建设的投入力度，提升场地设施的硬件水平。挖掘公共体育场馆、学校体育设施、可共享商业综合体等开放潜力，串联城市绿道、自行车道、登山步道、健身场馆等要素，合理利用城市可开发先知空余角落，配建足、篮、排、乒、羽、网等传统运动项目的嵌入笼式运动场，并设计为可移动、拆卸的便携式形式，便于根据用户需求改造成为综合性、多功能运动场地进行灵活使用。以此，持续增加基础健身设施的数量，提升设施场地的开放性、安全性、便捷性和效益性。同时，优化赛事环境，提升"软实力"，如宣传组织、赛事环境、服务保障、安全措施等，以增强市民体育参与意识、增加体育运动生活融入和体验，通过营造有场地、有组织、有活动、有指导的良好社会体育环境，实现质量提升、服务提升、效益提升，让成渝地区的居民群众的体育真正成为生活方式的一部分。以此，牵引和带动群众体育赛事活动的开展，提高场馆的利用率和经济效益，更好地实现相关体育消费的参与度，加大体育经费投入，加快补齐场地基础设施短板。这包括建设公共体育场馆、全民健身中心、体育公园等场地设施，为体育竞赛表演产业奠定坚实的物质基础。推动场地设施的开放共享，提高场馆利用率，降低运营成本。同时，应持续引进国内外高水平的体育赛事，提升成渝地区双城经济圈体育赛事的知名度和影响力。加大对本土体育赛事的培育力度，打造具有地方特色的品牌赛事。

（二）管办分离的健康发展之路

体育竞赛表演业的发展离不开政府部门的政策引导和资金支持。成渝地区双城经济圈应紧密围绕已出台的政策文件和法律法规，加强政策宣传和解读工作，确保政策能够真正实施落地，并在具体开展过程中结合不同运动项目的特征和区域实际情况，细化、优化与完善竞赛表演产业发展政策，加快政府职能转变。政府重在从有关体育竞赛表演业的政策引导和市场监管上发力，通过一系列政策和财政优惠措施的出台和颁布，引导社会资本市场进入体育竞赛表演业，发挥资源整合作用，完善健全相关法律和市场监管体系，规范市场秩序。加强体育竞赛表演业市场监管和规范力度，保障从业者和投资者权益，激发体育要素市场发展活力，为体育竞赛表演业的市场主体提供良好的市场环境。严厉打击违法违规行为，保护消费者的合法权益。依法行政，构建政企分开、权责明确、管理科学、

统筹协调、规范有序的竞赛表演市场管理体制。

（三）因地制宜的持续发展之路

坚持"体育+"和"+体育"做法，发挥成渝地区"巴蜀特色"地理人文等资源的比较优势，以赛事为平台、以内容为抓手、以人才为根本、以市场为主体、以产业互融为手段，打造体育赛事与文、教、旅、媒等业态融合，增加消费场景，培育赛事经济的新的增长点，开发体现川渝地域文化特色的体育竞赛表演精品项目，注重试点示范的引领和带动效应，塑造自主赛事品牌和规模优势，充分发挥比较竞争优势，扩大影响力，增强竞争力。

促进产业经济的延展效应。在赛事质量上注意赛事运作、组织管理团队的专业化建设和开发，深入调研，积极探索，勇于创新，根据市场实际需求全面提升赛事服务质量。在原有政策的基础上，深化研究成渝地区双城经济圈内不同城市和区域体育竞赛表演产业的多样、差异与互补，进一步制定并出台相关的旨在推动区域城市间优势互补、协调互促的联动发展格局的政策措施，引导更多企业和社会资本参与到体育竞赛表演业的发展中来，提升体育竞赛表演业的整体素质和竞争力。

三、加强区域产业协作，走梯次、协同、融合共通之路

（一）双核辐射的梯次共通之路

一是利用成都、重庆作为双核城市的辐射功能，借助以轨道交通为重点的交通基础设施，从有关体育产业发展的一系列文件中统筹规划体育竞赛表演市场的空间格局，激发成都都市圈和重庆都市圈体育产业资源，围绕推动成渝地区双城经济圈建设走深走实和深入实施"四化同步、城乡融合、五区共兴"发展战略，跨省、跨市州举办全民健身区域体育赛事活动。

二是培育现代化体育竞赛表演业的都市圈。推动成都、重庆两座中心城市体育产业资源向川东北、川南、渝东北、渝西地区发展，支持泸州、永川、江津打造全国先进体育产业制造业基地，鼓励合川发展数字化、智能化体育产业。借助成立川渝高竹新区和遂潼川渝毗邻地区一体化发展先行区的契机，打造成渝地区双城经济圈体育竞赛表演业示范园区，合理规划区域体育产业布局，降低体育企业跨区域经营成本，打造体育产业区域协作样板。

三是加强次一级城市（区）之间的体育产业空间联系。

（二）同源一体的协同共通之路

跨区域产业协作是推动区域经济高质量发展的重要途径。体育赛事居于体育产业结构的核心，而体育产业的发展依赖体育赛事的强力支撑。唱好川渝地区双城经济圈体育竞赛表演业协同发展的"双城记"，通过建立联合申办重大赛事的

工作机制，高效实施一赛两地、共同办赛、轮流办赛等办赛新模式，共同打造1~2项与国际常规赛事相同的体育赛事，共同筹办、引进一批与世界赛事名城相匹配的顶级体育赛事。联合举办大型综合性体育赛事，凸显协同办赛的合力与成果，并逐步带动周边城市群在体育赛事领域的协同发展。在成都都市圈、重庆都市圈以及川南、南遂广、达万城镇密集区打造一批具有广泛社会参与的区域性群众体育赛事，转变办赛理念，融入娱乐元素，逐步形成"赛事节日化"。同时，协同办赛突出区域特色。川渝地区要借助各地独特的自然禀赋优势和城市资源优势，聚焦体育场馆的开发利用、体育赛事品牌形象建设、体育运动文化普及以及体育赛事旅游消费等领域，形成全领域、全季节的赛事新格局。

（三）提质增效的融合共通之路

与赛事产品的融合。紧密围绕赛事的类型、规模和质量等核心层面，注重内外兼修，引进高水平、市场卖座率高的国际、国内精彩赛事的同时，立足本地实际，深入全民健身，注重开发具有市场影响力的成渝自主品牌赛事IP，全方位挖掘成渝地区双城经济圈体育竞赛表演业的赛事经济潜力，并结合市场，积极构建评价指标，进行体育赛事开展水平的动态考核与评价，提高市场资源配置效率，从根本上推动双城经济圈赛事产业经济的增长速度和发展水平。

与关联业态的融合。加强体育竞赛表演业核心产品与文化、商业、旅游等多业态相融和互促，把吃、穿、用、行、文融入比赛、带入赛事，以赛事经济培育跨行业发展的新质生产力，催生多业态融合，充分发挥竞赛表演业所具有的综合经济效能。

与体育人才的融合。加强成渝两地在"体育技术、体育经济管理、体育科研"等方面的人才协同和互动，持续推动人才政策协同、制度衔接，在人才引进、交流培养等方面加强合作，共同引进高端人才到成渝地区双城经济圈引领建设体育赛事经济。

四、开拓新型赛事场景，走守正、智能、绿色活力之路

（一）返璞归真的守正活力之路

成渝地区双城经济圈因时制宜、因需制宜，结合运动项目特点，深化赛事，推动体育赛事与景区、公园、街区、商圈的结合，拓展体育赛事的比赛场地和传统意义上的发展形态，充分发挥体育赛事的综合经济效益。实现体育赛事与流量经济、增量经济的发展互促。尽管内容不断更新、形式不断演变，但体育经济的基础在于群众体育，要注重将体育赛事真正回归到人民大众，实现"让体育回归生活"的本质目标。

（二）赋能转型的智能活力之路

成渝双城经济圈应加快数字经济赋能体育竞赛表演市场的转型。

一是以川渝两地高新技术开发区为载体，共同牵头出资打造体育服务数字化平台，加快推动互联网、人工智能、大数据等新兴技术在体育赛事领域的运用，探索体育竞赛表演业的高端定制化服务，培育以"互联网+体育""区块链+体育""云计算+体育"等为代表的体育新业态、新产品和新模式。

二是通过大数据、人工智能等技术的运用，推动装备制造产业的全面升级，提升制造企业的产品生产效率和质量，为打造国际知名体育品牌提供技术支撑。探索建立体育场馆、社团、企事业单位、用户等多元主体有机结合的智慧体育服务生态体系，提升体育服务对象的消费体验，泛化体育消费群体。

三是将体育服务数字化建设作为川渝基层体育服务供给的政府民生实事项目，利用共建共享的体育产业数字化资源，协同未来社区人本化、生态化、数字化发展，提高群众体育管理和服务的精确化、高效率运作，推动群众体育的数字化发展。

（三）共生共融的绿色活力之路

"人—体育—环境"共生共融是现代体育竞赛表演业良性发展的重要前提。以体育运动项目与成渝地区良好的生态环境为基本载体，打造川渝地区集体育竞赛、健身锻炼、娱乐休闲、旅游观光、体育科技于一体的体育竞赛表演活动发展空间。依托川渝独特的生态环境优势，将绿水青山与体育竞赛表演活动融合，在赛事活动中植入以徒步健身、自然教育、环境保护、生态建设等一系列绿色发展理念，围绕生态体育创新发展，植入低碳环保理念，推动人与自然和谐发展，强调绿色与体育并重。扩大成渝地区双城经济圈体育赛事的附加效应，大力发展赛事经济增强城市活力，对外吸引力、影响力和知名度，对标承接国家级、省级单项体育赛事和市级综合体育赛事功能定位，不断提升成渝地区体育竞赛表演活动的承载能力，优化全民健身环境，通过高质量、高水平承（举）办、省级高规格赛事，把生态优势转变为高质量体育竞赛表演业的发展优势，走绿色低碳发展的特色道路。

五、构建综合产业链条，走多样、差异、互补特色之路

（一）一应俱全的多样特色之路

体育竞赛表演以高水平的体育赛事表演产品为核心，打造具有国内外影响力的品牌赛事，吸引观众和赞助商的关注，为产业发展提供核心驱动力。成渝地区双城经济圈体育竞赛表演市场应根据不同受众群体的需求和喜好，大力开发和引入多样化的体育赛事项目。既有适合专业运动员参与的高水平竞技赛事，也有适合普通市民参与的群众体育赛事；既有传统的球类、武术类、操舞类等项目，也有新兴的电子竞技、极限运动、户外运动等项目。注重地区文化元素的融合，将地方特色文化、历史传承等元素融入体育竞赛表演中，提升赛事的文化内涵和观赏价值，形成独特的文化 IP，增强观众的归属感和认同感。将体育赛事与旅游观光相结合，打造体育赛事旅游线路和产品，吸引游客参与体育赛事、体验地方文化、游览风景名胜，实现体育赛事与旅游业的"双赢"。

（二）共推"双赢"的差异特色之路

成渝双城经济圈内各区域应充分结合资源禀赋和地域特色，进行差异化定位和发展。如在重庆、成都双核城市的体育竞赛表演业的发展中，成都可依托丰富的历史文化资源和现代都市风貌，发挥大运会、世运会等全球赛事的叠加效应，打造世界级体育赛事名城，发展高端体育赛事和演艺；重庆可借助其独特的山水城市风貌和红色旅游资源，发挥地域旅游资源优势，加大体旅融合力度，发展山地运动、水上运动、冰雪运动等赛事活动，释放体旅融合、体育休闲、体育服务等与体育相关的第三产业价值。实现不同区域间体育竞赛表演业的高质量共同发展。

（三）相得益彰的互补特色之路

资源共享：加强成渝两地体育资源的共享和互补。例如，通过联合申办国际大赛、共享训练场地和设施等方式，提高资源利用效率；通过举办区域性的体育赛事交流活动，促进经验和技术的共享。

产业联动：推动体育竞赛表演业与其他相关产业的联动发展。例如，与文化产业联动，开发具有地方特色的体育文化产品；与商业服务业联动，提供全方位的赛事服务和体验；与旅游业联动，打造体育赛事旅游线路和产品。

合作共赢：建立成渝两地体育竞赛表演业的合作机制，通过政策引导、资金支持等方式，促进两地体育产业的合作共赢。同时，加强与国际体育组织的合作与交流，提升成渝地区双城经济圈体育竞赛表演业的国际影响力和竞争力。

六、打造品牌赛事体系，走知名、美誉、跨界市场之路

（一）引育并举的知名市场之路

成渝地区双城经济圈体育竞赛表演业，一方面，要积极引进国内外知名体育赛事，借助其品牌影响力带动区域体育竞赛表演业的发展；另一方面，以培育成渝地区本土品牌赛事为根本，将政府和社会力量深度融合，以体育品牌赛事为引领，大力发展群众喜闻乐见及具有区域特色的本土体育赛事活动，从赛事类型、赛事规模、国际参与度、商业价值等维度构建评价指标体系，提升本土赛事的级别。可形成激励机制推动成渝双城经济圈各区（市）县积极利用体育 IP 资源，

重点培育如"123"工程，即1项本土大众赛事，2项本土业余赛事，3项本土职业赛事，发挥品牌资源建立联赛体系，大力支持当地企业、社会组织等社会力量申（举）办品牌赛事，参与品牌赛事、特色体育项目等开发，鼓励区（市）县政府根据自身条件引进或自主举办有影响力的品牌体育赛事，形成"一区（市、县）一品牌"，并真正落实。

推动形成多元化、专业化办赛模式，增强体育竞赛表演业的发展活力。通过长期运营和宣传推广，逐步树立其在国内外体育市场的知名度。此外，要加强赛事组织和管理，提高赛事的专业性和观赏性。注重赛事的创新和特色发展，通过引入高科技手段、提升场馆设施水平、优化赛事流程等方式，为观众提供高质量的观赛体验。充分利用传统媒体和新媒体平台，对赛事进行全方位的宣传报道。通过制作高质量的赛事宣传片、组织新闻发布会、邀请知名媒体参与报道等方式，扩大赛事的影响力和传播范围。用好"两微一端"平台，发挥网络新媒体传播优势，打造体育全媒体传播矩阵，引导体育健康生活方式。

（二）深入人心的美誉市场之路

注重赛事服务。提供优质的赛事服务，包括观众服务、参赛者服务、赞助商服务等。通过细致入微的服务，增强观众和参赛者的满意度和忠诚度，为赛事赢得良好的口碑。

强化社会责任。积极履行社会责任，通过举办公益活动、推广健康生活等方式，树立赛事的公益形象。同时，加强赛事与社区、学校的互动和合作，扩大赛事的社会影响力。

建立反馈机制。建立健全的观众和参赛者反馈机制，及时了解他们的需求和意见。针对反馈意见进行持续改进和优化，不断提升赛事的品质和美誉度。定期对体育消费促进情况进行评估，并将工作实施情况纳入年终综合目标考核。加强统计监测，研究建立赛事活动拉动体育消费统计监测机制，分析研判体育消费市场形势。探索与互联网平台企业合作，共享体育消费数据。推动区县开展体育消费调查工作。强化数据分析运用能力，对体育消费促进工作进行跟踪研究，形成高质量理论成果，为进一步促进体育消费提供决策依据。建立公众参与和反馈机制，问需于民、问计于民，定期听取公众意见和建议。改进工作作风，大兴调查研究，根据实际情况，及时调整和改进政策措施，抢抓时间窗口、压实工作责任。

（三）内容为王的跨界市场之路

市场经济体系下，体育赛事相关的利益方包括政府部门和体育机构、媒体和转播商、赞助商、赛事经纪公司，这是新时代体育赛事运营必然面临的。推进赛事体系完善，走市场化道路，必然要经历破界和跨圈，使体育赛事迅速出圈，引入更多消费新客户。赛事转播权是体育赛事内容层面的重要一环，但随着社会的发展，年轻群体和新玩家的入局，体育赛事的内容应越发丰富。围绕着体育赛事的转播权，立足用户时代，设计和挖掘更丰富的内容形态，持续凭借资源优势和经验优势做"好内容"，围绕竞赛表演活动的底色，融入对消费者的最新洞察，尝试从宏大叙事向个体叙事的市场营销思维转变，整合赛事内外的资源，呈现赛场内外的更多精彩内容，充分发挥"短视频+直播"的平台优势，将内容聚焦赛场之外的更多人，带动全民参与体育赛事氛围，打造衍生节目和消费内容，创造多元的赛事内容新玩法，才能将体育竞赛表演活动的营销作用发挥到最大，赢得更多的市场和消费者。向消费者传递"你不仅是体育赛事的看客，也是体育赛事的参与者"，通过提升参与感和关联度，让消费者感受到品牌以他们为中心，与他们站在一起。此外，利用与文艺影视的跨界合作，选取经典题材，反映体育与人的发展、体育与城市的发展、体育与社会的发展，如《"大运会"的成都，知多少?》等纪实片，结合市场需求，制作体育文艺作品，提升大众对现代体育价值和功能的全面认知。鼓励体育企业与社区、学校、医院等机构合作，组织包括科普健身、健康讲座等在内的健康生活主题活动，增强群众健康生活意识。开展"发现身边运动达人"等活动，宣传体育健康的典型案例。

第七章　研究总结与展望

一、研究内容及方法的创新程度、突出特色

目前对区域核心竞争力的研究多依据西方经济学理论，着力于建构核心竞争力的评价体系与评价模型。从理论层面上讲，建构评价体系的实证研究更具科学性，但部分研究在指标选择的方法、过程和评价体系的构建上浓墨重彩，在指标与现实的对接分析中稍显不足，且我国体育竞赛表演业的发展从属于社会主体市场经济发展体系，具有自身的独特性，完全用西方经济学一系列理论模型套用，不符合发展实际。基于此，结合区位经济理论、核心竞争力等理论，本书在借鉴已有研究成果的基础上，重视竞争力评价指标的科学性和贴切性，通过对体育竞赛表演业核心竞争力的形成过程、要素结构、理论依据、影响因素和演化机理的进一步研究，结合成渝地区双城经济圈发展实际，从内生性核心要素和外生性核心要素的逻辑分类思路出发，将评价指标分为基础指标和市场指标两大体系，基础指标包括行政、环境、人力、产业四大核心要素，市场指标包括运行、消费、人文（区域社会体育消费氛围与认知）。其中，依据体育竞赛表演业的概念"是以体育赛事为核心产品辐射关联多行业于一体的综合性产业，具有竞赛与表演的双重属性"将体育竞赛表演业分为五大项群，涵盖了体育的竞赛和表演项目。把市场指标，放置于五大项群中考察双城经济圈体育竞赛表演业的核心竞争力。这是本书在研究内容和方法上的新的思考、实践和不同于已有研究的特色。

二、存在的不足与展望

（一）资料数据调研的局限性

尽管编写组成员已利用现有能力对问题进行深究，尽力收集到尽可能多的数据资料，但由于成渝地区体育竞赛表演业是复杂的庞大发展体系，涉及多个行业和领域，其发展受多种因素的制约，更需要广博的多学科理论与实践知识作根基。这决定了它的研究过程是一个相对漫长和持续深入的过程，而囿于资料渠

道、时间等因素，本书对资料和数据的收集、归纳与分析还不够全面。

（二）评价指标体系有待完善

成渝地区双城经济圈体育竞赛表演业的研究是一个宏大的研究课题，在展开具体研究，搭建研究框架中，课题负责人反复思考如何能研之有物，既能不落入过于偏重建构评价体系的泛化式的理论研究，又能不失核心竞争力要素指标选取的科学性，这成为笔者在研究初期的最大困惑。追本溯源，在反复提炼和理解体育竞赛表演业的相关理论基础上，本书认为应紧紧围绕体育竞赛表演业的核心概念，即以"赛事"这一核心产品作为微观研究切入点，与市场指标中的运行、消费、人文（区域社会体育消费氛围与认知）相联系来具体分析体育竞赛表演核心竞争力，但由于研究者在能力、精力、时间、资源和资金等方面的限制，本书所选定的评价指标仍存在进一步完善的空间。今后若有条件，将继续对此研究课题展开更深入的探究。

（三）研究展望

体育竞赛表演业中的支柱产业赛事产业已进入全面恢复期，各级各类各项赛事持续增长，市场消费能力不断上升，相关政策体制逐步完善，在市场中的竞争力不断提高，为体育竞赛表演市场提供了广阔的发展空间。但从整体上看，体育竞赛表演业的生产技术水平、产品质量、跨行业运营、知名度、市场秩序和市场化程度的发展效率仍然不高，产业链开发和营销仍然欠缺，对实物产品的消费依赖度仍会较强，体育竞赛表演业的发展仍处于起步阶段。未来体育竞赛表演业的市场竞争程度将不断提升，会面临持续性的发展挑战。围绕如何优化体育竞赛表演市场的产业结构、提升产业发展水平、完善赛事服务体系、提高赛事管理水平、调节赛事关联市场，将有更多的研究空间。

参考文献

［1］习近平主持召开中央财经委员会第六次会议强调抓好黄河流域生态保护和高质量发展　大力推动成渝地区双城经济圈建设［N］.人民日报，2020-01-04（1）.

［2］2023年成渝"双圈"数据出炉：GDP突破8万亿元，再上一个万亿台阶［EB/OL］.https：//www.yibin.gov.cn，2024-03-07.

［3］四川省体育局　重庆市体育局关于印发《成渝地区双城经济圈体育产业一体化发展规划（2023—2025年）》的通知［EB/OL］.https：//tyj.sc.gov.cn，2023-07-24.

［4］中共中央　国务院印发《成渝地区双城经济圈建设规划纲要》［EB/OL］.四川省人民政府网，http：//www.gov.cn/gate/big5/www.gov.cn/zhengce/2021-10-21/content_5643875.htm.

［5］成渝地区双城经济圈建设对中国式现代化发展有何战略意义？［EB/OL］.https：//www.sc.gov.cn，2024-02-19.

［6］深刻把握成渝地区双城经济圈建设重大战略意义［EB/OL］.http：//www.leshan.cn，2021-10-26.

［7］国务院办公厅关于加快发展体育竞赛表演产业的指导意见［EB/OL］.http：//www.gov.cn/zhengce/content/2018-12/21/content_5350734.htm，2018-12-01.

［8］陈冲.全民健身操舞教学方法研究［D］.成都体育学院硕士学位论文，2014.

［9］侯扬慧.河南省粮食产业竞争力提升研究［D］.河南工业大学硕士学位论文，2024.

［10］武雨佳，王庆伟，刘弋飞.2022年冬奥会背景下京津冀大众滑雪赛事竞争力提升研究［J］.沈阳体育学院学报，2021，40（5）：16-23.

［11］王庆伟，张树敏，李佳琦等.京津冀城市群城镇居民体育赛事需求调查研究［J］.北京体育大学学报，2020，43（9）：10-17.

［12］李兰冰，徐瑞莲．中国式现代化建设背景下京津冀产业竞争力提升路径［J］．北京社会科学，2023（10）：34-44.

［13］张建辉，马慧强，刘玉鑫等．我国体育旅游产业竞争力空间格局与提升建议研究［J］．哈尔滨体育学院学报，2023，41（5）：57-64.

［14］陈春平，李成子，翟丰．长三角一体化背景下体育赛事竞争力提升研究［J］．体育文化导刊，2023（10）：8-13+20.

［15］陈晓峰，康健，朱兰芳等．区域一体化发展背景下长三角区域休闲体育市场秩序重构研究［J］．首都体育学院学报，2023，35（5）：568-576.

［16］马楠，姚瑶，沈体雁．长江经济带城市经济竞争力提升的差异化路径［J］．经济地理，2023，43（11）：3-4.

［17］张井水．区域体育产业发展的影响因素与发展建议探索［J］．黄山学院学报，2022，24（3）：71-74.

［18］米银俊，周良君，孙铭．中国式现代化推进粤港澳大湾区体育高质量发展研究［J］．广州体育学院学报，2023，43（1）：1-7.

［19］陈鸥．成渝地区双城经济圈体育产业竞争力提升基础、困境与路径［J］．成都体育学院学报，2022，48（5）：90-96.

［20］陈立农，陈宇，任嘉宾．粤港澳大湾区竞技体育竞争力提升可行性研究［J］．广州体育学院学报，2021，41（1）：1-4.

［21］刘铮．粤港澳大湾区青少年体育赛事竞争力提升研究［D］．广州体育学院硕士学位论文，2022.

［22］张小江．成渝地区双城经济圈体育竞赛表演业发展现状及路径研究［D］．重庆大学硕士学位论文，2022.

［23］陈林会，刘青．成渝地区双城经济圈体育产业融合发展研究［J］．经济体制改革，2020（6）：57-63.

［24］苟金涛．成渝地区双城经济圈体育赛事竞争力提升路径研究［D］．西南财经大学博士学位论文，2023.

［25］王鑫，王家宏．我国体育竞赛表演业区域核心竞争力生成机理与培育路径［J］．北京体育大学学报，2023，46（9）：44-53.

［26］熊优，黄谦，荀阳等．数字化赋能体育竞赛表演业的价值、困境与建议［J］．体育文化导刊，2023（8）：73-79.

［27］徐福振，杨公安．我国体育竞赛表演产业发展困境及应对建议［J］．体育文化导刊，2022（7）：65-71.

［28］王茜，王家宏，崔李明．我国职业体育竞赛表演业消费市场高质量发展的内涵特征、问题及解决路径研究［J］．体育学研究，2021，35（6）：53-62.

［29］张坤，杨海燕．新基建赋能我国体育竞赛表演业的实践困境与推进建议［J］．体育文化导刊，2021（9）：79-85.

［30］李祥林．中国体育竞赛表演产业发展的历程、逻辑与趋势——基于政府行为变迁视角［J］．体育科学，2021，41（3）：10-17.

［31］张彩．苏州青少年阳光体育联赛操舞类项目竞赛发展研究［J］．当代体育科技，2022，12（22）：113-116.

［32］武浩．广东省操舞类赛事运营管理研究［D］．广州体育学院博士学位论文，2018.

［33］梁晓燕．全民健身背景下全民健身操舞赛事营销建议研究［J］．文体用品与科技，2023（19）：40-42.

［34］蒙宇．全国全民健身操舞大赛贵州分站赛赛事分析及对策研究［D］．贵州民族大学博士学位论文，2023.

［35］孙叶珊．青岛市体育舞蹈竞赛表演业的困境及对策研究［D］．云南师范大学博士学位论文，2023.

［36］中共中央　国务院．成渝地区双城经济圈建设规划纲要［EB/OL］.http：//www. gov. cn.

［37］体育局办公室．重庆四川两省市贯彻落实《成渝地区双城经济圈建设规划纲要》联合实施方案［EB/OL］.https：//tyj. sc. gov. cn.

［38］四川省体育局，四川省体育产业联合会．2022年四川省体育消费调查报告［EB/OL］.http：//www. sc. gov. cn.

［39］张思雨．我国健美健身运动发展研究［D］．陕西师范大学博士学位论文，2022.

［40］张钧，张蕴琨．运动营养学（第三版）［M］．北京：高等教育出版社，1956.

［41］马德康．我国体育竞赛表演业发展状况与影响因素研究［D］．北京体育大学博士学位论文，2017.

［42］川渝统计局联合发布.2022年成渝地区双城经济圈经济发展监测报告［EB/OL］.http：//www. sc. gov. cn.

［43］唱好"双城记"抓"五个共建"——双城引领格局在2025年初成［EB/OL］.封面新闻，http：//www. thecover. cn/news/KAwWh5ZQX8c＝，2022-10-13.

［44］成渝"双核"，2024年要干这几件大事！［EB/OL］.红星新闻，http：//www. chendu. cn.

［45］国家体育总局．"2021年重庆体育十大新闻"正式公布［EB/OL］.http：//www. cqcb. com.

［46］谭自龙．成渝地区双城经济圈体育产业协同发展研究［D］．成都体育学院博士学位论文，2024.

［47］丁任重，王河欢．成渝地区双城经济圈产业竞争力评价及协同发展研究［J］．中国西部，2020（6）：1-13+133.

［48］王霞．区域一体化背景下成渝地区双城经济圈产业协同发展研究［D］．西华大学博士学位论文，2021.

［49］宋平，高彩琴，李佐惠．我国健美运动发展研究［J］．体育文化导刊，2014（2）：87-90.

［50］桑振翔．新规则对我国健美健身运动发展的影响分析［D］．郑州大学博士学位论文，2016.

［51］叶子煊．我国健美竞赛女子项目演进及规则变化研究［D］．西安体育学院博士学位论文，2015.

［52］程路明．健康中国建设视域下健美健身运动的价值与发展路径［J］．北京体育大学学报，2018，41（6）：49-56.

［53］刘平浩，张爱红．西方健身文化的历史演进［J］．体育学刊，2017，24（5）：20-26.

［54］周超．我国体育产业核心竞争力现状及发展对策研究［J］．沈阳体育学院学报，2011，30（1）：3-4.

［55］范玉川．上海市体育产业的核心竞争力研究［J］．沈阳体育学院学报，2013，32（2）：3-4.

［56］岳晓燕，王妍，李梦露等．我国体育竞赛表演研究可视化分析［J］．体育科技，2022，43（1）：76-79.

［57］王鑫．长三角地区体育竞赛表演业核心竞争力提升研究［D］．苏州大学博士学位论文，2022.

［58］多壮志，焦杰，张兵．河南武术产业架构体系建构研究［J］．少林与太极（中州体育），2011（11）：7-9.

［59］李晨．成都赛事名城建设背景下武术赛事发展研究［D］．成都体育学院博士学位论文，2022.

［60］牛辉．武术竞赛表演市场解析［J］．现代交际，2016，432（10）：74-75.

［61］胡鞍钢，方旭东．全民健身国家战略：内涵与发展思路［J］．体育科学，2016，36（3）：3-9.

［62］王晓微，陈俊萌．论加强中国体育产业发展战略研究的必要性［J］．

体育学刊，2014，21（1）：49-52.

[63] 黄海燕. 我国体育产业结构评价与优化对策［J］. 武汉体育学院学报，2014，48（4）：27-30+37.

[64] 张金桥，王健. 论体育产业与文化产业的融合发展［J］. 上海体育学院学报，2012，36（5）：41-44+76.

[65] 钱亦舟. 电子竞技产业发展思考［J］. 体育文化导刊，2015（8）：118-123.

[66] 王先亮，杨磊，任海涛. 我国休闲体育产业的特征及布局［J］. 体育学刊，2015，22（2）：42-46.

[67] 茆晓颖. 促进我国体育产业发展的财政政策支持研究［J］. 成都体育学院学报，2015，41（4）：13-18.

[68] 王成杰，于吉浩. 数字经济驱动下体育产业发展思考［J］. 合作经济与科技，2024（11）：20-21.

[69] 张颖. 我国社会资本投资体育产业的策略与长效机制——基于《国家体育产业统计分类》的分析［J］. 体育学刊，2017，24（4）：40-45.

[70] 张跃，王图展，刘莉. 比较优势、竞争优势与区域制造业转移［J］. 当代经济科学，2018，40（6）：107-118+130.

[71] 李阳，赵刚. 我国体育非物质文化遗产可持续性发展的思考［J］. 天津体育学院学报，2022，37（3）：324-330.

[72] 岳敏，朱保芹. 城乡居民消费分层及动态演化：基于城乡二元结构的解释［J］. 商业经济研究，2021（20）：63-66.

[73] 谭自龙. 成渝地区双城经济圈体育产业协同发展研究［D］. 成都体育学院博士学位论文，2023.

[74] 何涛，杨丽芳. 成渝地区双城经济圈体育非物质文化遗产空间聚合与协同传承的实现路径研究［J］. 成都体育学院学报，2023，49（1）：58-65.

[75] 胡易容，杨登翔. 巴蜀符号：巴蜀文化的源头与活水［J］. 天府新论，2021（6）：2+161.

[76] 刘茂才，谭继和. 巴蜀文化的历史特征与四川特色文化的构建［J］. 西南民族大学学报（哲学社会科学版），2003（1）：57-59.

[77] 白佳俊. 成渝地区双城经济圈城市能源、经济、环境与社会系统耦合协调发展研究［D］. 四川大学博士学位论文，2023.

[78] 余青山. 成渝地区双城经济圈人才一体化建设研究［D］. 中共重庆市委党校硕士学位论文，2023.

[79] 付巾书. 成渝地区双城经济圈经济—社会—环境耦合协调的动态演化

分析［D］. 西南科技大学硕士学位论文，2023.

　　［80］李荣芝. 乒乓球运动的历史演进及跨文化传播研究［D］. 上海体育学院硕士学位论文，2014.

　　［81］张运霞. 世界乒乓球运动发展现状及对策的研究［D］. 武汉体育学院硕士学位论文，2013.

　　［82］付强. 羽毛球训练对中学生体质影响的研究［D］. 淮北师范大学硕士学位论文，2015.

　　［83］赵岷. 西方体育竞赛表演研究［D］. 山西大学硕士学位论文，2016.

　　［84］李祥林. 中国体育竞赛表演产业发展中政府行为的逻辑、效应及优化［D］. 福建师范大学硕士学位论文，2022.

　　［85］徐晟辉. 上海市体育旅游目的地竞争力评价指标体系研制及其提升策略［D］. 上海体育学院硕士学位论文，2021.

　　［86］周波. 论体育产业核心竞争力［D］. 湖南师范大学硕士学位论文，2014.

　　［87］崔芳铭. 江苏省体育产业竞争力"钻石模型"构建与实证［D］. 上海体育学院硕士学位论文，2023.

　　［88］王言杰. 成渝地区双城经济圈金融产业集聚中的政府行为研究［D］. 西南财经大学硕士学位论文，2023.

　　［89］洪杨杨. 成渝地区双城经济圈区域经济差异与影响因素研究［D］. 重庆大学硕士学位论文，2023.

　　［90］陆鹏. 中国网球特色小镇发展策略研究［D］. 成都体育学院硕士学位论文，2022.

　　［91］曾德元. 重庆市普通本科院校网球选修课程教学体系构建研究［D］. 成都体育学院硕士学位论文，2022.

　　［92］王鑫. 长三角地区体育竞赛表演业核心竞争力提升研究［D］. 苏州大学硕士学位论文，2022.

　　［93］徐国根. 江西省体育竞赛表演市场发展对策研究［D］. 苏州大学硕士学位论文，2011.

　　［94］卢思雯. 美国体育产业竞争力研究［D］. 吉林大学硕士学位论文，2018.

　　［95］边爽. 辽宁省体育产业竞争力研究［D］. 沈阳大学硕士学位论文，2015.

　　［96］唐琴，杨永芹，周雨等. 川渝共同唱好新时代西部"双城记"［N］. 重庆日报，2024-05-29（003）.

　　［97］杨永芹. 成渝地区双城经济圈综合交通标准体系发布［N］. 重庆日报，2024-05-18（003）.

　　［98］李欣潼，戴技才. 成渝地区双城经济圈高铁网络通达性的溢出效应

［J］．热带地理，2024（1）：3-4.

［99］何浩，李娜娜，吴浩．发展新质生产力背景下成渝地区双城经济圈城市体育消费新场景培育路径探索［J］．成都师范学院学报，2024，40（2）：116-124.

［100］苟金涛．成渝地区双城经济圈体育赛事协同发展路径研究［D］．西南财经大学硕士学位论文，2023.

［101］张小江．成渝地区双城经济圈体育竞赛表演业发展现状及路径研究［D］．重庆大学硕士学位论文，2022.

［102］王海洋．成渝地区竞技体育协同发展研究［D］．天津体育学院硕士学位论文，2024.

［103］许阳，余磊，周结友．新时代中国体育竞赛表演业发展挑战、机遇与路径研究［J］．广州城市职业学院学报，2023，17（1）：70-74.

［104］中共中央、国务院．国务院关于加快发展体育产业促进体育消费的若干意见［Z］．2014-10-20.

［105］陈春平，李成子，翟丰．长三角一体化背景下体育赛事协同发展研究［J］．体育文化导刊，2023（10）：8-13+20.

［106］郑雨晴，杜熙茹．粤港澳大湾区体育舞蹈协同发展研究［J］．当代体育科技，2023，13（32）：170-174.

［107］王霞．区域一体化背景下成渝地区双城经济圈产业协同发展研究［D］．西华大学硕士学位论文，2022.

［108］耿蕊．京津冀区域产业协同发展的减排效应研究［D］．辽宁大学硕士学位论文，2021.

［109］吕昌元．京津冀青少年体育赛事协同发展研究［D］．首都体育学院硕士学位论文，2019.

［110］卫星明．京津冀业余网球赛事协同发展研究［D］．首都体育学院硕士学位论文，2017.

［111］沈瑞雪．体教融合背景下上海市奉贤区体校竞技体育后备人才培养现状研究［D］．上海师范大学硕士学位论文，2023.

［112］曾茗佳．成渝地区双城经济圈篮球产业的协同发展研究［D］．成都体育学院硕士学位论文，2022.

［113］王童．成渝地区双城经济圈业余足球赛事一体化发展研究［J］．内江科技，2023，44（2）：121-123.

［114］王霞．区域一体化背景下成渝地区双城经济圈产业协同发展研究［D］．西华大学硕士学位论文，2022.

附　录

一、《成渝地区双城经济圈大球类竞赛表演业竞争力提升研究》调查问卷

尊敬的女士/先生：

您好！

非常感谢您在百忙之中抽出时间填写本次问卷！我正在从事成渝地区双城经济圈大球类竞赛表演业竞争力提升研究方面的工作。为了能更好地了解成渝地区双城经济圈"大球类"竞赛表演业的竞争力发展及其提升路径，特进行本次问卷调查。本问卷仅作学术研究之用，无正误之分，不会给您带来任何影响，您的答复和建议将对本研究工作有很大的帮助，恳请您根据实际情况填写问卷。再次对您的大力支持与帮助表示衷心的感谢！（填写说明：请根据您的实际情况在对应的选择上打"√"）

1. 您的性别：

A. 男　　　　　　　　　　　B. 女

2. 您的年龄：

A. 18 岁以下　　　　　　　　B. 19～25 岁

C. 26～30 岁　　　　　　　　D. 30 岁及以上

3. 您的学历：

A. 高中及以下　　　　　　　B. 本科、专科

C. 研究生及以上

4. 您的月收入水平：

A. 3500 元以下　　　　　　　B. 3501～5500 元

C. 5501～8500 元　　　　　　D. 8500 元及以上

5. 您在大球类竞赛表演业中承担何种角色？

A. 参赛运动员　　　　　　　B. 带队教练员

C. 赛事裁判员　　　　　　　D. 组织管理人员

E. 消费者　　　　　　　　　F. 生产企业

6. （管理人员填写）大球类竞赛表演业的赛事经费主要来自哪里？（多选）

　　A. 政府拨款　　　　　　　　B. 主办单位

　　C. 比赛报名费　　　　　　　D. 冠名赞助商

　　E. 推广广告收入　　　　　　F. 其他（请填写）＿＿＿＿＿＿

7. （管理人员填写）成渝地区双城经济圈大球类竞赛表演业的赛事运行机构主要有哪些？（多选）

　　A. 体育局相关政府部门　　　　B. 市级大球类项目协会

　　C. 组织举办本次赛事的机构　　D. 赛事专门运作机构

　　E. 协办单位以及体育文化公司　F. 其他＿＿＿＿＿＿

8. （管理人员填写）成渝地区双城经济圈"大球类"竞赛表演业的赛事组织管理工作主要包括哪些？（多选）

　　A. 制订赛事推广的计划与方案　　B. 定期召开会议，解决疑难问题

　　C. 全面监测赛事推广工作

　　D. 选定赛事推广参与人员，明确工作职责

　　E. 组成若干团队，加强分工协作　　F. 预测赛事推广的社会影响力

　　G. 赛事结束，对推广工作进行评估总结

　　H. 只成立赛事推广运作机构，但缺少以上组织管理工作

　　I. 其他＿＿＿＿＿＿＿＿＿＿＿

9. （消费者填写）您主要通过以下哪些途径获得成渝地区双城经济圈大球类竞赛表演活动信息？（多选）

　　A. 电视　　　　　　　　　　B. 电台

　　C. 网络　　　　　　　　　　D. 报纸

　　E. 户外广告　　　　　　　　F. 明星见面会

　　G. 微信公众号　　　　　　　H. 微博

　　I. 公交车广告　　　　　　　J. 户外宣传单

　　K. 赛事场馆海报　　　　　　L. 其他

10. （消费者填写）您观看成渝地区双城经济圈大球类竞赛表演活动的购票途径主要有哪些？（多选）

　　A. 线下购票　　　　　　　　B. 官方票务网站

　　C. 他人赠送　　　　　　　　D. 第三方 App 购买

　　E. 社交媒体　　　　　　　　F. 赛事微信公众号

11. （消费者填写）您进行大球类竞赛表演业消费的频率是：

　　A. 从不　　　　　　　　　　B. 每月 1 次

C. 每月 2~4 次 　　　　　　　　D. 每月 5~7 次

E. 每月 8~10 次 　　　　　　　 F. 每月 10 次及以上

12.（消费者填写）您接受的成渝地区双城经济圈大球类竞赛表演业的门票价格：

A. 100 元以下 　　　　　　　　B. 101~300 元

C. 301~500 元 　　　　　　　　D. 501~800 元

E. 801~1000 元 　　　　　　　 F. 1000 元及以上

13.（消费者填写）您每月用于与大球类竞赛表演业相关的消费支出是：

A. 100 元以下 　　　　　　　　B. 101~400 元

C. 401~700 元 　　　　　　　　D. 701~900 元

E. 901~1200 元 　　　　　　　 F. 1200 元及以上

14.（消费者填写）您用于与大球类竞赛表演业相关的消费内容主要有哪些？

A. 运动器械 　　　　　　　　　B. 服装、鞋、帽等

C. 运动员报名费 　　　　　　　D. 门票

15. 您喜欢的体育项目：

A. 足球 　　　　　　　　　　　B. 篮球

C. 排球 　　　　　　　　　　　D. 乒乓球

E. 羽毛球 　　　　　　　　　　F. 网球

G. 马拉松 　　　　　　　　　　H. 飞盘

I. 台球 　　　　　　　　　　　J. 武术

K. 自行车 　　　　　　　　　　L. 健身

M. 体育舞蹈 　　　　　　　　　N. 其他

16. 您对成渝地区双城经济圈承办大球类竞赛表演活动的支持度：

A. 非常支持 　　　　　　　　　B. 支持

C. 不支持也不反对 　　　　　　D. 不太支持

E. 不支持 　　　　　　　　　　F. 非常不支持

17. 您觉得以下哪个要素对大球类竞赛表演业的发展更加重要？

A. 政策 　　　　　　　　　　　B. 经济

C. 文化 　　　　　　　　　　　D. 交通

E. 区位条件 　　　　　　　　　F. 基础设施

18.（教练员填写）您的运动经历：

A. 业余大球类教练 　　　　　　B. 体育学院大球类专业

C. 学校大球类项目校队 　　　　D. 市队及以上

19.（教练员填写）您的教练员等级：

A. A 级教练员 　　　　　　　　B. B 级教练员

C. C 级教练员 　　　　　　　　D. D 级教练员

E. E 级教练员 　　　　　　　　F. 高级教练员

G. 中级教练员 　　　　　　　　H. 初级教练员

20.（教练员填写）您的运动等级是：

A. 二级以下 　　　　　　　　　B. 二级

C. 一级 　　　　　　　　　　　D. 健将

21.（教练员填写）您的执教年限：

A. 2 年以下 　　　　　　　　　B. 2~4 年

C. 5~7 年 　　　　　　　　　　D. 8~10 年

E. 10 年及以上

22.（教练员填写）您每年带队参加比赛的次数：

A. 3 次 　　　　　　　　　　　B. 4~8 次

C. 9~12 次 　　　　　　　　　D. 12 次及以上

23.（教练员填写）您所带球队取得的最好成绩：

A. 省级前三 　　　　　　　　　B. 省级前八

C. 市级前三 　　　　　　　　　D. 市级前八

E. 其他

24.（运动员填写）您的运动员等级：

A. 国家级健将 　　　　　　　　B. 健将

C. 一级 　　　　　　　　　　　D. 二级

25.（运动员填写）您的运动年限：

A. 1 年以下 　　　　　　　　　B. 1~3 年

C. 4~5 年 　　　　　　　　　　D. 5 年及以上

26.（运动员填写）您参加大型比赛的次数：

A. 从未 　　　　　　　　　　　B. 1~4 次

C. 5~7 次 　　　　　　　　　　D. 8~10 次

E. 10 次及以上

27.（运动员填写）您取得的最好成绩：

A. 省级前三 　　　　　　　　　B. 省级前八

C. 市级前三 　　　　　　　　　D. 市级前八

E. 其他

二、《成渝地区双城经济圈小球类（乒、羽、网）竞赛表演业竞争力提升研究》调查问卷

尊敬的女士/先生：

您好！

非常感谢您在百忙之中抽出时间填写本次问卷！我正在从事成渝地区双城经济圈小球类（乒、羽、网）竞赛表演业竞争力提升研究方面的工作。为了能更好地了解成渝地区双城经济圈小球类（乒、羽、网）竞赛表演业的竞争力发展及其提升路径，特进行本次问卷调查。本问卷仅作学术研究之用，无正误之分，不会给您带来任何影响，您的答复和建议将对本研究工作有很大的帮助，恳请您根据实际情况填写问卷。再次对您的大力支持与帮助表示衷心的感谢！（填写说明：请根据您的实际情况在对应的选择上打"√"）

1. 您的性别：

A. 男　　　　　　　　　　　B. 女

2. 您的年龄：

A. 18 岁以下　　　　　　　 B. 18~25 岁

C. 26~35 岁　　　　　　　 D. 36~50 岁

3. 您的学历：

A. 高中及以下　　　　　　 B. 本科、专科

C. 研究生及以上

4. 您的月收入水平：

A. 3500 元以下　　　　　　 B. 3501~5500 元

C. 5501~8500 元　　　　　 D. 8500 元及以上

5. 您在小球类（乒、羽、网）竞赛表演业的发展中承担何种角色：

A. 参赛运动员　　　　　　 B. 带队教练员

C. 赛事裁判员　　　　　　 D. 组织管理人员

E. 消费者　　　　　　　　 F. 生产企业

6. （管理人员填写）成渝地区双城经济圈小球类（乒、羽、网）竞赛表演业的赛事运作机构有哪些？（多选）

A. 赛事管理机构　　　　　 B. 场馆运营单位

C. 裁判委员会　　　　　　 D. 运动员管理部门

E. 赞助商管理部门　　　　 F. 宣传推广部门

7. （管理人员填写）成渝地区双城经济圈小球类（乒、羽、网）竞赛表演业的赛事组织管理工作有哪些？（多选）

A. 负责整个赛事的策划、组织和实施

B. 监督各部门的工作，协调解决赛事过程中的问题

C. 负责赛事的预算管理和资金筹措

D. 负责赞助商的招募和合作，争取赛事资金支持

E. 负责赛事的媒体宣传

F. 负责裁判管理，确保裁判的公正和专业

8. （管理人员填写）成渝地区双城经济圈小球类（乒、羽、网）竞赛表演业的赛事经费来源有哪些？（多选）

A. 当地政府拨款　　　　　　　B. 主办方拨款

C. 赞助商拨款　　　　　　　　D. 比赛报名费

9. （消费者填写）您进行成渝地区双城经济圈小球类（乒、羽、网）竞赛表演业的相关消费支出频率是：

A. 随机购买　　　　　　　　　B. 1月1次

C. 半年1次　　　　　　　　　D. 1年1次

10. （消费者填写）您进行小球类（乒、羽、网）竞赛表演业相关消费的途径是：

A. 网络平台　　　　　　　　　B. 实体店铺

C. 培训机构　　　　　　　　　D. 赛场直销

11. （消费者填写）您每月用于与小球类（乒、羽、网）竞赛表演业相关的消费支出是：

A. 2000元以下　　　　　　　　B. 2001~5000元

C. 5001~8000元　　　　　　　D. 8000元及以上

12. （消费者填写）您在小球类（乒、羽、网）竞赛表演业的相关消费内容有哪些？

A. 运动器械　　　　　　　　　B. 服装、鞋、帽等

C. 运动员报名费　　　　　　　D. 门票

13. （消费者填写）您获得成渝地区双城经济圈小球类（乒、羽、网）竞赛表演业的赛事门票的途径有哪些？

A. 线下购票　　　　　　　　　B. 线上购票

C. 托人带票　　　　　　　　　D. 主办方赠票

14. （消费者填写）您获取成渝地区双城经济圈小球类（乒、羽、网）竞赛表演业的赛事信息渠道有哪些？（多选）

A. 网络　　　　　　　　　　　B. 电视

C. 报纸　　　　　　　　　　　D. 广告

15. 您对成渝地区双城经济圈小球类（乒、羽、网）竞赛表演业宏观条件重要性的认识有哪些？（多选题）

A. 地区条件 B. 交通条件

C. 政策条件 D. 资源条件

E. 经济条件

16. 您对成渝地区双城经济经济圈承办小球类（乒、羽、网）竞赛表演活动的支持度：

A. 支持 B. 一般

C. 不太支持

17. 您会购买成渝地区双城经济圈小球类（乒、羽、网）竞赛表演业的赛事关联产品吗？

A. 会 B. 不会

C. 视情况而定

18. 您在观看小球类（乒、羽、网）竞赛表演活动后有参观周边景点的意愿吗？

A. 会 B. 不会

C. 视情况而定

19. 您认为成渝地区双城经济圈小球类（乒、羽、网）竞赛表演活动可以促进经济效益增长吗？

A. 可以 B. 不可以

C. 说不清楚

20. 您认为成渝地区双城经济圈小球类（乒、羽、网）竞赛表演业可以增加就业人数吗？

A. 可以 B. 不可以

C. 视情况而定

21. 您认为成渝地区双城经济圈小球类（乒、羽、网）竞赛表演业的赛事需要品牌定位吗？

A. 非常需要 B. 需要

C. 一般 D. 不需要

22. 您认为成渝地区双城经济圈小球类（乒、羽、网）竞赛表演业面临的主要问题和挑战有哪些？

A. 产业集聚程度不高 B. 交通条件不便利

C. 场馆设施不完善 D. 城市形象不佳

E. 品牌建设不足 F. 专业人才储备不足

G. 政策支持不力   H. 市场环境不佳

I. 竞争对手压力大   J. 国际形势影响

23. 您最喜爱的小球类运动的具体项目是：

A. 乒乓球   B. 羽毛球

C. 网球

24. （教练员填写）您的教练员等级是：

A. 初级教练员   B. 中级教练员

C. 高级教练员

25. （运动员填写）您的运动员等级是：

A. 国家级健将   B. 健将

C. 一级   D. 二级

26. （裁判员填写）您的裁判员等级是：

A. 国家一级   B. 国家二级

C. 国家三级

三、《成渝地区双城经济圈武术类竞赛表演业竞争力提升研究》调查问卷

尊敬的女士/先生：

您好！

非常感谢您在百忙之中抽出时间填写本次问卷！我正在从事成渝地区双城经济圈武术类竞赛表演业竞争力提升研究方面的工作。为了能更好地了解成渝地区双城经济圈武术类竞赛表演业的竞争力发展及其提升路径，特进行本次问卷调查。本问卷仅作学术研究之用，无正误之分，不会给您带来任何影响，您的答复和建议将对本研究工作有很大的帮助，恳请您根据实际情况填写问卷。再次对您的大力支持与帮助表示衷心的感谢！（填写说明：请根据您的实际情况在对应的选择上打"√"）

1. 您的性别：

A. 男   B. 女

2. 您的年龄段：

A. 18 岁以下   B. 19~30 岁

C. 31~45 岁   D. 46~60 岁

E. 60 岁及以上

3. 您的职业：

A. 学生   B. 企业员工

C. 自由职业者   D. 政府/事业单位员工

E. 退休人员　　　　　　　　　F. 其他（请填写）_____

4. 您的文化程度：

A. 高中及以下　　　　　　　　B. 专科

C. 本科　　　　　　　　　　　D. 硕士研究生及以上

5. 您的月收入水平：

A. 3500 元以下　　　　　　　　B. 3500~5500 元

C. 5501~8500 元　　　　　　　D. 8500 元及以上

6. 您在武术类竞赛表演业中承担何种角色？

A. 参赛运动员　　　　　　　　B. 带队教练员

C. 赛事裁判员　　　　　　　　D. 政府管理者

E. 消费者　　　　　　　　　　F. 生产企业

7. 您是否关注武术类竞赛表演？

A. 非常关注　　　　　　　　　B. 较为关注

C. 一般　　　　　　　　　　　D. 较少关注

E. 从不关注

8. 您是否参加过或观看过成渝地区举办的武术类竞赛表演活动？

A. 是　　　　　　　　　　　　B. 否

9. 您对最近一次参加的/观看的武术类竞赛表演活动的满意度如何？

A. 非常满意　　　　　　　　　B. 满意

C. 一般不满意　　　　　　　　D. 非常不满意

10. 当前成渝地区双城经济圈武术类竞赛表演业的赛事规模如何？

A. 非常大　　　　　　　　　　B. 适中

C. 较小　　　　　　　　　　　D. 很小

11. 您是否满意当前武术类竞赛表演业的竞赛组别设置？

A. 非常满意　　　　　　　　　B. 满意

C. 一般　　　　　　　　　　　D. 不满意

E. 非常不满意

12. （管理人员填写）武术类竞赛表演业的主要经费来源有哪些？（多选题）：

A. 地方政府拨款　　　　　　　B. 社会、企业捐助

C. 赞助商赞助　　　　　　　　D. 运动员报名费

E. 门票收入　　　　　　　　　F. 广告收入

G. 其他（请填写）_____

13. （管理人员填写）成渝地区双城经济圈武术类竞赛表演业的运作机构主

要有：（多选题）

    A. 体育局有关政府部门   B. 单项体育协会

    C. 举办本次比赛成立的组织机构

    D. 赛事专门运作机构   E. 体育文化公司

    F. 其他_____

14.（管理人员填写）您对目前负责的武术类竞赛表演业组织情况的满意度如何？

    A. 非常满意   B. 满意

    C. 一般   D. 不满意

    E. 非常不满意

15.（管理人员填写）成渝地区双城经济圈武术类竞赛表演的管理工作主要包括以下哪些？（多选题）

    A. 制订赛事推广的计划与方案

    B. 预测赛事推广的社会影响力

    C. 选拔赛事参与人员，明确工作职责

    D. 组成管理团队，加强分工协作

    E. 召开会议，解决疑难问题

    F. 全面监测赛事推广工作

    G. 赛事结束，对工作进行评估总结

    H. 其他_____

16. 您认为当前成渝地区双城经济圈武术类竞赛表演业的组织管理是否高效有序？

    A. 非常高效   B. 较为高效

    C. 一般   D. 较为混乱

    E. 非常混乱

17. 您对成渝地区双城经济圈武术类竞赛表演活动的推广政策支持度：

    A. 很好   B. 较好

    C. 一般   D. 不太好

    E. 很不好

18.（管理人员填写）您认为成渝地区双城经济圈在武术类竞赛表演业的推广途径主要包括哪些？（多选题）

    A. 构筑创新协同新机制

    B. 打造体育赛事交流新平台

    C. 共创人才培养与合作新高地

D. 机制融合与赛事融合

19. 您通常通过哪些渠道了解武术类竞赛表演活动的信息？（多选题）

A. 电视/广播 　　　　　　　　　B. 互联网/社交媒体

C. 报纸/杂志 　　　　　　　　　D. 户外广告

E. 朋友/家人推荐 　　　　　　　F. 其他（请填写）＿＿＿＿＿

20. 您认为武术类竞赛表演业的主要消费人群是：（多选题）

A. 武术爱好者 　　　　　　　　　B. 体育迷

C. 家庭观众 　　　　　　　　　　D. 学生群体

E. 其他（请填写）＿＿＿＿＿

21. （管理人员填写）目前成渝地区居民在武术类竞赛表演业的消费中存在的问题主要是：（多选题）

A. 主管部门对提升居民关注度的重视和研究不够

B. 竞赛表演活动推广资金匮乏，形式缺乏创新

C. 居民对相关的体育赛事认知不足

D. 针对居民开展的竞赛表演相关产品推广工作欠缺

E. 社会宣传对居民产生的影响力较小

F. 体育竞赛关联产业体系亟待建立与完善

22. （消费者填写）您或您身边的人多久会观看一次武术类竞赛表演活动？

A. 每月至少 1 次 　　　　　　　B. 每年几次

C. 几年 1 次 　　　　　　　　　D. 从不

23. （消费者填写）您每年在武术类竞赛表演活动上的平均消费金额是多少？

A. 1000 元以下 　　　　　　　　B. 1001~3000 元

C. 3001~5000 元 　　　　　　　D. 5000 元及以上

24. （消费者填写）您每年在武术类项目上的相关培训支出是：

A. 500 元以下 　　　　　　　　　B. 501~1000 元

C. 1001~1500 元 　　　　　　　D. 1501~2000 元

E. 2000 元及以上

25. （消费者填写）您通常多久购买或在武术类消费品上相关花销：

A. 随机购买 　　　　　　　　　　B. 1 月 1 次

C. 1 季度 1 次 　　　　　　　　D. 半年 1 次

E. 1 年 1 次 　　　　　　　　　F. 活动促销

G. 其他（请注明）＿＿＿＿＿

26. （消费者填写）您在何种消费内容上花费最高：

A. 服装、鞋、帽等 　　　　　　B. 赛事选拔

C. 辅助器械   D. 相关培训

27.（消费者填写）您在参与武术类竞赛表演活动时，更倾向于哪些消费内容？

A. 观看比赛   B. 购买门票

C. 购买周边商品   D. 参与互动体验

E. 其他（请填写）_____

28.（消费者填写）您购买武术类竞赛表演活动门票的主要渠道是什么？（多选题）

A. 官方网站   B. 售票点

C. 第三方票务平台   D. 朋友/家人转让

E. 其他（请填写）_____

29.（消费者填写）您能接受的武术类竞赛表演活动的门票价格：

A. 100 元以下   B. 100~500 元

C. 501~800 元   D. 801~1000 元

30. 您认为武术类竞赛表演业在吸引广告赞助方面做得如何？

A. 非常好   B. 较好

C. 一般   D. 较差

E. 非常差

31. 您认为哪些宏观条件对武术类竞赛表演业的发展最为重要？（多选题）

A. 政府政策支持   B. 经济发展水平

C. 文化氛围   D. 基础设施建设

E. 其他（请填写）_____

32. 您认为成渝地区双城经济圈武术类竞赛表演业发展的最重要宏观条件有哪些？（多选题）

A. 地域条件   B. 交通条件

C. 资源条件   D. 政策条件

E. 经济条件

33. 您认为成渝地区双城经济圈武术类竞赛表演业是否可以增加当地居民经济收入？

A. 可以   B. 不可以

C. 说不清楚

34. 您认为举办武术类体育比赛是否可以增加就业人数？

A. 可以   B. 不可以

C. 说不清楚

35. 在武术类竞赛表演活动举办期间，您会购买与其相关的赛事表演产品吗？

A. 会 　　　　　　　　　　B. 不会

C. 不知道，视情况而定

36. 您认为需要吸纳更多社会资源进入成渝地区双城经济圈的武术类竞赛表演活动吗？

A. 非常需要 　　　　　　　B. 需要

C. 不太需要 　　　　　　　D. 不需要

37. 您认为举办成渝地区双城经济圈的武术类竞赛表演活动能迅速提高城市知名度吗？

A. 可以 　　　　　　　　　B. 不可以

C. 说不清楚

38. 您认为成渝地区双城经济圈武术类竞赛表演活动是否能带动其他产业的发展？

A. 可以 　　　　　　　　　B. 不可以

C. 说不清楚

39. 影响您参与武术类竞赛表演业消费的因素主要有：（多选题）

A. 体育生活方式的影响

B. 观看赛事的兴趣爱好程度

C. 赛事举办的时间、级别、规模等影响力

D. 赛事期间举行的其他重大活动或特殊事件

E. 观看赛事的便利程度

F. 不同运动项目及其赛事的组织形式与创新

G. 赛事环境与门票销售价格

H. 赛事推广力度与媒介宣传效果

I. 现代社会生活节奏加快的影响

J. 休闲娱乐方式日益多元氛围的影响

K. 参赛明星、名人代言与现场专家解说的效应

L. 城市经济发展的总体水平

M. 其他_____

40. 您对成渝地区双城经济圈承办武术类竞赛表演活动的支持度如何？

A. 非常支持 　　　　　　　B. 支持

C. 一般 　　　　　　　　　D. 不太支持

E. 非常不支持

41. 您对武术类竞赛表演活动的喜爱度如何？

A. 非常喜欢   B. 喜欢

C. 一般   D. 不太喜欢

E. 非常不喜欢

42.（教练员填写）您的教练员等级：

A. D 级教练员（初级）   B. C 级教练员（中级）

C. B 级教练员（高级）   D. A 级教练员（国家级）

43.（教练员填写）您的执教年限：

A. 2 年以下   B. 2~4 年

C. 5~7 年   D. 8~10 年

E. 10 年及以上

44.（教练员填写）您每年带队参加比赛的次数是：

A. 3 次   B. 4~8 次

C. 9~12 次   D. 12 次及以上

45.（教练员填写）您所带球队取得的最好成绩：

A. 国家级前三   B. 省级前三

C. 省级前八   D. 其他

46.（运动员填写）您的运动员等级：

A. 国际武英级（国际级运动健将）

B. 武英级（运动健将）

C. 一级武士（一级运动员）

D. 二级武士（二级运动员）

E. 三级武士（三级运动员）

F. 武童（少年运动员）

47.（运动员填写）您的运动专项：

A. 传统拳术   B. 传统器械

C. 太极拳   D. 健身气功

48.（运动员填写）您的运动年限：

A. 1 年以下   B. 1~3 年

C. 4~6 年   D. 6 年及以上

49.（运动员填写）您参加过的武术类省级以上大型赛事的次数：

A. 从未参加过   B. 1~3 次

C. 4~6 次   D. 7~9 次

E. 9 次及以上

50.（运动员填写）您在武术类竞赛中取得过的最好成绩：

A. 国际级　　　　　　　　　B. 国家级

C. 省级　　　　　　　　　　D. 市级

51.（裁判员填写）您的裁判员等级是：

A. 国际级　　　　　　　　　B. 国际级

C. 一级　　　　　　　　　　D. 二级

52.（裁判员填写）您的执裁年限是：

A. 1 年以下　　　　　　　　B. 1~3 年

C. 4~6 年　　　　　　　　　D. 6 年及以上

53.（裁判员填写）您执裁过的省级以上的大型比赛的次数是：

A. 1~3 次　　　　　　　　　B. 4~6 次

C. 7~9 次　　　　　　　　　D. 9 次及以上

54. 您认为成渝地区双城经济圈武术类竞赛表演业在品牌建设方面做得如何？

A. 非常好　　　　　　　　　B. 较好

C. 一般　　　　　　　　　　D. 较差

E. 非常差

55. 您认为成渝地区双城经济圈发展武术类竞赛表演业的优势有哪些？（多选题）

A. 政策支持　　　　　　　　B. 武术文化底蕴深厚

C. 观众基础广泛　　　　　　D. 地理位置优越

E. 其他（请填写）_____

56. 您认为当前成渝地区双城经济圈武术类竞赛表演业面临的主要挑战是什么？（多选题）

A. 缺乏知名品牌赛事　　　　B. 市场竞争加剧

C. 观众兴趣减弱　　　　　　D. 赛事宣传不足

E. 其他（请填写）_____

57. 您认为成渝地区双城经济圈武术类竞赛表演业在哪些方面还有待提升？（多选题）

A. 赛事组织　　　　　　　　B. 表演水平

C. 观众体验　　　　　　　　D. 宣传推广

E. 市场化运作　　　　　　　F. 赛事产品产业链

G. 其他（请填写）_____

四、《成渝地区双城经济圈操舞类竞赛表演业竞争力提升研究》调查问卷

尊敬的女士/先生：

您好！

非常感谢您在百忙之中抽出时间填写本次问卷！我正在从事成渝地区双城经济圈操舞类竞赛表演业竞争力提升研究方面的工作。为了能更好地了解成渝地区双城经济圈操舞类竞赛表演业的竞争力发展及其提升路径，特进行本次问卷调查。本问卷仅作学术研究之用，无正误之分，不会给您带来任何影响，您的答复和建议将对本研究工作有很大的帮助，恳请您根据实际情况填写问卷。再次对您的大力支持与帮助表示衷心的感谢！（填写说明：请根据您的实际情况在对应的选择上打"√"）

1. 您的性别：

A. 男   B. 女

2. 您的年龄：

A. 17~23 岁   B. 24~29 岁

C. 29 岁及以上

3. 您的学历：

A. 高中及以下   B. 本科、专科

C. 研究生及以上

4. 您的月收入水平：

A. 3000 元以下   B. 3001~6000 元

C. 6001~10000 元   D. 10000 元及以上

5. 您在操舞类竞赛表演业中承担何种角色？

A. 参赛运动员   B. 带队教练员

C. 赛事裁判员   D. 政府管理者

E. 消费者   F. 生产企业

6. （管理人员填写）操舞类竞赛表演业的主要经费来源有哪些？（多选题）

A. 地方政府拨款   B. 社会、企业捐助

C. 赞助商赞助   D. 运动员报名费

E. 门票收入   F. 广告收入

G. 其他（请填写）_____

7. （管理人员填写）成渝地区双城经济圈操舞类竞赛表演业的运作机构主要有：（多选题）

A. 体育局有关政府部门   B. 单项体育协会

C. 举办本次比赛成立的组织机构

D. 赛事专门运作机构 　　　　　　E. 体育文化公司

F. 其他_____

8.（管理人员填写）成渝地区双城经济圈操舞类竞赛表演的管理工作主要包括以下哪些？（多选题）

A. 制订赛事推广的计划与方案

B. 预测赛事推广的社会影响力

C. 选拔赛事参与人员，明确工作职责

D. 组成管理团队，加强分工协作

E. 召开会议，解决疑难问题

F. 全面监测赛事推广工作

G. 赛事结束，对工作进行评估总结

H. 其他_____

9.（消费者填写）您有参加过操舞类竞赛表演活动吗？

A. 是 　　　　　　　　　　　　　B. 否

10.（消费者填写）您参加操舞类竞赛表演业的消费频度是：

A. 随机购买 　　　　　　　　　　B. 1 月 1 次

C. 1 季度 1 次 　　　　　　　　　D. 半年 1 次

E. 1 年 1 次 　　　　　　　　　　F. 活动促销

11.（消费者填写）您在操舞类竞赛表演业的相关年度消费支出是：

A. 500～1000 元 　　　　　　　　B. 1001～3000 元

C. 3001～5000 元 　　　　　　　　D. 5000 元及以上

12.（消费者填写）您在参与操舞类竞赛表演活动时，更倾向于哪些消费内容？

A. 器械装备购置 　　　　　　　　B. 服装、鞋、帽等

C. 专业培训购买门票 　　　　　　D. 赛事观看

E. 购买赛事周边商品 　　　　　　F. 参与互动体验

13.（消费者填写）您获得操舞类竞赛表演业的赛事开展途径有哪些？（多选）

A. 电视 　　　　　　　　　　　　B. 电台

C. 网络 　　　　　　　　　　　　D. 报纸

E. 户外广告 　　　　　　　　　　F. 明星见面会

G. 微信公众号 　　　　　　　　　H. 微博

I. 公交车广告 　　　　　　　　　J. 户外宣传单

K. 赛事场馆海报 　　　　　　　　L. 其他

14. 您观看操舞类竞赛表演活动一般选择的购票途径有哪些？（多选）

A. 线下购票　　　　　　　　B. 官方票务网站

C. 他人赠送　　　　　　　　D. 第三方 App 购买

E. 社交媒体小程序　　　　　F. 赛事微信公众号

15. 您认为成渝地区双城经济圈操舞类竞赛表演业是否可以增加当地居民经济收入？

A. 可以　　　　　　　　　　B. 不可以

C. 说不清楚

16. 您认为举办操舞类体育比赛是否可以增加就业人数？

A. 可以　　　　　　　　　　B. 不可以

C. 说不清楚

17. 在操舞类竞赛表演活动举办期间，您会购买与相关的赛事表演产品吗？

A. 会　　　　　　　　　　　B. 不会

C. 不知道，视情况而定

18. 您认为需要吸纳更多社会资源进入成渝地区双城经济圈的操舞类竞赛表演活动吗？

A. 非常需要　　　　　　　　B. 需要

C. 不太需要　　　　　　　　D. 不需要

19. 您认为举办成渝地区双城经济圈的操舞类竞赛表演活动能迅速提高城市知名度吗？

A. 可以　　　　　　　　　　B. 不可以

C. 说不清楚

20. 您认为成渝地区双城经济圈操舞类竞赛表演活动是否能带动其他产业的发展？

A. 可以　　　　　　　　　　B. 不可以

C. 说不清楚

21. 您对成渝地区双城经济圈承办操舞类竞赛表演活动的支持度如何？

A. 非常支持　　　　　　　　B. 支持

C. 一般　　　　　　　　　　D. 不太支持

E. 非常不支持

22. 您对操舞类竞赛表演活动的喜爱度如何？

A. 非常喜欢　　　　　　　　B. 喜欢

C. 一般　　　　　　　　　　D. 不太喜欢

E. 非常不喜欢

23.（运动员填写）您的运动专项是：

A. 健美操/啦啦操 　　　　　　　B. 体育舞蹈类

C. 艺术体操 　　　　　　　　　　D. 其他

24.（运动员填写）您的运动员技术等级是：

A. 国际级运动健将 　　　　　　　B. 运动健将

C. 一级 　　　　　　　　　　　　D. 二级

25.（运动员填写）您的运动员年限是：

A. 1 年以下 　　　　　　　　　　B. 1~3 年

C. 4~6 年 　　　　　　　　　　　D. 6 年及以上

26.（运动员填写）您参加过操舞类竞赛表演活动的竞赛次数是：

A. 从未参加过 　　　　　　　　　B. 1~3 次

C. 4~6 次 　　　　　　　　　　　D. 7~9 次

E. 9 次及以上

27.（运动员填写）您在操舞类竞赛中取得过的最好成绩是：

A. 国际级 　　　　　　　　　　　B. 国家级

C. 省级 　　　　　　　　　　　　D. 市级

E. 其他

28.（教练员填写）您从事操舞类竞赛表演活动的运动经历是：

A. 业余操舞类运动训练 　　　　　B. 体育院校操舞类专业

C. 高校操舞类校队 　　　　　　　D. 市队及以上

29.（教练员填写）您的教练员技术等级是：

A. 一级 　　　　　　　　　　　　B. 二级

C. 三级 　　　　　　　　　　　　D. 其他

30.（教练员填写）您的执教年限是：

A. 2 年以下 　　　　　　　　　　B. 2~4 年

C. 5~7 年 　　　　　　　　　　　D. 7~10 年

E. 10 年及以上

31.（教练员填写）您每年带队参加操舞类竞赛的次数是：

A. 3 次及以下 　　　　　　　　　B. 4~8 次

C. 9~12 次 　　　　　　　　　　 D. 12 次及以上

32.（教练员填写）您所带运动队在操舞类竞赛中取得的最好成绩是：

A. 国际级 　　　　　　　　　　　B. 国家级

C. 省级 　　　　　　　　　　　　D. 市级前八

E. 其他

33.（裁判员填写）您的操舞类裁判员技术等级是：

A. 三级 　　　　　　　　　　B. 二级

C. 一级 　　　　　　　　　　D. 国家级

34.（教练员填写）您的运动员技术等级是：

A. 国际级运动健将 　　　　　B. 运动健将

C. 一级 　　　　　　　　　　D. 二级

E. 无

35.（裁判员填写）您的执裁年限是：

A. 1 年以下 　　　　　　　　B. 1~3 年

C. 4~6 年 　　　　　　　　　D. 6 年及以上

36.（裁判员填写）您执裁过省级以上级别的操舞类赛事的次数是：

A. 从未参加过 　　　　　　　B. 1~3 次

C. 4~6 次 　　　　　　　　　D. 7~9 次

E. 9 次及以上

37.（运动员填写）您的运动专项是：

A. 体操类 　　　　　　　　　B. 体育舞蹈类

38.（运动员填写）您的运动员技术等级是：

A. 国际级运动健将 　　　　　B. 运动健将

C. 一级 　　　　　　　　　　D. 二级

E. 三级

39.（运动员填写）您的运动员年限是：

A. 1 年以下 　　　　　　　　B. 1~3 年

C. 4~6 年 　　　　　　　　　D. 7 年及以上

40.（运动员填写）您参加过操舞类竞赛表演活动的竞赛次数是：

A. 从未参加过 　　　　　　　B. 1~3 次

C. 4~6 次 　　　　　　　　　D. 7~9 次

E. 9 次及以上

41.（运动员填写）您在操舞类竞赛中取得过的最好成绩是：

A. 国际级 　　　　　　　　　B. 国家级

C. 省级 　　　　　　　　　　D. 市级

E. 其他

42.（教练员填写）您从事操舞类竞赛表演业的运动经历：

A. 业余操舞类运动训练 　　　B. 体育院校操舞类专业

C. 高校操舞类校队 　　　　　D. 市队及以上

43. （教练员填写）您的教练员技术等级是：

A. 一级 　　　　　　　　　　B. 二级

C. 三级 　　　　　　　　　　D. 其他

44. （教练员填写）您的执教年限是：

A. 2 年以下 　　　　　　　　B. 2~4 年

C. 5~7 年 　　　　　　　　　D. 8~10 年

E. 10 年及以上

45. （教练员填写）您每年带队参加操舞类竞赛的次数是：

A. 3 次及以下 　　　　　　　B. 4~8 次

C. 9~12 次 　　　　　　　　 D. 12 次及以上

46. （教练员填写）您所带运动队在操舞类竞赛中取得过的最好成绩是：

A. 国际级 　　　　　　　　　B. 国家级

C. 省级 　　　　　　　　　　D. 市级前八

E. 其他

47. （裁判员填写）您的操舞类裁判员技术等级是：

A. 三级 　　　　　　　　　　B. 二级

C. 一级 　　　　　　　　　　D. 国家级

E. 国际级

48. （裁判员填写）您的执裁年限是：

A. 1 年以下 　　　　　　　　B. 1~2 年

C. 3~5 年 　　　　　　　　　D. 6~9 年

E. 9 年及以上

五、《成渝地区双城经济圈健身健美类竞赛表演业竞争力提升研究》调查问卷

尊敬的女士/先生：

　　您好！

　　非常感谢您在百忙之中抽出时间填写本次问卷！我正在从事成渝地区双城经济圈健身健美类竞赛表演业竞争力提升研究方面的工作。为了能更好地了解成渝地区双城经济圈健身健美类竞赛表演业的竞争力发展及其提升路径，特进行本次问卷调查。本问卷仅作学术研究之用，无正误之分，不会给您带来任何影响，您的答复和建议将对本研究工作有很大的帮助，恳请您根据实际情况填写问卷。再次对您的大力支持与帮助表示衷心的感谢！（填写说明：请根据您的实际情况在对应的选择上打"√"）

1. 您的性别：（单选）

A. 男　　　　　　　　　　B. 女

2. 您的年龄：（单选）

A. 18 岁以下　　　　　　　B. 19~25 岁

C. 26~35 岁　　　　　　　D. 36~50 岁

E. 50 岁及以上

3. 您的学历：（单选）

A. 研究生及以上　　　　　B. 大学本科

C. 大学专科　　　　　　　D. 中专

E. 高中及以下

4. 您的年收入情况：（单选）

A. 小于 5 万元　　　　　　B. 5 万~15 万元

C. 16 万~30 万元　　　　　D. 30 万元及以上

5. 您在健身健美类竞赛表演业开展中承担何种角色？

A. 参赛运动员　　　　　　B. 带队教练员

C. 赛事裁判员　　　　　　D. 政府管理者

E. 消费者　　　　　　　　F. 生产企业

6. （管理人员填写）健身健美类竞赛表演业的赛事经费来源有哪些？（多选题）

A. 当地地方政府拨款　　　B. 主办单位拨款

C. 冠名商赞助　　　　　　D. 广告收入

E. 其他

7. （管理人员填写）成渝地区双城经济圈健身健美类竞赛表演的赛事推广工作主要包括哪些？（多选题）

A. 制订赛事推广的计划与方案

B. 定期召开会议，解决疑难问题

C. 全面监测赛事推广工作

D. 选定赛事推广参与人员，明确工作职责

E. 组成若干团队，加强分工协作

F. 预测赛事推广的社会影响力

G. 赛事结束，对推广工作进行评估总结

H. 只成立赛事推广运作机构，但缺少以上组织管理工作

I. 其他_____

8. （消费者填写）您参加健身健美类竞赛表演业的相关消费频度是：

A. 1 周 3 次及以上　　　　　　B. 1 月 3 次及以上

C. 半年 2~3 次　　　　　　　　D. 1 年 3 次

9.（消费者填写）您在健身健美类竞赛表演业的相关年度消费支出是：

A. 500~1000 元　　　　　　　B. 1001~3000 元

C. 3001~5000 元　　　　　　　D. 5001~10000 元

10.（消费者填写）您在参与健身健美类竞赛表演活动时，更倾向于哪些消费内容？

A. 营养产品　　　　　　　　　B. 服装鞋类

C. 日常饮食　　　　　　　　　D. 器械

11.（消费者填写）您获得健身健美类竞赛表演业的赛事开展途径有哪些？（多选）

A. 电视　　　　　　　　　　　B. 电台

C. 网络　　　　　　　　　　　D. 报纸

E. 户外广告　　　　　　　　　F. 明星见面会

G. 微信公众号　　　　　　　　H. 微博

I. 公交车广告　　　　　　　　J. 户外宣传单

K. 赛事场馆海报　　　　　　　L. 其他

12.（消费者填写）您观看健身健美类竞赛表演活动一般选择的购票途径有哪些？（多选）

A. 现场购票　　　　　　　　　B. 网上购票

C. 朋友赠与　　　　　　　　　D. 活动赠与

E. 其他

13.（消费者填写）您对健身健美类赛事门票价格设定的满意度：

A. 合理　　　　　　　　　　　B. 较好

C. 偏贵但能接受　　　　　　　D. 不合理

14. 您对成渝地区双城经济圈承办健身健美类竞赛表演活动的重视度：

A. 重要　　　　　　　　　　　B. 比较重要

C. 一般重要　　　　　　　　　D. 不重要

15. 您认为哪些宏观条件对健身健美类竞赛表演业的发展最为重要？（多选题）

A. 政府政策支持　　　　　　　B. 经济发展水平

C. 文化氛围　　　　　　　　　D. 基础设施建设

E. 其他（请填写）_____

16.（运动员填写）您的运动员等级：

A. 健美大师（国际级运动健将）

B. 健美先生/小姐（运动健将）

C. 一级健美士（一级运动员）

D. 二级健美士（一级运动员）

E. 三级健美士（三级运动员）

17. （运动员填写）您的运动年限：

A. 1 年以下　　　　　　　　　B. 1~3 年

C. 4~6 年　　　　　　　　　　D. 6 年及以上

18. （运动员填写）您参加健身健美类省级以上大型赛事的次数：

A. 从未参加过　　　　　　　　B. 1~3 次

C. 4~6 次　　　　　　　　　　D. 7~9 次

E. 9 次及以上

19. （运动员填写）您在健身健美类竞赛中取得的最好成绩：

A. 国际级　　　　　　　　　　B. 国家级

C. 省级　　　　　　　　　　　D. 市级

20. （教练员填写）您的技术等级是：

A. 初级　　　　　　　　　　　B. 中级

C. 高级　　　　　　　　　　　D. 国家级

E. 国际级

21. （教练员填写）您的执教年限：

A. 1 年以下　　　　　　　　　B. 1~2 年

C. 3~5 年　　　　　　　　　　D. 6~9 年

E. 9 年及以上

22. （裁判员填写）您的裁判员技术等级是：

A. 一级　　　　　　　　　　　B. 二级

C. 三级　　　　　　　　　　　D. 国家级

E. 国际级

23. （裁判员填写）您的执裁年限是：

A. 1 年以下　　　　　　　　　B. 1~2 年

C. 3~5 年　　　　　　　　　　D. 6~9 年

E. 9 年及以上

六、《成渝双城经济圈体育竞赛表演业核心竞争力提升研究》专家访谈提纲

1. 请您谈一谈当前成渝地区双城经济圈体育竞赛表演业的发展现状。

2. 您怎么理解成渝地区双城经济圈体育竞赛表演业的核心竞争力？

3. 请您谈一谈在建设成渝地区双城经济圈成为国家重大发展战略的背景下，成渝地区双城经济圈体育竞赛表演业提升研究应该聚焦到哪些影响因素上？

4. 您认为体育竞赛表演业与区域经济社会的繁荣发展之间的切入点是什么？

5. 您认为成渝地区双城经济圈体育竞赛表演业核心竞争力的评价指标应如何选择？具体内容有哪些？

6. 您认为在培养体育竞赛表演业人才时需要注重培养哪方面的能力？

7. 您认为在您工作或生活所在的市县，在体育竞赛表演业政策规划方面有哪些发展优势和制约因素？

8. 您觉得当下突破体育竞赛表演业发展过程中所面临的困境需要从哪些方面进行努力？

9. 您觉得成渝地区双城经济圈体育竞赛表演业的产业链发展的核心是什么？

10. 您觉得成渝地区双城经济圈体育竞赛表演业竞争力提升应该从哪几个方面进行探索？